U.P.plus

Xi Jinping's China

習近平の中国

川島 真
小嶋華津子
編

KAWASHIMA Shin
KOJIMA Kazuko

東京大学出版会

UP plus
Xi Jinping's China

Shin KAWASHIMA and Kazuko KOJIMA, Editors

University of Tokyo Press, 2022
ISBN978-4-13-033306-1

習近平の中国　目次

III 中国はどう世界で振る舞うのか　川島 真

習近平の中国

装幀――水戸部功

はじめに――問いの解説

川島　真

1　三期目を迎える習近平政権の「輪郭」

本書は、「習近平の中国」と題している以上、この政権が三期目を迎えることを前提としている。二〇二二年に入り、いくつかの人事で習近平の思い通りにならなかったようだが、本書を記している二〇二二年九月段階で、八月の北戴河が比較的順調に終わって、人事などの政策調整を慌ててしているようには見えない。北戴河のあと、習近平が遼寧省に、李克強が広東省に現れてそれぞれ経済重視の方向性を示し、そしてこれまでの同政権の政策が基本的に承認され継続されるとされているなどに鑑みれば、政権が継続されると見るのが妥当であろう。

その習近平政権は二〇一七年秋の第十九回党大会で今後の長期的なビジョンを示した。そこで習は、二〇四九年には「中華民族の偉大なる復興の夢」を実現するとした。この時までにアメリカに追いつき追い越すこと、そして台湾を解放することなどを示唆したのである。実際、中国のGDPは二〇三〇年前後にはアメリカを抜いて世界第一位になることが予想されている。急速な高齢化や経済の構造問題、不動産市場に依存した地方財政などに懸念が集まってはいるものの、中国の経済力、軍事力の増強は当面は続くことが予測されている。新型コロナの下で世界の対中感情が悪化し、ウクライナ戦争下で中ロを一枚岩と見る先進国が中国批判を強めてはいるものの、中国と先進国との経済の相互依存は依然として強固であり、たとえ経済安保が重視されても、米ソ冷戦と同様の対立が生じることは目下のところ想定しにくい。

中国共産党の国内統治に視線を転じても、習近平政権は「党の領導」を強化して権力を党に集中させると共に、反腐敗運動を繰り返して中央の人事を自らの派閥で固めている。それだけ多くの敵をつくったということだが、中央政治局では圧倒的多数を支持者としている。また、法治建設を進めながら「法」の下に統治を正当化しつつ、デジタル建設を進めて社会への管理統制を強化している。新型コロナ対策などで政府、党への反発があり、また今後経済問題で社会の不満が高まることも予測されるが、統治が直ちに動揺するということも考えにくい。もともと監視能力が高い上、健康アプリによって個々人の移動を制限できるなど、コロナ対策が結果的に社会の管理統制に役立っているのである。ゼロコロナ政策は、ワクチン利権との関係もあるが、同時に監視統制の強化に正当性を与えているのである。

他方、習近平政権はその特徴として人民解放軍との強い関係性があり、党軍関係は強固だと考えていいだろうし、これが習近平政権の基盤の一つとなっている。ただ、中国共産党内部にせよ、党軍関係にせよ、習近平政権は中枢に行けば行くほど基盤は強固だが、逆に地方幹部との関係性は強固とは言えない。これまで地方や末端の幹部たちの「不作為」はつとに問題となるところであった。だが、だからとはいえ、それが習近平の統治を脅かす存在になっているとまでは言い難い。その言動が常に監視され、統制されているからこそ、彼らは「不作為」になるのである。

2　わかりにくい中国に関する「問い」の設定

このように習近平政権の輪郭を理解することはある程度できるのだが、日本から見ていると中国はわかりにくい。日本社会には、中国は分裂するものであるとか、社会にまとまりがないとか、権力闘争があるとか、一君万民、上位下達であるとか、さまざまな見方が流布している。隣国ゆえの経験則の結果だとも言えるだろう。かつて、共青団vs太子党vs上海派という見方が広がった。これは三国志的な理解と重なったのだろう。そして現在も、この三派の対立、あるいはそのようなものを敢えて探そうとする向きが強い。一旦、ステレオタイプ化した見方が拡がると、なかなかそこから脱することができない。また、近代以降に日本が身につけた西洋近代、先進国的価値観や、冷戦期前後に形成された、社会主義、共産主義への懐疑も根強い。そして、日中間の（すでに中国側にも、日本の若年層にもないかもしれない）ライバル意識があるためか、日本を抜き去る／去った中国への懐疑や衰退願望などもあるのかもしれない。いずれにしても、中国を観る際には、さまざまな「眼鏡」が眼前に立ちはだかり、またいろいろなバイアスが思考のプロセスに入り込んでいるようでもある。これはその日本社会で中国研究をおこなっている研究者にも言えることかもしれない。

そうしたことを踏まえて本書では、日本社会で一般的な中国への視線を意識して、それぞれの部と章にそれぞれ「問い」を設定した。

3　第Ⅰ部の問い（中国経済）

第Ⅰ部では、中国経済について、「中国の発展は保たれるのか」、「中国の経済発展はサステイナブルなのか」という大きな問いをまず用意してみた。こうした問いは「いつまで」という条件が設定されなければ答えようがないのも確かだが、中国経済については常に「崩壊論」が日本にはあった。そのためにこうした問いを設定した。ただ、昨今ではその崩壊論が崩壊したという議論があり（梶谷懐『中国経済講義――統計の信頼性から成長のゆくえまで』中公新書、二〇一八年）、中国経済の瓦解を「願う」のではなく、また中国の統計は全て虚偽だと疑うのではなく、依拠できるデータに基づいて「客観的に」分析しようとする経済学者の視点が多く見られる。このような動向を踏まえて、第1章では「中国経済はバブルだったのか　もしそうならバブルは弾けるのか」という問いを設定した。マクロ経済、金融、あるいは財政を踏まえると中国の経済状況はどのように見えるのだろうか。日本でよく聞かれる中国経済はいつか限界を迎えるかもしれない、という見解には、およそ中国経済のバブル性が指摘されることが多い。そもそも中国経済はバブルだったのか、もしそうであればどのようなバブルで、それは「弾ける」ようなものなのだろうか。そして、弾けるとすればどのように弾けるのであろうか。

また、その中国経済の帰趨を左右するものとして中国の技術、イノベーションがある。中国の技術の躍進が日本で議論され始めたのは、二〇一七年から一八年にかけてであり、伊藤亜聖や高口康太らによって深圳のドローンメーカーＤＪＩのことが紹介されたことがその契機となったと思われる。だが、そうした議論に対する反応はまさに「半信半疑」といったところであった。社会主義国の中国で果たして技術革新が可能なのか、民主主義や自由が確保されていてこそイノベーションが実現可能なのではないか、といった問いがそこにはあったのだろう。その後、中国の技術革新の進展は確認できるものの、その特徴などはあるのだろうか。そこで第2章には、「中国はイノベーション大国となれるのか」という問いを設定した。

そして、中国経済を見る上で、とりわけ重要となるのは、高齢化の問題だ。一人っ子政策の結果、二〇三〇年前後には中国の人口はピークアウトすると考えられている。ほぼGDPがアメリカを抜くのと同じタイミングである。中国の生産人口は既に減少に転じており、経済への影響も懸念されている。人口の減少が直ちに経済成長に影響を与えるのか否かには議論のあるところであるが、それでも労働人口の減少と経済成長との間には一定の関係性が見られる。他方、急速な高齢化社会の到来は、社会保障経費の増大をはじめさまざまな影響を中国社会にもたらすと想定される。この中国社会にとっての最大のリスクの一つである高齢化について、第3章では「高齢化は中国に何をもたらすか」という問いを設定した。

さらに、改革開放以後急速に進展した中国経済が抱える最大のリスクの一つであるのは、格差問題や環境問題だ。これは第1章の「問い」とも関わる。中国の経済発展は中国社会に豊かさをもたらすとともに、多くの課題を突きつけた。その一つが環境問題だ。中国は一面でその環境問題への取り組みを強調するが、他面で大気汚染、水質汚濁をはじめとして、脱炭素問題、海洋資源問題など極めて多くの課題がある。これらの環境問題は中国の社会経済にどれほどの影響を与え、国際社会からの圧力や要請に応じながら、どれほど「解決」していくことが可能なのだろうか。これもまた、中国のサステイナブルな発展と深く関わる論点だ。そこで第4章には「環境問題の解決はどこまでできるのか」という問いを設定した。中国では環境問題がどのように認識され、いかなる「解決」が図られているのだろう。ここには脱炭素、気候変動など現在の人類社会の課題も関わることになろう。

4　第II部の問い（中国の国内政治）

第II部では国内の統治を主に扱う。中国共産党政権については、日本のメディアなどでさまざまな批判がある。共産党一党独裁、非民主主義的であるといった批判はもちろんのこと、新疆ウイグル自治区や香港における人権侵害などもある。昨今ではデジタル監視社会の下での個人のプライバシーが問題視される。多くの場合、民主主義社会から見て「異質」であることが問題とされる。そこには、なぜ中国共産党の統治が成立するのか、このままではその統治が破綻するのではないか、という視線が背後にあるようだ。経済発展が最終的には民主化をもたらすという「希望的」予測もあったのかもしれない。そこで、「中国共産党の統治は保たれるのか」ということを第Ⅱ部に共通する大きな問いとして設定した。この問いを踏まえた上で、第5章ではそもそも中国共産党の統治はどのような統治なのかということを問題とする。その問いは、「共産党は『良い統治』を実現できるか」である。党国体制にせよ、法治にせよ、中国共産党政権が目指している統治は、結果的に社会を安定的に統治しているようにも見える。それは西洋諸国の民主主義とは異なるものであるとすれば、何がどのように異なるのだろうか。そしてそれは社会の構成員にとって「良い統治 good governance」なのであろうか。

次に、中国共産党政権の性質がどのようなものなのかという問題がある。習近平政権は、本来なら社会主義初級段階から社会主義、共産主義へと向かうべきところ、社会主義現代化強国を目指すとしている。そのプロセスにおいて、習近平自身はまさに「中華民族」の父として、社会主義現代化強国の実現とともに訪れる、「中華民族の偉大なる復興の夢」を実現させようとしている。そこではどのような統治者、リーダーが想定されているのだろうか。第6章では『「中華民族の父」を目指す習近平、あるいは『第二のブレジネフ』か『第二のプーチン』か」という問いを設定した。中国の伝統的な権力像、また社会主義国であるロシアの諸権力、あるいは権威主義体制などとされるものとの比較を通じて、習近平体制そのもの態様を考察する。

そして、中国政治に関して最も多く聞かれる問いを第7章においた。それは、まさに「中国は民主化しないのか」という問いである。中国自身は中国に民主があるとしているが、西側諸国のいう民主主義が目指されてはいないし、中国共産党政権もそれを望んでいない。しかし、西側先進国などで実現している民主主義の方が人々の幸福を実現していると考え、「いつか中国も（民主化するのではないか）」と考えたり、望んだりする向きがあることも理解できる。また、中国国内にも中国の民主化を望む声がある。だが、それは多数派を形成してはいない。他方、中国経済の発展により一人当たりのGDPは一万ドルを超えた。かつて一定程度経済発展をすれば民主化プロセスが始まるとされた時期もあったが、目下そうした議論は低調だし、中国こそがその反例の代表のようでさえある。今後の中国は、経済発展を続けて一人当たりGDPが先進国並みになりながらも、民主主義とは異なる政治体制をとる国になっていくのだろうか。

第Ⅱ部の最後の問いは、カラー革命をはじめとする世界各地の民主化プロセスとの関係性の中で生じる問いである。中国が、西側先進国によるカラー革命を警戒し、それが一因になって香港に国家安全維持法を施行したことが知られている。一般的に権威主義体制や独裁体制が瓦解するときには、軍隊が重要な役割を果たす。内部からの民主化が想定されない以上、政権内のクーデタか軍の暴動などが共産党の一党独裁体制を瓦解させる道なのではないかという考えが提起されるのも理解できる。では、中国人民解放軍と中国共産党の関係はどのようなものなのか。中国人民解放軍は、果たして中国共産党に対して自立的になり得るのだろうか。こうした疑問を想定しつつ、第8章には「人民解放軍は暴走しないのか」という問いを設定した。この問いは、中国内部ではあまり呈されないものであるが、それでも外から中国を見ていると往々にして生じる疑問である。

5　第Ⅲ部の問い（中国の対外政策）

第Ⅰ部で経済、第Ⅱ部で国内政治を扱ったが、これらの議論を踏まえて第Ⅲ部では中国と世界との関係、対外政策を扱う。先進国の考える常識が世界の常識で無くなっていることは既知ではあるものの、中国の考え方が直ちに世界の新しい秩序観になるわけでもなかろう。また、「戦狼外交」という言葉に代表されるように、中国の対外的な表現が力に頼っているように見える面もあろう。それでは、そもそも中国にとっての国益とは何で、それをどのように世界で実現しようとしているのだろうか。このような問題意識を踏まえ、第Ⅲ部全体の問いは、「中国はどう世界で振る舞うのか」とした。

他方、この第Ⅲ部で扱う中国の世界との関わり方は、第Ⅰ部や第Ⅱ部で扱った中国国内の政治や経済を基礎としている。中国は国内外で論理を分けるわけではなく、むしろ国内の論理が外に溢れ出ている面がある。中国では対内的に行っている政策と対外政策とを切り分けられないのだろうか。第9章ではそのような国内外で「地続き」な問題を扱う。中国は、国内で社会に対する管理統制を強化する中で、直轄の省や市のある空間と、ある意味で特別な扱いを受けいてた民族自治区や、一国二制度の下にある特別行政区との間の差を無くして行こうとする傾向を強めている。ここには前述のカラー革命への警戒もあろう。

このような中で中国とアメリカ、西側諸国との間で対立が先鋭化しているのが人権の分野だ。この問題は、経済的な利益に結びつくことが全くないわけではないが、イデオロギー的な性質を帯びており、その対立は先鋭化する可能性を孕んでいる。特に民主主義や人権、住民の権利などの問題は、領土問題や統治の正当性にも関わる時がある。他方、習近平政権が社会への管理統制を強化し、国内の統治を一元化しようとする中で、これらの価値や人権に関わる問題が従来以上に敏感な問題となっている。そこで第9章では、香港や新疆ウイグル自治区を念頭に置いて、「中国では『人権』をどのように考えているのか」と言う問いを設定した。

中国と西側の国際社会との間に「溝」があるとして、中国は単に「アンチ西洋」たろうとするのか、そしてそれは孤立した、「異形」の大国ということなのだろうか。胡錦濤期までであれば、中国は西洋が創出する秩序やルールに対して、途上国を代表して疑義を唱える存在だと自認していたようである。中国は例外的ではなく、途上国の代表として先進国に向き合おうとした面があった。しかし、習近平体制下ではそうではなくなり「新型国際関係」などを提起して、荒削りではあっても自らの「秩序観」を提起するに至った。ではその中国の目指す秩序とはどのようなもので、中国自身の「覇権」はどのように解釈されていたのか。第10章では、そうした点に関する問いとして、「中国の目指す覇権と国際秩序とはなにか」をおいた。二〇四九年に実現するとしている新型国際関係とはどのようなものであるのだろうか。

中国の対外関係を見る上では、世界全体の秩序をいかに構想しているのかということとともに、周辺地域との関係をいかに考えているのかということも大切になろう。特に隣国の日本にとっては極めて重要となる。どの国であれ、周辺国との安定的な関係を維持することは安全保障の基本だ。しかし、中国には国境線の維持だけでなく、失地回復や中国が未統一とみなす国土の統一という課題がある。だが、それは中国が望めば実現するということではない。統一対象となる地域の住民の意思や国際環境も存在する。昨今、「台湾有事」という言葉がよく取り上げられる。それも「近いうちに」それがあるという話も多く耳にする。その中国の台湾政策はどのように見ることができるのか。第11章の問いは、「習近平は台湾を『統一』できるのか」ということである。習近平政権にとって、台湾統一に向けて何かしらの成果を上げることは重要な目標であろう。だが、その方法や結果によっては、台湾だけでなく、中国自身にとっても、また周辺地域、世界にとっても大きな意味を持つ。

最後に、本書の締めくくりとして、日中関係を取り上げる。日本では安全保障面で日米関係を重視し、「米中対立」を背景に、中国との対立を想定した議論が目立つ。だが、経済面で見ると、日本と中国との経済関係は極めて重要である。これはアメリカにとっても同じであり、かつての米ソ冷戦のようなものは想定し得ないという。では、今後の日中関係はどのように展開するのだろうか。二〇二二年に国交正常化五〇周年を迎えた日中関係だが、これまで四つの基本文書が積み重ねられてきた。だが、明らかなことは、日中関係の基礎が一九七二年当時とは全く異なる状況にあるということだ。経済力は中国が日本の四倍近くなり、国民感情も大きく変化した。新たな習近平体制、国際情勢などを念頭に置き、いかなる日中関係を構想できるのか、ということを本書の締めくくりとすべく、「日本は中国とどう付き合うべきか」という問いを設定した。

以上のように、本書では「習近平の中国」に関して日本で多く聞かれる疑問を念頭に、一二個の「問い」を設定してみた。ここでは経済、国内政治、対外関係に限定したが、本来ならばより多くの「問い」があろう。だが、ここで取り上げた問いに対する一二名の専門家による「答え」を読者に供することで、一二の問いのみならず、その他の多くの問いに関する答えの手がかりを得ていただければ幸いである。

（かわしま　しん）
東京大学大学院総合文化研究科教授
専門はアジア政治外交史
著書に『中国のフロンティア』（岩波書店）、『21世紀の「中華」』（中央公論新社）、『20世紀の東アジア史』（共編著、東京大学出版会）、『よくわかる現代中国政治』（共編著、ミネルヴァ書房）、『ウクライナ戦争と世界のゆくえ』（共著、東京大学出版会）など多数。

I

中国の発展は保たれるのか
中国の経済発展はサステイナブルなのか

第Ⅰ部は中国経済を扱う。部としての全体の問いは、「中国の発展は保たれるのか」、「中国の経済発展はサステイナブルなのか」である。第1章の岡嵜久実子「中国経済はバブルだったのかもしそうならバブルは弾けるのか」という問いに対して、2010年代以降の中国経済、財政についての分析を加える。岡嵜は、中国が「ブラック・スワン」「灰色のサイ」の危機に直面し、また特に地方では不動産バブルに依存した財政構造に陥ったことなどを指摘しつつも、弾けないバブルはないという。だが、中国は日本などの事例から学び、その「バブル崩壊」が社会経済全体に大きな影響を及ぼさないように管理するつもりだろう、とする。第2章の高口康太「中国はイノベーション大国となれるのか」では、中国で実際にイノベーションが生じていることを前提としつつも、なぜ一党独裁の社会主義体制の下で、また法治に基づく財産権が十分に保障されていない状況でそのイノベーションができたのかということについて考察を加え、中国型のイノベーションの姿を描き出す。それは、国家の関与の下でも、また知財保護が不十分でも利益が上がりビジネスが進むモデルであった。だが、今後もこのモデルが機能していくか否かについては三つの課題を挙げながら疑義を呈する。第3章の片山ゆき「高齢化は中国に何をもたらすか」は、少子化、高齢化、長寿化が進む中国が直面する課題について考察する。政府にとっての財政負担増、社会における老後の生活への負担増、さらには労働人口の減少に伴う経済への影響も考えられるが、それらの問題に対処するには、社会保障の再配分機能、制度改革などを始め、中国自身が「先送り」してきた課題に取り組まねばならないとする。第4章もまた先送りしてきた問題を扱う。大塚健司「環境問題の解決はどこまでできるのか」は、「生態文明」を掲げる習近平政権が党の主導の下に環境問題に積極的に取り組み成果を上げていること、また管理統制の強い中国の政治体制があるからこそ成果を上げられている面があるとするが、同時にそこには「目に見えない／見えにくい」課題があるという。それは、まだまだ中国の基準が甘いことや、健康被害に関する問題への対処が不十分なことなどである。気候変動についても、中国は、本来、先進国がまず対処すべきとしながらも、積極的に脱炭素に取り組もうとする。だが、そもそも石炭依存の経済をどう改革するかなど、中国には課題が山積している。大塚は、中国の環境問題、気候変動問題への対処について、それを世界的、東アジア地域共通の課題として認識し、中国とともに協働していく必要があると説く。（川島　真）

1 中国経済はバブルだったのか　もしそうならバブルは弾けるのか

岡嵜久実子

（おかざき　くみこ）
キヤノングローバル戦略研究所研究主幹
専門は中国のマクロ経済情勢および金融・財政制度改革
著書に『巨大化する中国経済と世界』（共著）アジア経済研究所、*Macro-Financial Linkages in the Pacific Region*（共著）Routledge などがある。

1　経済バブル膨張の可能性

一国の経済を運営・管理するうえで、バブルの発生と崩壊をタイムリーに認識するのは難しい。

まず、バブルとは、「一般に、現実の資産価格のうちファンダメンタルズでは説明できない部分、あるいは資産価格がファンダメンタルズから乖離する状況を指す」（植村・鈴木・近田、一九九七）と考えられている。また、比較的平易な金融用語解説では、バブル経済とは、「実態の価値以上の評価（泡の部分）が生じている経済状態のこと。具体的には株、土地、建物、絵画、宝石など各種の資産価格が、投機目的で異常に上がり続け、その結果、それらの資産額が膨らみ、大きな評価益が発生しているかのように見える状況のこと」と説明されている（金融広報委員会運営サイト「データ資料室」）。

ファンダメンタルズとは国や企業などの経済状態を表す基礎的な条件のことで、基本的には統計データ（経済成長率、物価上昇率、国際収支、企業の財務諸表など）によって把握される。しかし、実際に資産価格の変動がファンダメンタルズから乖離しているかどうかを、変動が生じている最中に判断することは困難である。そもそも資産価格には将来の予測といった要素が含まれ、その妥当性を見極めるのは容易ではない。アメリカのITバブル崩壊後の二〇〇二年八月、連邦準備理事会のグリーンスパン議長（当時）は講演のなかで、「バブルの存在は、それが崩壊するまではっきりと認識できない」といった趣旨のことを述べている。

ましてや今世紀入り後の中国は、WTO加盟（二〇〇一年一二月）を機に経済が急成長を続け、人々の将来への期待が大きく膨らむ傾向が強かったうえ、既存の統計が経済構造の変化を正確に反映していない可能性もあった。さらに、一九九〇年代とは違って、二〇〇〇年代の中国では高成長の下でも消費者物価が総じて安定的に推移していたため、株価や不動産価格が急騰しても、市場参加者の多くはその状況を「局部的なバブルが生じている程度」と捉え、問題の存在を軽視しがちであった（図1、2）。ただし、そうしたなかにあっても、中国人民銀行（中央銀行。以下、人民銀行）を中心とする金融当局は、日本のバブル発生と崩壊などを含む諸外国の経験を教訓として、不動産バブル膨張に対する警戒色を強めていた。

翁・白川・白塚（二〇〇〇）は、日本のバブル経済は、①資産価格の急激な上昇、②経済活動の過熱、③マネーサプライ・信用の膨張、という三つの現象によって特徴づけられると説明している。藤田（二〇一三）は、バブル発生の条件として、好景気、低インフレ、低金利を上げ、二〇一〇年代後半に世界のどこかで、この三条件が揃い、何らかのきっかけで相場がオーバーシュートし、結果としてバブルが発生することはあり得ると述べている。

中国でも、これまでに何度か同様の条件が揃いかけたことがあった。なかでも二〇〇八年のグローバル金融危機対応がきっかけとなった信用の膨張は、同国内の経済活動を刺激するとともに、株価や住宅価格を大きく押し上げた。

グローバル危機発生当時、総じて厳しい資本取引規制下にあった中国の金融市場あるいは金融機関が受けた直接的な打撃は、限定的なものに止まった。しかし、海外需要の急落と貿易信用の混乱などを受け、中国の輸出は急減し、工業生産や雇用に深刻な影響をもたらしかねない状況となった。そこで、中国政府は二〇〇八年一一月、いわゆる「四兆元の景気刺激策」を打ち出し、インフラ建設や企業の設備投資、個人向け住宅建設などを奨励した。その流れのなかで銀行貸出や社債発行が急増したのである。

当該政策は、リセッション回避策としては有効であった。中国のGDPは二〇〇九年から二〇一一年にかけて実質平均九・九％の伸びを示し、名目GDPは二〇一〇年に日本を追い越して、世界第二位の規模となり、その後も増加し続けている。

しかし、短期間に急増した資金調達のなかには、プロジェクトの採算性に対する見通しや資金調達者の返済能力に対する評価が甘いものがかなりあった模様で、そうした金融活動がバブルを生み出した可能性は高い。そして、数年後には元本返済や利払いに支障を来す案件が目立ち始め、共産党中央委員会（以下、党中央）および国務院が対策に乗り出すことになった。

2　経済の減速と〝灰色のサイ〟への警戒

二〇〇九年以降、政府、企業、家計部門の債務率（本稿では債務残高の名目GDPに対する比率）が急速に上昇し、やがてその持続可能性が懸念されるレベルに至った。やや詳しくデータをみると、二〇〇八年末の中国の非金融部門の債務率は一三九％（部門別内訳：政府二七、企業九四、家計一八％）であったが、二〇〇九年末には一七五％（同：三五、一一七、二四％）、その

図1 中国の実質GDP成長率と消費者物価（CPI）上昇率の推移

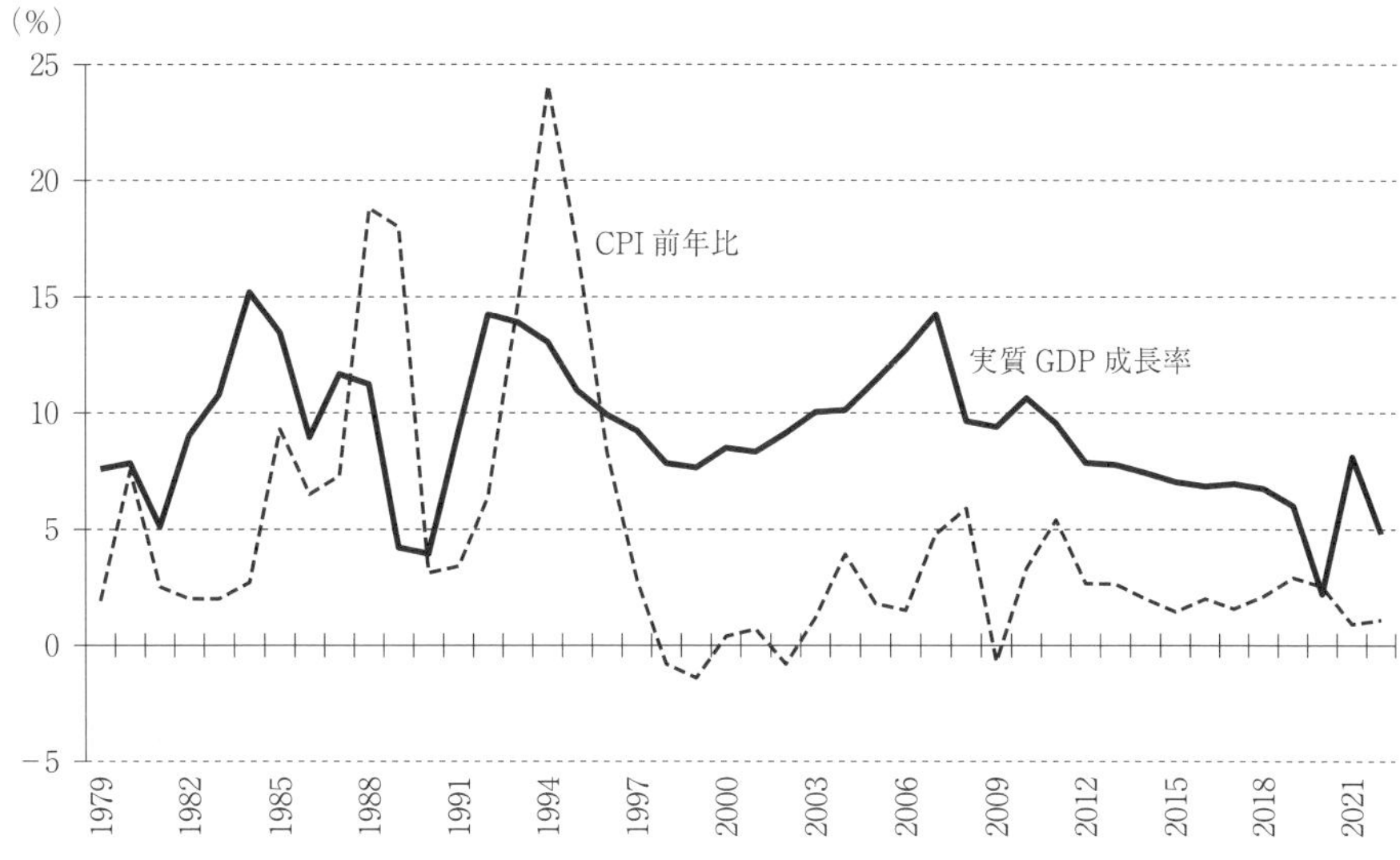

（資料） CEIC China Premium Database より筆者作成。

図2 中国の一部都市の住宅価格および株価指数の推移

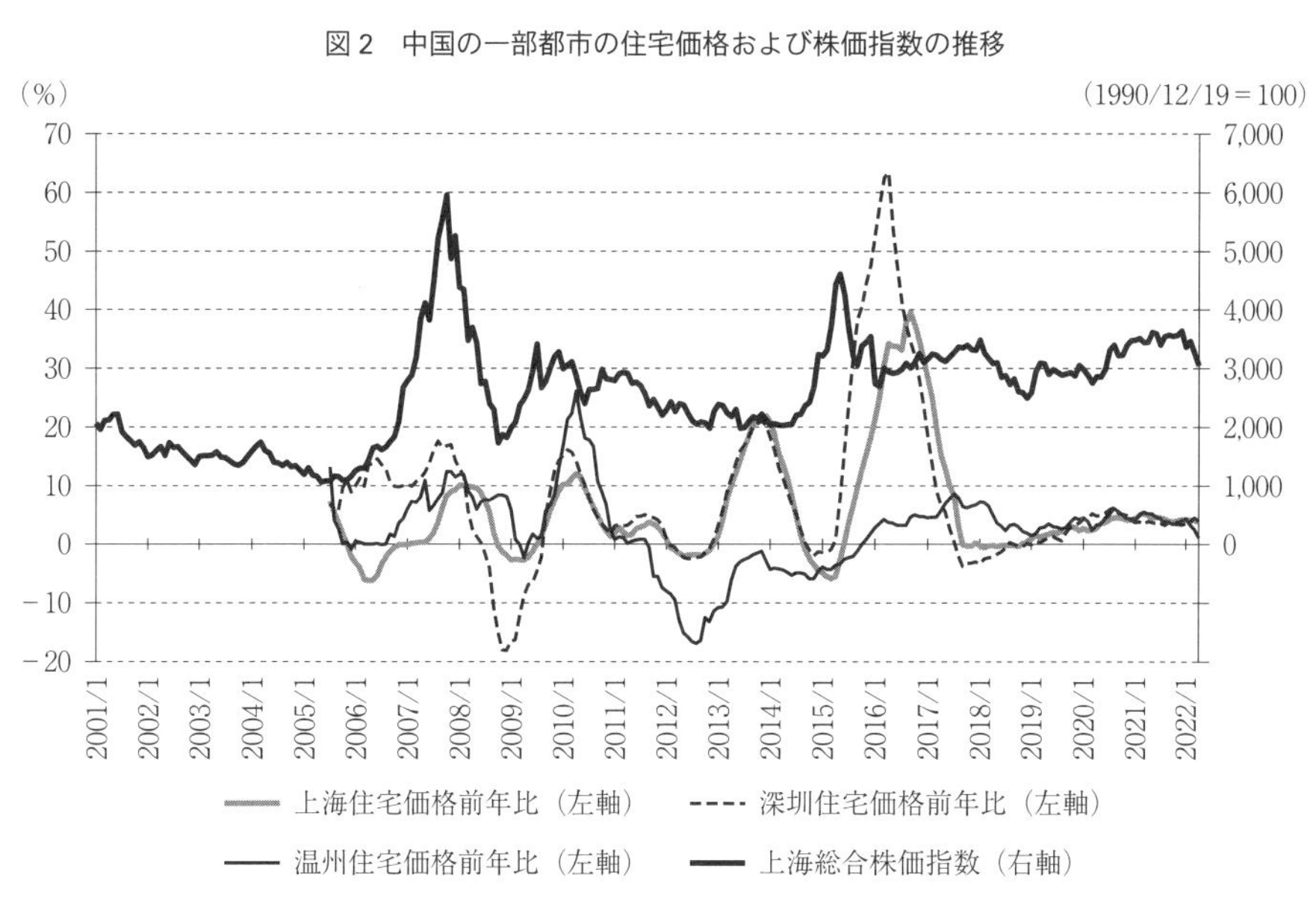

（資料） CEIC China Premium Database より筆者作成。

図3　中国の制度部門別債務率の推移

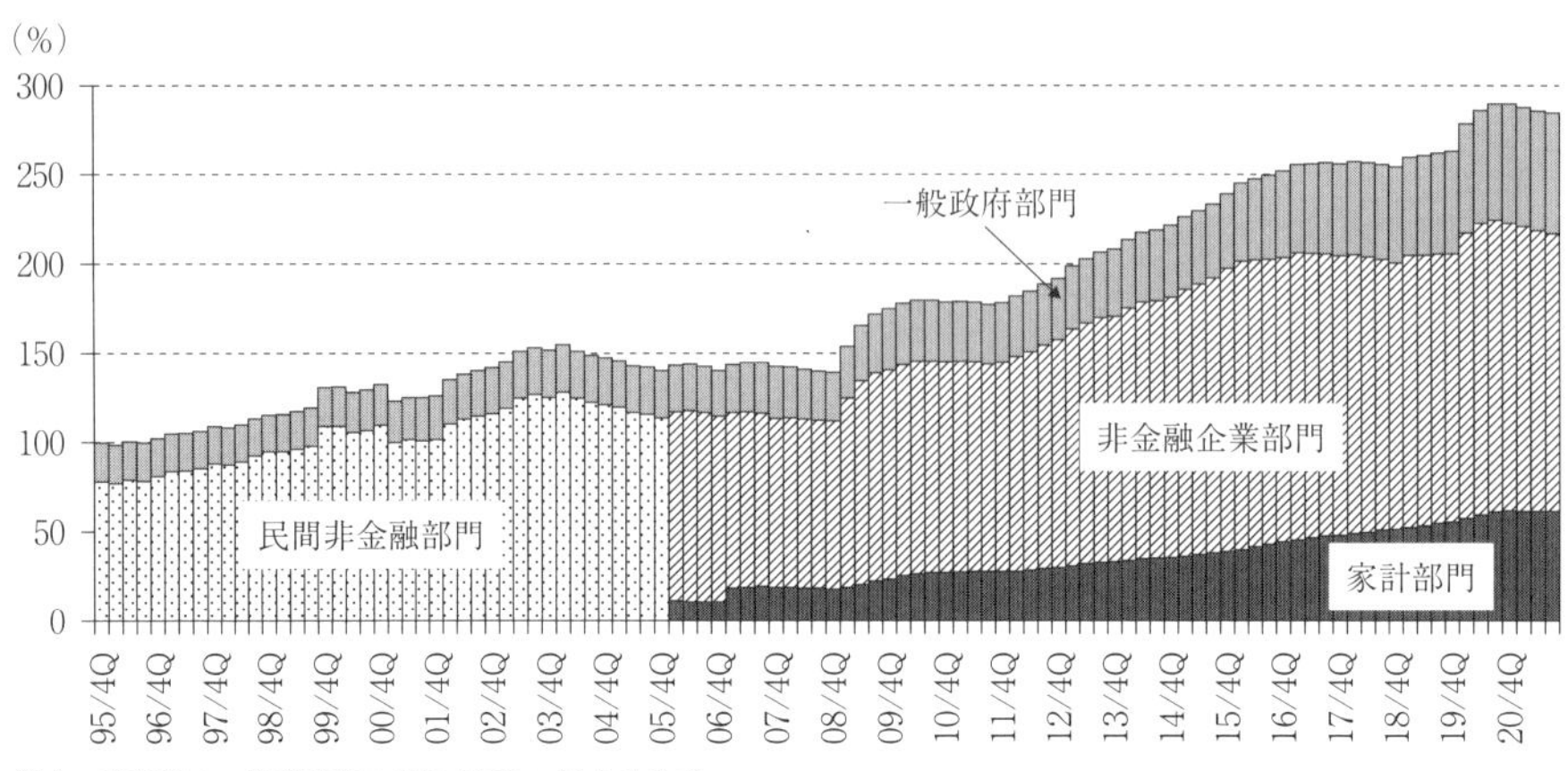

（注）債務率は、債務残高の名目 GDP に対する比率。
（資料）BIS total credit statistics（Feb. 2022）より筆者作成。

後一時的に上昇が抑えられた時期もあったものの、二〇二〇年末には二九〇％（同六六、一六三、六一％）に達している（図3）。債務率の適正水準は国の経済構造によってまちまちであり、単純に推計できるものではないが、一般に、短期間に債務率が急上昇するときには、その背後でバブル的な状況が生じている可能性が高く、注意が必要であると考えられている。二〇一二年頃から中国経済の減速傾向が鮮明になると、債務の重さがさまざまな経済主体にのしかかるようになった。

二〇一二年一一月の共産党大会で選出された習近平政権は、中国の経済減速は一時的なものではなく、同国は、①高度経済成長から中高速成長への転換、②経済構造調整がもたらす生みの苦しみの発生、③前政権による経済刺激政策の消化、の三つの事象が重なり合った時期にあると捉え、経済が向かおうとしている新たな世界を「新常態」と表現し、その変化に適応していく道を検討し始めた（張、二〇一五）。

二〇一五年一一月、習近平総書記は中央財経領導小組（経済運営に関する党の指導方針を定める組織）の会議において、新常態への移行を円滑に進めるために「供給サイドの構造改革」に取り組むべきであると提唱した。その趣旨は、持続可能な経済成長モデルを確立するためには、投資、消費、輸出といった需要サイドに働きかける刺激・支援策に頼るだけでは不十分であり、同時並行的に供給サイドの構造改革を行うことで、供給システムの質と効率を向上させようということであった。

供給サイドの構造改革の重点は、「三去（過剰生産能力、過剰不動産在庫、過剰債務の削減）、一降（企業コストの引き下げ）、一補（弱点分野の補完）」にあるとされ、これらの課題は、二〇一六年および二〇一七年の経済政策運営上の最優先課題に設定された。

二〇一七年七月、『人民日報』は「効果的に金融リスクを防ごう」と題する論説記事を掲載し、そのなかで、「〝ブラックスワン〟を防ぐだけでなく、〝灰色のサイ〟も防がなければならない」と説き、中国の金融リスクが深刻さを増していることを示唆した（中国中央人民政府ウェブサイト、二〇一七年七月一六日）。

「ブラックスワン（black swan）」とは、確率論や過去の経験では予測できず、起こったときには大きな衝撃をもたらすリスクの譬えである。二〇〇八年のリーマンショックは、代表的なブラックスワンとみなされている。これに対し、「灰色のサイ（gray rhino）」とは、誰の目にもみえていながら、普段は大人しくしているためにその危険性が見過ごされがちで、しかし、一旦暴れ出すと手がつけられなくなるようなリスクを指す。

当時、中央財経領導小組弁公室の王志軍・経済一局長は、中国経済の〝灰色のサイ〟とみなすべき事象として、シャドーバンキング、不動産バブル、国有企業の過剰債務、地方政府等の債務、違法資金調達を上げている（『人民日報』二〇一七年八月七日）。これらの事象はそれぞれに関連し合っている面があり、単純にリスクの大きさを比較することはできないが、中国政府にとってとくに対処が難しいのは、関連産業が多く、また国民の消費活動にも深刻な影響を及ぼす可能性が高い不動産バブルであろう。実際、二〇二〇年には人民銀行の共産党委員会書記兼副行長であり、銀行保険監督管理委員会（以下、銀保監会）主席を兼任する郭樹清が、共産党理論誌において「不動産バブルは金融の安定を脅かす最大の〝灰色のサイ〟である」と指摘している（『求是』二〇二〇年第一六期）。

3　不動産バブル膨張の要因

では、中国で不動産バブルを膨張させた要因としては、どのようなものがあったのだろうか。翁・白川・白塚（二〇〇一）は、一九八〇年代後半の日本では、金融機関行動の積極化という初期要因が変化するなかで、その影響を増幅する要因（長期にわたる金融緩和、土地税制・規制、規律づけメカニズムの弱さ、日本全体としての自信など）が存在し、それらの要因が複合的に重なり合うことで、「期待の強気化」と表現されるような反応が生じ、バブルを形成し、膨張させたと整理している。本稿では各要因について詳しく説明することは控えるが、今世紀入り後の中国にも同様の要因がかなりの程度存在していたように見受けられる。

他方、中国独特の要因もある。まず、中国では不動産市場の歴史が浅く、価格形成のメカニズムがまだ十分に整っていない。例えば、中国では都市部の土地は国家が所有し、主たる管理機関である地方政府がその使用権を不動産開発業者などに譲渡する（多くの場合、入札が行われる）仕組みになっており、その譲渡に関する費用の算出基準として基準地価が公表されている。基準地価は、地元政府から委託された土地評価機関によって評価され、原則三年ごとに更新し公表しなければならないと定められているが、地方政府によって更新期間はまちまちとなっているとの指摘がある（胡、二〇二〇）。また、中国で個人による住宅購入が本格的に進展したのは一九九〇年代の後半であり（それ以前の都市部の住民は、主に企業などの団体が管理する公有住宅に低家賃で居住していた）、今なお住宅建設や売買に関する情報の蓄積と開示が不十分で、価格の妥当性評価を難しくしている。

次に、圧倒的に強い住宅需要という要因がある。一九七八年の中国の都市住民一人当たり住宅建築面積は六・七m^2にすぎず、国務院が「都市住宅制度改革の深化に関する決定」を公表した一九九四年時点でも、それは一五・七m^2に止まっていた（中国統計年鑑２０１０年）。国民所得の向上に加え、その後の都市化の進展もあって、人々の住宅需要は強まり、これが住宅建設を加速させる要因になっていた。なお、中国政府（住宅・都市農村建設部。以下、住建部）は、二〇一九年の当該面積は三九・八m^2に達したと公表しており、供給の進展は明らかであるが、欧米先進国の状況とはなお開きがある。ちなみに、住宅関連のシンクタンク・易居研究院は国際比較を試み、二〇一九年頃の当該面積は中国が三二m^2（政府統計に含まれる共有部分面積を控除）、米国は六七m^2、ドイツ、フランス、英国は四〇m^2前後、日本は三四m^2、シンガポールは三〇m^2などと推計している。そして、人口構成や地理的条件に鑑みれば、中国の一人当たり住宅建築面積が米国のレベルに達することは不可能で、欧州および日本の成熟安定期の三六m^2（政府統計基準では四五m^2）程度が飽和点ではないかと予測している。

もう一点、中国の不動産バブルを膨張させた要因として、企業や個人が自らの資産形成に利用できる投資対象の乏しさが指摘されることが少なくない。すなわち、中国では金融市場への参入が主に認可された金融機関に限られ、保険商品などの開発も遅れ気味であったため、住宅は極めて収益性の高い投資対象と考えられてきた。

さらに人々の住宅に対する実需とは別に、中国の不動産開発を加速させた特殊な要因として、地方政府の土地使用権譲渡収入への依存が指摘されている。二〇二〇年の中国の地方政府全体の財政収入は、一般会計収入が一八・三兆元（うち、地方自身の収入が一〇兆元、中央政府からの税収還付および補助金が八・三兆元）、このほかに、日本の特別会計に相当する地方政府基金会計があり、そちらの収入は九・八兆元と中央政府からの移転分を上回っている。注目されるのは、政府基金会計収入の八割以上を土地使用権譲渡収入に頼っている点で、その規模は一般会計収入の四五％に相当している。一九九〇年代の税制改革で、地方政府が直接徴収できる税収はかなり抑え込まれたため（原則では、正当な不足分は、中央政府から地方政府に還付・補填される仕組み）、地方政府は独自の財源確保に走りがちであった。そうした状況下、土地使用権の譲渡収入は地方政府にとって格好の財源となった。不合理な土地開発計画の乱発を問題視した党中央と国務院は、土地使用権の譲渡を抑え込もうとしたほか、二〇一五年施行の改正予算法では、全国人民代表大会が認める範囲で、地方政府が債券を発行し、インフラ建設などに必要な資金を調達することが可能となったが、その後も土地使用権譲渡収入への依存度が低下する兆候はみられていない。

4　中国の不動産バブルは崩壊するか

中国では二〇一〇年頃から不動産投資ブームの悪影響が表面化し始めていた。人民銀行をはじめとする金融当局は、早い段階から不動産市場の過熱に警鐘を鳴らし、金融機関に対し不動産関連融資の慎重化を呼び掛けていた。また、地方政府が過熱抑制のために住宅購入制限を発動した際には、関連融資の抑制を厳しく指導した。しかし、例えば二〇一五年の金融緩和局面では、一部の大都市で住宅売買価格の高騰が生じた一方、多くの中規模都市において乱開発後に積み上がった住宅在庫の解消が遅れる現象がみられていた。習近平政権は、「サプライサイドの構造改革」の目標の一つとして不動産在庫の解消を掲げていたが、マクロ政策による対応では限界があるとの判断の下、「因城施策」すなわち都市それぞれの状況に応じて対策を講じる方針を打ち出し、地方政府に不動産市場の調整責任を負わせる方向に舵をきった。とはいえ、全てを地方政府に任せたわけではなく、二〇一八年には住建部が不動産市場に過熱傾向がみられる地方都市への個別指導を再開したと報道されている。

二〇二〇年八月、人民銀行と銀保監会は住建部とともに、不動産企業の資金調達を制限する新たなルールを発動した。具体的には、不動産企業の財務データについて守るべき基準を定め、その抵触状況によって、銀行借入や社債発行などの有利子負債の増加を制限した。また、三者は二〇二一年三月、事業用貸出を不動産投資に流用することを禁じる通達を出し、不動産市場への投機的資金の流入を抑制した。この間、二〇二〇年末には人民銀行と銀保監会は銀行業金融機関に対し、企業向け不動産関連貸出と個人向け住宅ローン残高の上限を設定した。

二〇二〇年の中国経済は、第一四半期はCOVID-19蔓延の影響で大きく減速（実質GDPは前年比六・九%の減少）したものの、四月以降、政策的後押しもあって生産の回復が進み、企業債務の動向はさほど問題視されなかった。しかし、以前からシャドーバンキングや企業間信用を含め、無理な資金調達に頼りがちだった不動産開発業者などは、上述の規制強化により、資金繰りが難しくなった。

二〇二一年入り後、国内や香港で発行した債券の利払いに支障を来す企業が目立ち始め、なかでも業界最大手・恒大グループの資金繰り難は、業界を大きく動揺させた。同グループは、二〇二一年八月以降、グループ保有資産の売却や創業者による担保差し入れを条件とした銀行貸出など、さまざまな手段を動員して発行債券の利払いや下請け業者への買掛金等の清算などを進めている。恒大グループと前後して、他のディベロッパーの債務不履行が報じられることも増え、不安定な状況は二〇二二年まで続いている。また、資金繰り難から建設が中断される物件も増え、不安にかられた購入者がローン支払いを拒否するケースが社会問題化するようになった（中国では物件の完成・引渡し前からローン返済が始まることが多い）。

中国政府、とくに金融当局としては、長年、不動産市場のリスクについて注意喚起を行ってきただけに、不動産開発業者や融資を行った金融機関などに対しては厳しいスタンスで臨みたいところであろう。しかし、不動産開発は関連企業が多岐にわたり（しかも多くは民営中小企業）、連鎖倒産や失業の増加は社会の混乱につながりかねない。まさに「灰色のサイ」が暴走しないよう、金融当局は不動産関連債務の実態把握に努めながら、流動性の供給に注意を払っている。

中国では二〇二〇年以降、「ゼロ・コロナ政策」に基づく地域単位のロックダウン（封鎖）が各地で行われているが、二〇二二年には北京、上海、西安などの部分的ロックダウンが響き、同年一～五月の上位一〇〇社の新築住宅販売成約額は前年比五一％のマイナスとなり、先行きが不安視されている。もっともこれまでのところ、投げ売りによる価格暴落のような事象は限定的なものに収まっている模様である。

なお、日本の一九九〇年代のバブル崩壊では、銀行業金融機関が膨大な不良債権を抱える結果となり、そのことがまた市場心理を冷やすという負のスパイラルにつながった。しかし、中国の場合、銀行の不動産向け融資は全体としては抑制されており、仮に大手不動産開発業者が破綻したとしても、銀行が直接被る打撃は限定的なものに止まるとみられている。

もちろん、間接的な影響がないわけではない。中国の不動産開発業者の多くは、建設する住宅の購入者から前受金（販売価格の全額相当が一般的）を預かり、それを建設資金に回している。アグレッシブな業者の場合、前受金を当該開発物件の建設に使用せず、次の開発物件の土地取得などに流用しているとみられている。前受金の相当部分は、銀行の個人向け住宅ローンとみられており、仮に物件の完成前に開発業者が倒産した場合には、銀行の住宅ローンが不良債権と化すことになる。このため、最近では、資金繰りに懸念が生じた不動産ディベロッパーの前受金を専用銀行口座に預託させ、その引き出しには地元政府の許可を必要とする管理体制をとっている地域が増えている。

また、不動産事業においては業者間信用（売掛／買掛金など）のウェイトが大きく、開発業者による支払い不履行は、下請け業者や資材納入業者の連鎖倒産を引き起こす可能性が高い。それが地方の中小金融機関の経営に大きなダメージを与える可能性は否定できない。

5　中国政府は〝灰色のサイ〟をどうコントロールしていくのか

中国政府は、先進諸国などの過去のバブル発生や崩壊の事例をよく研究しており、バブル発生後にそれを強く抑え込み過ぎることの危険性をかなり意識している。とくに、二〇二二年は潜在成長率の低下に、米中摩擦の深刻化、「ゼロ・コロナ政策」

図4　中国、米国、日本の一人当たり GNI の推移

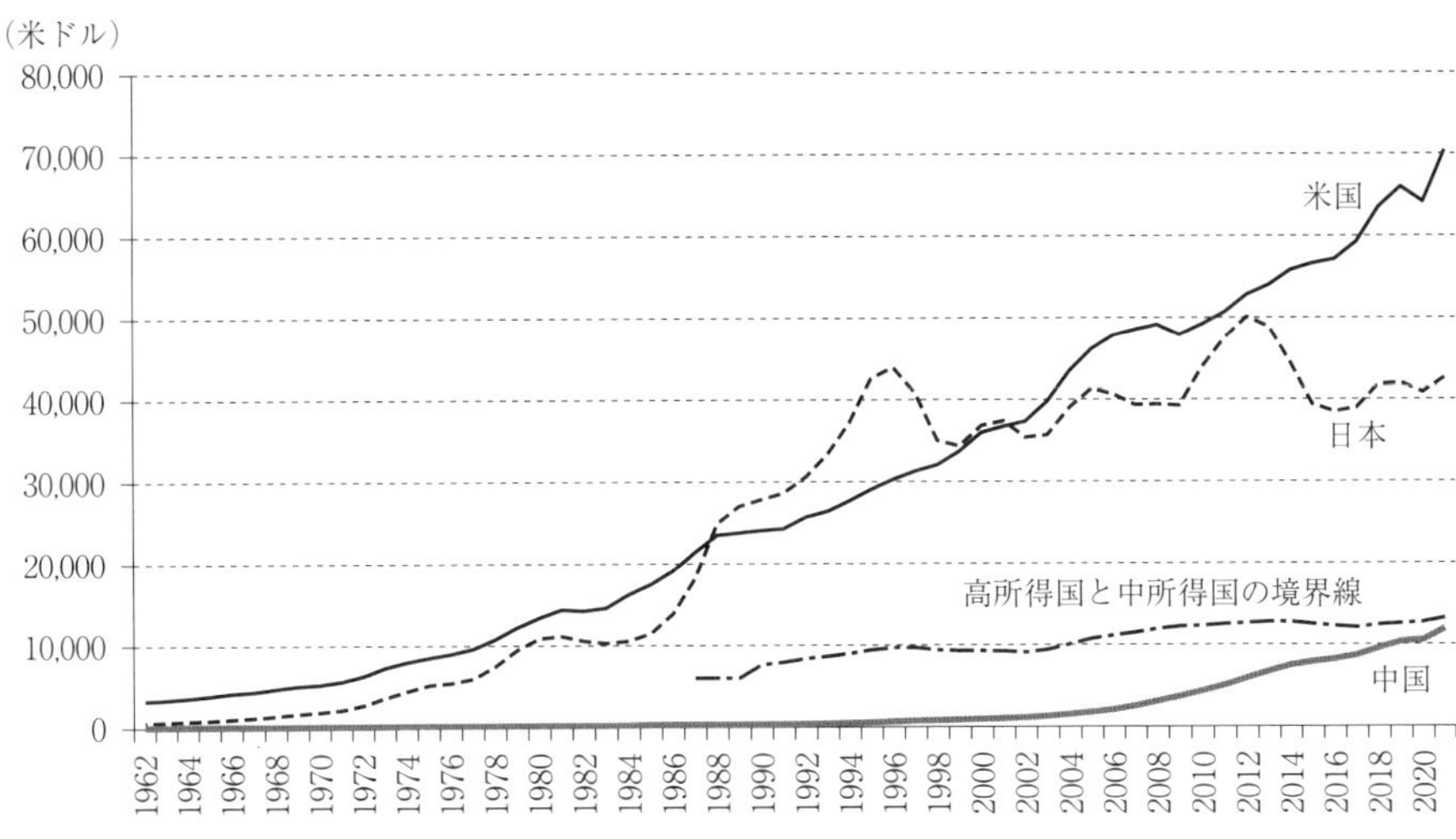

（資料）　資料：世界銀行 World Development Indicators より筆者作成。

の経済へのダメージ、ウクライナ情勢を受けた資源価格の高騰などのマイナス要因が加わり、中国経済の先行きに影を落としているため、このタイミングでは金融面の動揺を極力抑え込む方針を固めている模様である。

二〇二二年は、五年に一度の共産党大会の年でもあり、習近平政権としては経済成長と金融リスク解消のバランスについては、社会の安定にとってより重要と考えられる成長に重きをおいた政策対応を優先しているのだろう。銀行業金融機関の経営基盤は、全体として見ればなお健全であり、また、地方政府の財政状況も省全体で見る限り、支出余力が懸念される状況ではないため、今後、不動産バブルが部分的に破裂する局面が増えたとしても、当面はその悪影響が全国に広まらないよう抑え込み、全体の安定を保つことは可能であろう。

中国でも人口構成の変化が中長期的に住宅需要を後退させる可能性に鑑み、不動産市場の先行きについて慎重な見方が強まっている点にも留意すべきではある。もっとも、中国の一人当たり国民所得（GNI）はようやく一万ドルを超えたところであり、これから高所得国の仲間入りをしようという段階である（図4）。今後、より質の高い住宅を求めるニーズはますます強まっていくのではないか。都市化の進展も徐々にスローダウンするとはいえ、なお住宅需要増の余地はありそうである。

また、党中央および国務院が「住宅は住むためのものであり、投機の対象ではない」という方針を堅持するとしても、そのことは住宅建設の増加を止めるわけではない。豪華なマンシ

ョンやいわゆる「別荘」の建設需要は後退するとしても、質の高い分譲住宅や賃貸住宅の建設需要はむしろ強まるだろう。それは、開発業者にとっては手間がかかるわりには利潤が上がらないという事態になるのかもしれない。開発業者が生き残るためには、より堅実かつ効率的な事業運営が必須となろう。

過去十数年の間に建設された立地条件などを無視した安易なマンションの在庫処分は、それを急ぎ過ぎると、開発業者や融資を行った金融機関の財務基盤に深刻な打撃を及ぼす可能性がある。とはいえ、在庫を放置するとしても、その間のコストを誰が負担するのかという問題がある。中国政府の当面の方針としては、破綻危機に直面した企業や金融機関については、金融当局と地方政府が状況を把握しながら、可能であれば同業他社による吸収合併などを促し、再建不能なものは段階的に市場からの撤退を促していくという形になるのではないか。

近年、地方政府と中央政府の間で事業責任と財源の配分について、部分的な見直しが行われており（李・銭・丁主編、二〇二一）、それに歩調を合わせて、地方政府債務の実態が明らかになることも期待されている。経済情勢が悪化している地域において、過去の不採算投資に起因する債務の重荷に苦しんでいる地方政府財政をどのように立て直すか、決して易しい課題ではないが、行政の効率化につながる改革を促す取り組みが求められている。

バブルは必ず弾けるものであるが、それが経済全体の土台を崩壊させるような弾け方にならないよう政策的な対応を図ることは、極めて難しいことではあるが方策は考えられる。中国の場合、都市部の土地は政府が所有しているため、供給のコントロールによって価格暴落を抑えることはある程度可能と考えられている。将来の経済発展を期待できない地域の地価の下落を止めることは無理だとしても、そうした地域の経済力の全国シェアは小さいため、国全体を揺るがす打撃にはならないとみられている。また、相対的に成長発展段階が低く、国全体として依然として中程度の潜在成長率を期待できることは、バブル処理を進めるうえでの強みであろう。新たな成長の種を大切に育てていければ、不良債権処理などの痛みを吸収することはできるだろう。そのためには、非効率な産業構造を抜本的に変えていくことが大前提となる。

参考文献

植村修一・鈴木亘・近田健（一九九七）「資産価格と金融政策運営」日本銀行調査統計局 Working Paper 97-3.

翁邦雄・白川方明・白塚重典（二〇〇一）「資産価格バブルと金融政策――一九八〇年代後半の日本の経験とその教訓」香西泰・白川方明・翁邦雄編『バブルと金融政策――日本の経験と教訓』日本経済新聞社。

胡笳（二〇二〇）「中国不動産の基本（2）基準地価」二〇二〇年二月二六日掲載「ニッセイ基礎研究所・研究員の眼」。

張卓元編（二〇一五）『新常態下的中国経済走向』広東経済出版社。

藤田勉（二〇一三）「バブルと危機は繰り返す」『月刊資本市場』二〇一三年九月号（No. 337）。

李洪強・銭大偉・丁伯康主編（二〇二一）『中国城投行業発展報告（二〇二一）』社会科学文献出版社。

2　中国はイノベーション大国となれるのか

高口康太

（たかぐち　こうた）
ジャーナリスト、千葉大学客員准教授
専門は中国経済と企業、在日中国人経済を専門に取材、執筆。
著書に『中国「コロナ封じ」の虚実』（中公新書ラクレ）、『現代中国経営者列伝』（星海社新書）、『幸福な監視国家・中国』（NHK出版、梶谷懐氏との共著）など。

はじめに

「中国はイノベーション大国だと思いますか」。

もし、一〇年前にこのような問いかけをしても同意する人は少数派だったろう。しかし、二〇二二年現在では状況は一変し、今や否定派のほうが少数になったのではないか。大学生向けの授業など、若者に中国のイノベーションについて話すと、むしろ「中国はずっとイノベーション大国だと思っていた」と逆の驚きを感じる人が多いようだ。日本では世代によって中国に対する見方が大きく異なっている。

だが、この中国像の転換は、ある一つの問いへの回答を保留したままに進んだものであった。その問いを端的に言い表すならば、「一党独裁の社会主義体制において、法治に基づく財産権が十分に保障されていない状況でも、果たしてイノベーションは可能なのか？」となるだろう。

かつて想定されていた「イノベーション大国への道」とは異なるルートで中国は歩みを進めている。本稿ではその現在地と残された課題を探っていきたい。

1　コピー天国と革新

文部科学省科学技術・学術政策研究所（二〇二一）は一九九七～一九九九年、二〇〇七年～二〇〇九年、二〇一七年～二〇一九年の三つの時期において、国・地域別の論文数統計を掲載している。

中国は一九九七～一九九九年においてはシェア三・一％の九位だったが、二〇〇七年～二〇〇九年には一〇・五％で米国に次ぐ二位へと躍進した。そして二〇一七～二〇一九年では一位の座を獲得している。引用数の多いトップレベルの論文数では米国には及ばず二位にとどまったが、二〇年間でこれほど存在感を高めた国は中国以外にはない。

この躍進を支えているのが人的リソース、金銭リソースの投下量の圧倒的な上昇だ。研究者数はこの二〇年でほぼ三倍増となる約二一〇万人、研究開発費総額はおよそ二・五倍の二兆二一四〇億円と大きく伸びている。比較すると、日本はこの間に研究者数は一・二七倍、研究開発費総額は一・二倍の増加にとどまっている（文部科学省科学技術・学術政策研究所 二〇二二）。

大学など研究機関の能力が高まっただけではなく、その活用も進んでいる。

今振り返るならば、人口世界一の国が、経済成長に伴い高等研究機関を充実させてきたのだから、その研究開発能力の向上は意外というよりも、当然ととらえるべきなのだろう。しかしながら、その技術を広く民間経済に活用し、市場経済の効率性を向上していく、広い意味でのイノベーションにつながるかは疑問視する声が強かった。ところが実際にはビジネスのイノベーション環境も大きく改善している。

世界知的所有権機関（WIPO）は米コーネル大学、仏経営大学院インシアードと共同で、グローバル・イノベーション・インデックス（GII）を発表している。

イノベーションに必要な教育機関や人材、精度が整っているか、知的資産を生かした商業活動が活発か、などを評価した指数だ。中国は二〇〇七年の第一回発表における二九位から、二〇二一年には一二位にまで順位をあげた。

このGIIは教育機関や制度などのイノベーションの土台を評価するインプット指数と、イノベーションによる成果物を評価するアウトプット指数から構成されている。インプット指数だけで見ると、二五位と順位は低い。教育機関の充実や開発研究経費の増はある一方で、ビジネス環境の未整備、法の支配の非徹底などが足を引っ張っている。逆にアウトプット指数は七位と上位につけている。ハイテク製品の輸出に加え、工業設計など知的生産によって稼ぐ力が評価された。

逆に日本はインプット指数こそ一一位と上回っているものの、アウトプット指数が一四位と低い。労働生産性の伸び率、新規ビジネスの創出、輸出に占めるICT（情報通信技術）関連シェアの低さなどが足を引っ張っている。その結果、総合では一六位と中国より下の順位となった。知的生産をビジネスに結びつける能力において、中国はすでに日本を上回り、世界の上位に入っているというわけだ。

中国が世界一の人口と高成長を生かして研究開発能力を向上させることは予想されていたが、その能力をビジネスのイノベーションにつなげられるかは未知数、どちらかと言えば疑問視する声が強かった。一例をあげると、金堅敏（二〇一二）は、中国経済が「中所得国の罠」に陥ることなく経済目標を続けるためには、低付加価値の「世界の工場」から「グローバル・イノベーション・センター」へと生まれ変わる必要があると指摘。二〇〇〇年代から始まった、一連の自主創新（自主イノベーション）政策を評価しつつも、国民意識として知的創造尊重社会が形成されておらず、「コピー天国」が続いていることを課題としてあげた。

イノベーションの促進には一般的に知的財産を保護する制度が不可欠とされるが、まさにこの点がネックとされてきたわけだ。

中国の「コピー天国」ぶりは国際社会から強い批判が寄せられてきたばかりか、中国国内からもイノベーションが成り立たないとの不満があった。そのなかでも一九九九年に黄聞雲という広東省深圳市の玩具メーカー経営者が朱鎔基首相（当時）に書簡を送ったエピソードはよく知られている。

新たな玩具を生み出し宣伝費をかけてヒットさせても、人気商品はすぐに模倣されてしまう。コピー天国のビジネス環境では新たなプロダクトを生み出しても企業の評価にはつながらず、経営拡大のための銀行融資すら断られてしまうと黄は訴え、米国のようにイノベーションを保護する仕組みが必要だと訴えた。朱鎔基首相は中国社会科学院に研究チームを設置するよう命じ、企業や個人、政府機関の「信用」評価制度である社会信用システムの構築につながったと言う（林鈞躍「中国社会信用体系建設十五年成就回朔」）。

社会信用システムは各種制度の集合体であり一言で説明することは難しいが、その主要な機能は各種ブラックリストを国民身分証番号や法人に付与される信用コードによって簡便に検索することができ、過去に問題を起こした個人や法人を把握できるようにするものである（梶谷懐、高口康太 二〇一九）。日本で言うところの官報公告を、インターネットからアクセス可能なデータベースにしたものとも言える。一般に問題行動が記録された場合、五年間にわたり掲載される。ビジネスへの影響を恐れるならば、行動を慎むことが期待される。このデータベースをさらに発展させ、信用を守っている個人や法人を奨励し各種特典（行政手続きにおける書類の簡素化や銀行融資の優遇）へとつなげる試みも始まっている。

この社会信用システム自体がイノベーティブな試みではあるが、まだ実効的な機能を有しているとは言いがたい。今でも深圳のビジネス界には「草むらに道を作ったものは死ぬ」という言葉がささやかれているのだと言う（藤岡 二〇一七）。新たなアイデアを真っ先に形にしたものが利益を得るのではなく、その屍の後に模倣者たちが利益を得るというわけだ。

中国の知的財産保護政策は二〇〇八年の国家知的財産権戦略綱要、二〇一四年の国家知的財産権戦略行動計画（二〇一四～二〇二〇年）、二〇二一年の知識産権強国建設綱要（二〇二一～二〇三五年）と切れ目なく打ち出されているが、特許数の増加や国際的な知財利用量貿易額の上昇といった面では成果をあげつつも、知識創造の尊重というムードが醸成されているとは言いがたい。

知的財産の尊重や法治といったイノベーションに不可欠と考えられてきた枠組み、それが先進国の視点から見ればまだ未整備であるなかでも、世界的なイノベーション大国へと発展していることになる。

2　人と金の物量作戦

中国の飛躍的なイノベーションの発展、その原動力となったのは国家の関与と民間の活力という両輪が機能したためである。本節ではまず国家の関与について取りあげたい。

一九七八年の改革開放政策を機に、中国は市場経済導入に舵を切る。最高指導者の鄧小平は「科学技術は第一の生産力」であると強調した。両弾一星（原爆と水爆、人工衛星）に代表される軍事科学中心の方針から、技術開発による経済振興へと大きく重心が移ることになる。

そのなかでも主要な目標となったのが人と金であった。改革開放政策が始まった直後から大学及び研究機関の整備が進められていき、二〇〇〇年代に入ると科学技術分野の五カ年計画に研究開発人員数の目標が盛り込まれた。二〇一〇年には米国を抜き、世界一を達成している。

研究開発人員を増やすためには高度人材を育てなければならない。そのために推進されたのが高等教育機関（大学・高等専門学校）の整備であった。高等教育機関の定員は一九八〇年の二八万人から二〇一九年には九一四万人にまで増加している。以前ならば大卒は専門知を持つ知的エリートという扱いだったが、大学定員の拡大に伴い、学歴の高度化も進展している。大学院定員は一九八〇年の三六〇〇人から二〇一九年には九一万人と、この四〇年間で三〇〇倍近い増加となった。

国内の教育機関での育成以外に海外留学も奨励された。一九七八年にはわずか八六〇人だった留学生数は二〇一八年には六六万人を超えるに至っている。表2で示したように、中国独自のユニークな指標に帰国比率がある。留学から帰国した人数を、留学のために出国した人数で割って算出したものである。海外留学で育ててもらった留学生をいかに呼び戻すかが課題であり、その評価指標として制定されたものだ。

二〇〇八年から始まった研究者招聘プロジェクトの千人計画などがその代表格だが、ビザや移住経費、さらには戸籍取得の支援など手厚いサポートが盛り込まれた。こうしたトップレベルの研究者だけではなく、海外留学経験者は「海亀」（中国語でハイグィと発音、帰国者を意味する「海帰」と似た発音）と呼ばれ、中国国内での就職も有利となった。

中国経済の成長により、給与水準と生活水準が向上したことにより、留学生たちは次第に帰国する数が増えていく。帰国率は二〇〇〇年代前半では二〇%を割り込む水準だったが、次第に上昇し近年では八〇%近い水準にまで達している。

人と並ぶ、もう一つの重要なリソースが資金である。

研究開発費の伸びはGDP成長率を上回るペースで推移していることがわかる。第一四期五カ年計画では全社会研究開発投資を年七%以上のペースで成長させるとの目標を掲げている。GDP成長率は二〇二二年目標が五・五%と設定されていることからもわかるとおり、経済成長以上に開発費を増やす方針は堅持されている。

また、どのような技術に注力すべきか、それは五カ年計画で

表1 日米中の研究者数の推移

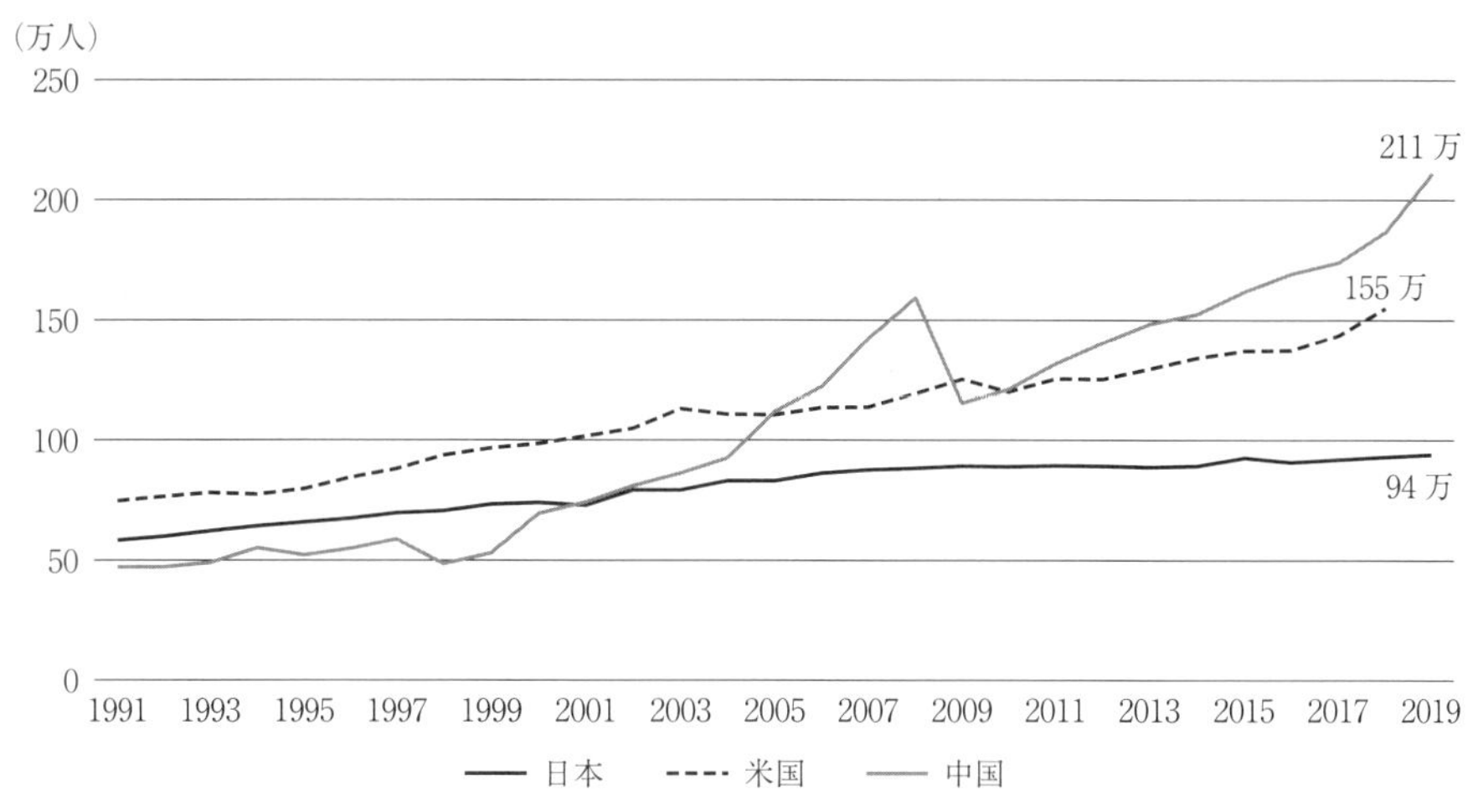

(出所) 文部科学省科学技術・学術政策研究所「科学技術指標 2021」を基に筆者作成。

表2 留学生数と帰国比率

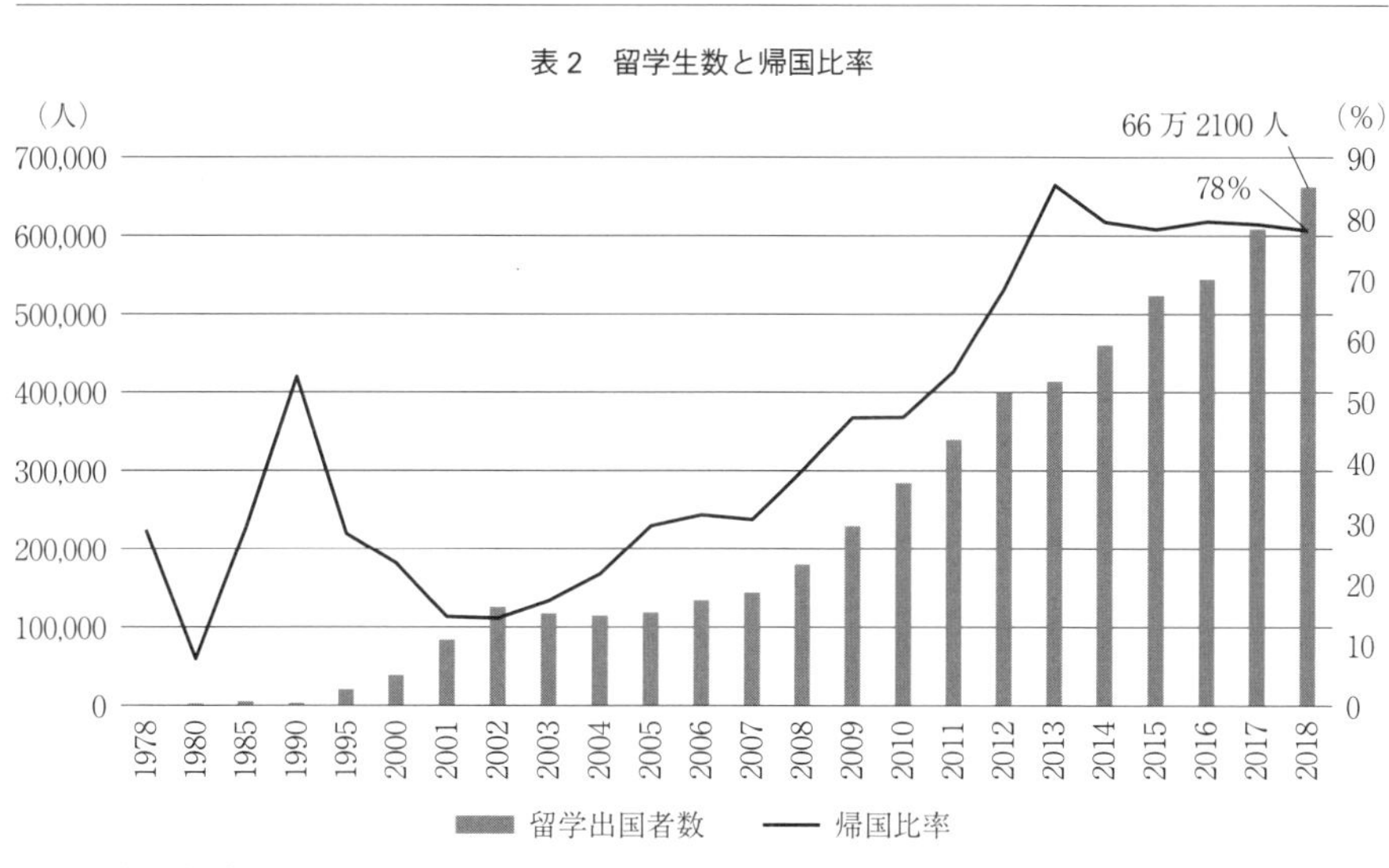

(出所) 科技統計年鑑 2019 をもとに筆者作成。

表3　研究開発費と及びGDPシェアの推移

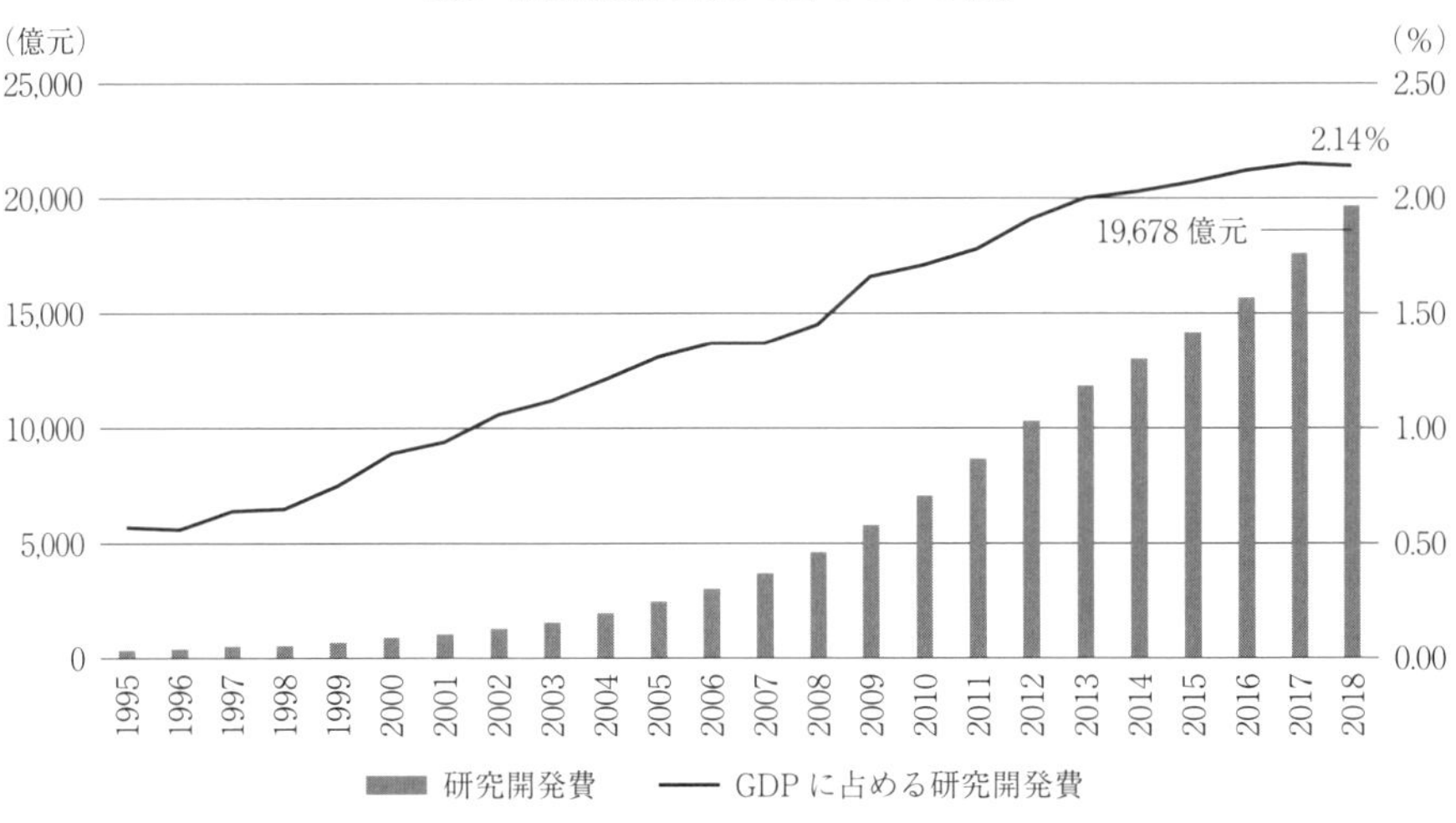

（出所）　中国科技統計年鑑2019をもとに筆者作成。

大枠が示されている。第一四期五カ年計画では、新世代人工知能、量子通信、集積回路、脳科学、バイオ、臨床医学、深海深宇宙極地探索が科学技術先端領域に指定されたほか、製造業核心競争力上昇の技術として、ハイエンド新材料、重要技術機器、スマート製造とロボット、航空機エンジン、北斗衛星の産業か、新エネルギー車とスマートカー、高度医療機器と創薬、農業機械が重点領域に設定されている。

重点研究対象となった技術分野には公的研究機関における研究が促進されるほか、補助金や減税措置といった企業への支援を通じて、民間での研究開発も奨励される。

知財の保護と並んで、中国にイノベーションが困難な理由として、常々あげられていたのが政策予期の可能性だ。政策や経済方針がどれだけ予測可能なのか、独裁者の鶴の一声ですべての方針がひっくりかえってしまうような国ではイノベーションは難しい。

その意味では、中国は一党独裁の政治体制でありながら、かなりのレベルで予期が可能な体制を構築してきた。総書記というトップが二期一〇年で交代する制度（しかも新たなトップは就任の五年前に内定している。習近平は二〇一二年に総書記に就任したが、その五年前の党大会で次期総書記のポジションにあることが誰の目にもわかるよう人事が組まれている）しかり、五カ年計画に代表される中長期的な経済政策と目標しかり、である。

さて、中国政府が奨励する重点技術分野の研究開発、それを促すためには補助金や現在措置だけではなく、近年では新たな手法が台頭している。それが政府系ファンドによるベンチャー投資だ。新たなイノベーションの担い手として、大企業だけではなく創業間もない新興企業が果たす役割が近年、世界的に高まっている。いわゆるユニコーン企業（創業一〇年以内の未上場企業）のような、新しいプロダクトを武器にゼロから一気に成長する企業が、世界経済において大きな役割を果たしている。

中国は一九九〇年代から米国のベンチャー・イノベーションシステムの導入に踏み切っている。その代表例の一つであるのが名門・清華大学のサイエンスパークだ。米スタンフォード大学のサイエンスパークをイメージして作られたもので、大学の一角には数百社ものベンチャー企業が入居するビルがある。大学での起業家育成授業から、ベンチャー資金の提供、補助金獲得ノウハウの伝授など、技術を持った大学教員や学生の企業を全方位で支援する体制が構築されている。

こうした米国流のベンチャー・イノベーションシステムに、政府系ファンドによる資金が流入するようになった。直接企業に補助金を給付するのではなく、民間のベンチャーキャピタルに出資し、そのベンチャーキャピタルが企業に出資するという経路をとることが多い。

政府引導基金と呼ばれる政府系ファンドは二〇一四年ごろから規模を拡大させてきたが、中国調査企業・清科研究の統計によると、二〇二一年末時点で一九八八ファンド、六兆一六〇〇億元もの資金が運用されている。以前は国、または省・直轄市など大型自治体による政府系ファンドが中心だったが、近年では県や区などより小さな自治体も政府系ファンドを組成している。中国で活躍するベンチャー投資家へのヒアリングによると、「従来型の補助金よりも、ベンチャー投資の形式のほうがより効率的な経済振興ができるとの認識が広がってきた」と、政府系ファンド隆盛の背景を説明している。政府系ファンドが資金を拠出する際に、国有企業や銀行、保険会社なども協調して資金を出すことで、レバレッジをかけた資金運用が可能になる点も長所としてとらえられているようだ。

人と金の両面において物量を発揮してきた中国のイノベーション政策にもう一枚、新たなカードが加わったと言える。

3　草の根のイノベーション

人と金の物量が用意され、政府が指し示したトレンドに向かって技術開発が進む。前節で示した国家主導型のイノベーションとは全く異なる、草の根のイノベーションも中国には存在する。

携帯電話産業だ。世界のスマートフォンメーカー上位を見ると、首位の韓国サムスン、二位の米アップルをのぞくと、残るはオッポ、ビヴォ、シャオミ、オナーなど中国メーカーによって占められるようになった。今や中国が世界に誇る一大産業だが、その成長は中国政府の意図とは離れた場所から生まれてきた。

二〇〇〇年代初頭、中国政府は一部メーカーのみにライセンスを与える許可制度を導入した。メーカーの数を制限することで大企業を人為的に生み出し、国際的競争力を備えさせていくという目論見だった。

しかし、そうした庇護を受けたメーカーは思うように業績を伸ばせずにいた。代わりに台頭したのが山寨機（ノンブランド携帯）メーカーだ。製造ライセンスを持たない非合法な身分ながらも、低価格やニッチなニーズに応えた機能の搭載によって人気を得た。中国国内のみならず、途上国を中心に累計で数億台が輸出されたと言う。

フィーチャーフォンからスマートフォンへ、3G通信から4G、5Gへという技術的トレンドの変化もあり、山寨機メーカーのほとんどは没落していくが、一部のメーカーは実力をつけて生き残った。かつてアイフォーンを模倣したとして敗訴したこともあるスマートフォンメーカーの魅族は二〇二二年、大手自動車メーカーの吉利汽車に買収された。車がインターネットと接続するコネクテッドカーの時代を見すえ、携帯メーカーを傘下に収めたいとの思惑があった。

魅族などの山寨機メーカーが活躍した背景には、中国で「公開」（ゴンカイ）と呼ばれるビジネス慣習があったことが大きいという（アンドリュー〝バニー〟ファン　二〇一八）。アングラな存在であった山寨機メーカーには法遵守の意識は薄く、設計やデザインなどの知的財産は守られない、まさに「コピー天国」の状況であった。

前述したとおり、イノベーションの課題がまさにむき出しで示された業界だったわけだが、それでも設計企業は収益をあげることができていた。その仕組みが「公開」である。設計企業は自社の設計どおりに組み立てる際に、確実に動作する部品を販売している部品メーカーの連絡先を設計図に書き込んでいた。同等の部品であっても相性があるため、本当に動作するかはいちいち確認が必要となる。その手間を考えれば、素直に設計図に指定されている連絡先から部品を調達したほうがコストは安くなる。つまり、設計企業は設計そのものからお金を取るのではなく、設計図に連絡先を書き込む部品メーカーから宣伝費をもらうことで収益源としていた。知的財産が守られない状況でもあっても、利益をあげることができるビジネスモデルである。

同じ携帯電話でも、シャオミは消費者との関係に広告モデルを持ち込むことで成功を収めた。今や出荷台数世界第五位のメーカーであるシャオミだが、その売りは劇的な安さにある。ハードウェア販売の粗利は五％以下にという薄利に抑える戦略で一気にシェアを伸ばした。ではどのように稼ぐのか。スマートフォンに表示される広告や、シャオミのネットストアから視聴された映画、ゲームの課金といったサービスでの収入が大きい。

あるいは世界的なEC（電子商取引）企業となったアリババグループのビジネスモデルも類似の要素を持っている。アリババグループが大きく飛躍するきっかけとなったサービスが、淘宝（タオバオ）という名のネットショッピングモールである。

日本のサービスで言うと、楽天市場に近い。誰でも申込みさえすれば、簡単にネットショップを開設できるというサービスである。

この淘宝は出店及び販売に関する手数料を無料にするという大胆なビジネスモデルで成長した。淘宝が創設された二〇〇三年には他のネットショッピングモールもあったほか、その後は米国からイーベイやアマゾンといった巨大IT企業が上陸し、激しい競争がくり広げられたが、無料を武器にアリババは競争に勝ち抜くことになる。

では無料でどのようにして利益をあげることができるのか。ここでも答えはやはり広告になる。ネットショップは無料で開けても広告費は有料だ。さらに出店料を徴収するかわりに優良ショップしか出店できない新たなネットショッピングモール「Tモール」を開設することでさらに利益を拡大させた。ネットショップを開くだけならば無料だが、出店者がビジネスで勝つためにはお金がかかる。電子機器製造業とECという全く別の分野だが、無料と広告の組み合わせという意味では共通している。

無料（あるいは低価格）で広めて広告で稼ぐ。こうした発想は中国で「互聯網思考」（インターネット思考）と呼ばれている。グーグルの検索サイト、フェイスブックやツイッターなどのソーシャルメディアなどインターネットサービスでは、広告モデルやフリーミアム（基本機能は無料で追加機能は有料）はごくごく当たり前の発想だ。それをなしえるのは、インターネットサービスは限界費用（生産量を増やした場合に発生する追加費用）がきわめて安価なためである。たとえば、高度な機能を持つソーシャルメディアのプログラムを作成する初期費用は高額だが、その利用者が一人でも二人でも、あるいは一〇〇人でも運営コストはほとんど変わらない。ならば、無料で提供しても別の形でマネタイズできることになる。

山寨機しかり、中国民間企業のユニークな点はインターネットサービス以外でも類似のビジネスモデルを展開している点にある。「互聯網思考」は驚くような分野にまで入り込んでいる。

ここ数年、中国で流行している「新消費」も同様だ。新消費とは新たに立ち上げられた消費品ブランドを指し、化粧品、食品、ベビー用品、寝具などさまざまな分野で新興ブランドが誕生している。いわゆるD2C（ダイレクトトゥコンシューマー、インターネットによる直販）からスタートし、ソーシャルメディアやチャットアプリで消費者を囲い込み、一定以上の成功を収めた後に、実体店を展開するというパターンが多数を占める。

こうした新消費ブランドのネット販売では、往々にして他社の製品が販売されていることが多い。ある新消費化粧品ブランドでは化粧品こそ自社製品のみを販売しているが、その他に他社ブランドのアパレルや時計、雨具などまで売っている。なんとも不思議に思えるが、自社製品の販売以外で利益を得ようとする試みが一般的なわけだ。薄利多売の化粧品販売で自社のソーシャルメディアに登録する顧客を集められたならば、自社製品の売上からはたいした利益はでなくても、その顧客に他社製品を売ることで利益をあげられるという発想になる。

公開のような知財尊重の仕組みが整備されていないなかでも利益をあげられる仕組みは先進国的な法制度が整っていないがゆえに生まれたものであろうが、しかしその発想はインターネット時代ときわめて適合的だったと言えるのかもしれない。少なくとも、先進国の目からイノベーションが成り立たないと判断されていた環境で、知的生産から利益をあげるイノベーションが中国にあったとは言えるのではないか。

4　中国のイノベーションは持続可能か

人と金の物量を生み出してきた国の関与、知財保護の制度が未整備でもビジネスを進める中国独自のモデルをここまで見てきた。中国ではイノベーションはできないと見られてきたにもかかわらず、なぜイノベーション大国としての地位を築いたかについて、筆者なりの回答を示した。

しかし、改革開放以来四〇年間の中国イノベーション発展の歴史がこのまま素直に延長していくかどうかはまだ定かではない。大きく三つ、「ポスト・モバイルインターネット」「政策予期の可能性」「中国企業にとってのチャイナリスク」という課題があるためだ。

技術開発だけではなく、それがビジネスに生かされるという意味でのイノベーションが中国では起きていることはすでに述べた。しかし、その成功例はデジタル産業、特にスマートフォンを中心としたモバイル・インターネットの分野に集中していることがあげられる。

太陽光パネルや風力発電などの再生可能エネルギー、EV（電気自動車）、バッテリー、量子通信、AI（人工知能）など中国の技術が世界をリードし、かつビジネスへの活用が期待される分野は多いとは言え、技術を社会実装し形にすることは容易ではない。たとえば中国が世界をリードする分野として注目されるAIだが、国際的コンテストでは中国勢はトップレベルの成績を納めているものの、いかにビジネスとして成功させるかの勝ち筋は見えていない。「AI四小龍」と呼ばれる有力ベンチャー四社があるが、いずれも巨額の赤字を抱えたまま、利益を生み出す方法を見出せずにいる。AIそのものはソフトウェアであり、簡単にコピーできる代物だ。AIに関する基礎研究も学術論文は無料でアクセスできる。膨大な開発費を費やして作り出した高性能なAIを使って、どう利益を生み出すかの方法はまだ見つかっていない。AI版の「互聯網思考」のような、ビジネス的なイノベーションが生まれないかぎり、解決は難しそうだ。中国社会のあり方とインターネットはきわめて相性がよく大きな成功を収めたわけだが、別の技術においてこの成功が複製されるかは未知数だ。

第二の政策予期の可能性だが、独裁的な政治体制でありながらもある程度長期的な政策予期が可能だったという中国の特長は、ここ数年きわめて不安定化しつつある。その最大の要因は習近平総書記にある。定期的な政権交代、中長期的な経済計画の開示という江沢民、胡錦濤と二代にわたって続いてきた制度を変えようとしているためだ。今秋の党大会で続投が決まる可能性が高いと見ているが、そうした政治面だけではなく、二〇二〇年秋から急に始まったIT企業規制や学習塾規制など、産業界に大きな痛手を与えるような、突発的にも見える経済政策の転換が重なった。この不安定さは党大会後も続くものなのか、注視する必要があるだろう。

そして、第三に「中国企業にとってのチャイナリスク」である。米中対立が激化するなか、中国企業であることはグローバルでビジネスを展開することにとって不利に働く機会が増えている。グローバルマーケットを狙うのであれば、中国企業でないほうが有利に働く機会が増えることになる。コロナ禍を機に一気に利用者が増加したオンライン会議システムのZOOMは米国企業だが、元中国人のエリック・ヤンによって創設され、そのソフトウェアは主に中国で開発されている。中国政府が奨励しているように、米国帰りの高度人材として中国で起業する道もあっただろう。実際、中国で起業するために海外から戻る中国人人材も少なくない。だが、ここまで米中対立が悪化すると、中国企業の海外進出、少なくとも米国や日本への展開は困難な局面が増えそうだ。世界を目指すうえで、中国企業であることが不利になる状況は、中国のイノベーション環境にとっては大きなマイナスとなるだろう。

参考文献

アンドリュー〝バニー〟ファン、高須正和訳、山形浩生監修（二〇一八）『ハードウェアハッカー――新しいモノをつくる破壊と創造の冒険』技術評論社。

梶谷懐、高口康太（二〇一九）『幸福な監視国家・中国』NHK出版。

金堅敏（二〇一二）「高まる中国のイノベーション能力と残された課題」富士通総研経済研究所
藤岡淳一（二〇一七）『「ハードウェアのシリコンバレー深圳」に学ぶ――これからの製造のトレンドとエコシステム』インプレスR&D。

文部科学省科学技術・学術政策研究所（二〇二一）「科学技術指標２０２１」。

3 高齢化は中国に何をもたらすか

片山ゆき

(かたやま ゆき)
ニッセイ基礎研究所主任研究員
専門は中国社会保障制度、民間保険市場
著書に『ポスト改革期の中国社会保障はどうなるのか――選別主義から普遍主義への転換の中で』(共著、ミネルヴァ書房)、『アジアの生命保険市場――現状・変化と将来展望』(共著、文眞堂)などがある。

1 人口問題――長寿リスクの出現

中国においても「長寿時代」が到来している。元気に働ける現役世代の生活もさることながら、長期化する老後の生活をどう支え、備えていくかが大きな課題となってきている(陳 二〇二〇)。それは、少子化、高齢化が急速に進展し、人々の平均寿命が長寿化する中で、それにともなって医療、年金、介護関連の負担が増大するという長寿リスク(長生きリスク)に備える必要があるからである。

中国でも平均寿命は延び続けており、二〇一九年時点で全国の平均寿命は七七・三歳となった。ただし、地域格差が大きく、首都の北京市は八二・三歳、上海市は八三・七歳など、都市部では人生九〇年くらいは考えておく必要がある。しかも、中国では法定退職年齢が男性六〇歳、女性は五〇歳(一般職)または五五歳(総合職・幹部職など)と比較的早い上、実質的には多くが五〇代半ばでリタイアしてしまう。六五歳を超える就業の希望や「働けるうちはいつまでも」とする人が六割を占める日本とは大きく異なる状況にある(内閣府 二〇一九)。今後、北京市や上海市などでは、大学卒業後の就労期間がおよそ三〇年間と、就労収入のない老後の生活の期間がほぼ同じといった状況も考えられる。

二〇二二年一月一七日、中国国家統計局は、二〇二一年の出生数が前年比一三八万人減少の一〇六二万人となったと発表した(速報値)。二〇二〇年に引き続いて出生数が減少し、出生率も一〇〇〇人あたり七・五二、自然増加率も〇・三四まで落ち込んだ。通常、人口転換においてまずは少子化が先行し、その後に高齢化が進行するため、現在の中国では高齢者の死亡数より新生児の出生数が人口を決定する状況にある(澤田 二〇二二二）。二〇二二年の出生数から死亡数を差し引いた人口の純増はわずか四八万人と、総人口の減少をかろうじて免れた状況にある。

国家統計局は二〇二二年に出生数が減少した背景として、三つの要因を挙げている。まず、出産適齢期の女性が減少したことである。二〇二二年は一五―四九歳の女性の人口は前年より五〇〇万人減少し、そのうち、二一―三五歳の最も適齢とされる女性の人口が三〇〇万人減少した。二つ目は、出産や育児に対する若年層の考え方の変化である。結婚や出産年齢などの年齢が上昇しており、養育や教育費用の高騰もあって、若年層の子育てに対する意欲が低下しているとした。また、三つ目としては、新型コロナウイルスの感染拡大の影響で出産を控える傾向があったとした。

三つ目の新型コロナによる出産控えは、中国のみならず日本や韓国などのその他の国や地域でも見られるが、ある意味一時的な現象であろう。

一つ目と二つ目の要因は、一人っ子政策など、これまで実施されてきた人口政策が関係している。近年の人口政策については、二〇一三年の夫婦いずれかが一人っ子の場合、第二子までの出産を許可、二〇一五年のすべての夫婦に第二子までの出産を許可、二〇二一年の第三子までの出産を許可といった一連の産児制限の緩和策があるが、緩和策のみでは出生数の増加に奏功していない現状が浮き彫りとなった。一世代またはそれ以上の長期にわたって低出生率（人口置換率未満の状況）を経験した社会においては、低出生率が定着してしまい、その意識を変えるのは難しいとされる「低出生率の罠」に、中国も直面していることになる。

このような状況下、二〇二一年は六五歳以上の高齢者が総人口の一四・二％を占め、高齢者が総人口の一四％以上を占める高齢社会に移行した。中国が高齢化社会から高齢社会に達した年数は日本よりも四年早くわずか二〇年となった。これはアジアにおいて韓国の一八年に次いで早く、シンガポールと同一となる。

医療、年金、介護といった社会保険は、現役世代が社会保険料を納めることで支える賦課方式を採用している。つまり、少子化の進行によって、社会保険を支える生産年齢人口が減少する一方、支えられる側の高齢者人口が増加し、更にその平均寿命が延伸しているという現況下では、社会保険をどう持続可能なものにしていくのかが重要な課題となる。

2　中国の社会保障制度と福祉ミックス体制

人は社会で生きていく上で、様々なリスクに直面する。そのリスクをカバーするのに大きな役割を果たすのが社会保障制度である。社会保障制度の中核をなす社会保険には、例えば、病気に罹患した場合の病院での治療やリハビリを対象とした医療保険制度、働いている期間中に不慮の事故でケガをした場合の労働災害保険、失業した場合の生活の支えとなる失業保険、老後の生活を支える年金制度や介護保険制度などがある。

このように社会保障制度の特性は、社会を構成する人々が生きていく上での諸リスクを国が税金や社会保険料を通じて担う点にある。広義の役割としては以下の四点が考えられる。まず、①失業・傷病・老齢・退職・死亡などのリスクに対して、生活の安定を図り、安心をもたらす社会的安全装置（社会的セーフティネット）としての役割、②市場経済を通じて個人や集団に分配された資源の一部を社会保険料の形で徴収し、政府が一定の基準や必要度に応じて再分配する役割、③人々の生活を脅かす共通のリスクに対して共同で対処する仕組みを作り、リスクを分散する役割、④経済変動が個人の生活に与える影響を緩和し、経済の安定や成長を側面的に支える役割である（武川 二〇一一、坂口・岡田 二〇一二）。

中国においては、二〇一一年に社会保険法が制定され、社会保険の特性やあり方が定められた。それによると、中国の社会保険は、社会保険として必要とされる要素の普遍性（広く国民を対象としていること）、権利性（すべての国民が社会保険を受ける権利を持っていること）、体系性（多層的な保障やサービスによって構成されていること）を備えている（田多編著 二〇一四）。特徴として考えられるのは、体系性として、社会保険制度を広く普及させる上で、給付内容を基礎的なものにとどめ、民間保障などを取り込んだ多層的な構造（福祉ミックス体制）にすることで、持続可能性を高めようとしている点であろう（社会保険法第三条）。

この福祉ミックス体制であるが、中国の社会保障体系においてどのように実行されているのであろうか。例えば、中国の公的医療保険制度、介護保険制度について見てみよう。

中国の公的医療保険制度は都市の就労者（公務員を含む）と都市の非就労者・農村住民の制度に分類されている。日本と同様に、基礎的な給付、高額になった場合の給付（高額療養費制度）と二階建ての制度となっている。ただし、都市の非就労者・農村住民の公的医療保険制度については、治療費が高額となった場合の給付は大病医療保険から給付される仕組みとなっている。この大病医療保険は、公的医療保険制度を管轄している地方政府と民間保険会社が連携して提供している準公的な医療保険制度とも考えられよう。制度の佇まいとしては公的医療保険制度であるが、その運営の一部を民間の保険会社と連携して維持していることになる。

また、介護保険制度については、二〇二五年までに全国導入を目指し、現時点では各市で実験的な導入が進んでいる。その実施状況を確認すると、大病医療保険の運営と同様に、多くの市が当該地域に進出した民間の保険会社と提携して運営している。保険会社によっては、要介護度の評価、介助やケアのサービスを提供する会社も併せて運営し、ワンストップでのサービス提供を実現している。公的介護保険制度の場合、上海市などのように一連の運営を市が担当するケースと、民間の保険会社に委託するケースに分かれており、どちらを選択するかは制度を運営する市政府に委ねられている。現時点ではまだ実験的な導入の段階ではあるが、多くの市が民間の保険会社への運営委託を選択している。

中国のこのような地方政府をベースとする福祉ミックス体制は、社会保険制度の導入に係る人的、財政的、時間的コストを削減することを可能とし、制度導入のスピード化が図れるようにも見受けられる。しかし、それと同時に、制度の佇まいが当該市の財政や社会状況に大きく委ねられることから、社会保険に関する地域間の受給格差を助長しやすいという構造的な課題も内包することになる。

加えて、社会保険が地域や戸籍の制限を受けるため、現代の多様な働き方に制度の改革が追い付いていない状況も生んでいる。働き方が多様化、流動化する中で、地方から都市に移動して働く若年層の多くは、結果的に社会保険に加入できていない状況が発生している。特に、デジタル化が進んだ都市社会の基層を支えるデリバリー配達員やライドシェアの運転手、建設業従事者など、非正規で雇用され、雇用が不安定で、本来であればセーフティネットを受けるべき人がそこから排除されるといった逆説的な状況が発生している。国家統計局によると、二〇二一年の都市への出稼ぎ労働者のうち、労災保険に加入しているのは全体の三割にとどまっている。制度が時代の趨勢や働き方の変化に柔軟に対応できなければ、制度そのものの屋台骨を揺るがしかねない状況にもなり得る。

3　社会保障財政——老後の生活をだれが支えるのか

前述の社会保障とそれを補完する民間保障の福祉ミックス体制は、二〇一三年の習近平政権以降、強化される傾向にある。その背景にあるのは、国の財政が厳しくなる中で、社会保障に関する経費が急速に増加している点があろう。将来的な少子高齢化の更なる進展を考え、社会保険を持続可能なものにしていく上では、財政のみに頼るのは厳しい状況にある点がうかがえる。

中国では、国民が経済的に豊かになる前に高齢化が進展してしまうという「未富先老」の問題がある。具体的には国民自身が経済的な備えが追い付かないまま老後の生活に移行してしまう状況にあるということが指摘されている。その一方で、財政面から考えると、中国は高齢化が一定程度進んだ状況でも所得水準が低い点から、国の財政的な自由度やその裁量余地が小さく、日本や欧州のような福祉国家制度を前提とした社会保険制度の構築はそもそも難しいという点も考えられる。

財政の裁量余地の小ささに反する形で、既存の社会保障に関する経費は急増している。国は社会保障に関する経費の全容および財政上どの費目が該当するかを明示していないことから、主に、社会保険に関する経費（中国の一般公共予算の「社会保障・就業費」と「衛生・健康費」）を中心にみると、二〇二〇年は合計五・二兆元となっている。これは、直近五年間で一・七倍に増加したことを示している。その背景には高度経済成長を遂げていた胡錦濤政権下において、所得や社会保障格差を是正するために社会保険の対象者が広げられ、制度が拡充された点にある。それまで社会保険の加入対象外となっていた都市部の非就労者を対象とした公的医療保険制度、公的年金制度を創設し、皆保険を目指すとした。つまり、それまでの加入者を限定する選別主義から普遍主義へ移行したことになる。しかし、新たに設けた制度は多くの財政投入を必要としたため、胡錦濤政権下では社会保険に関する経費が急増、それを引き継いだ習近平政権下では経済成長の鈍化、財政赤字の拡大とともに、少子高齢化の更なる進展、社会保障に関する経費の急増など、多くの課題にほぼ同時に対処しなければならない事態となったのである。

二〇二〇年、社会保険に関する経費は、一般公共予算支出の二一・一%を占め、最大の支出となっている。加えて、支出項目の構造変化を見ると、この社会保険に関する経費は一貫して増加し、支出規模、構成比としても国の財政に大きなインパクトを与えている。留意すべきは、ここに公的介護保険制度に関する経費が含まれていない点である。

では、社会保険の運営において、財政に最もインパクトを与えているのは何か。それはまさしく老後の生活を支える公的年金制度である。しかも新型コロナウイルス感染症にともなう保険料負担の軽減策から、年金に関する財政の状況は更に厳しさを増すこととなった。

二〇二〇年は、新型コロナウイルス禍もあって、政府は企業の経営上の負担軽減を目的に、企業側が負担する年金、失業、労災の社会保険料を減免した（公務員を除く）。結果として、二〇二〇年の三種の社会保険料の減免総額は一兆五四〇〇億元にのぼり、減免総額は前年の当該三種の社会保険料収入の四八・三%に相当した（片山 二〇二二）。保険料負担の減免は特に保険料率が高い年金に顕著で、都市の会社員を対象とした都市職工年金基金（公務員を除く）の保険料収入は前年比三〇・四%減の二兆八八七億元となった。二〇二〇年は保険料収入が大幅に減少し、財政補塡を前年比一二・二%増の六二七一億元まで増加したものの支出がまかなえず、単年度収支は六四九四億元の赤字となった。赤字化の背景には、企業負担の軽減に加えて、企業の経営不振による賃金低下、新型コロナによる離職などの影響も一定程度考えられる。また、支出面においては、政府が年金給付について前年比五%増を提唱した点なども影響したと考えられよう。最終的に、二〇二〇年の都市職工年金基金の積立金残高は前年から減少に転じる結果となった。中国社会科学院は二〇一九年四月、企業負担の保険料率（一六%）のまま推移した場合、二〇二七年に積立金が減少に転じ、二〇三五年には枯渇するとの推算を発表した。これは新型コロナの影響を加味していない状態での推算であるが、積立金は図らずも二〇二七年を待たずして減少に転じることになった。

また、公的年金制度への財政補塡（公務員、都市の会社員、都市の非就労者・農村住民の基金別で三種類）について見ると、二〇二〇年までの直近四年間で二倍に増加し、急増している点がうかがえる。二〇二〇年は、社会保険への財政補塡総額二兆一〇一六億元（前年比一〇・〇%増）のうち、年金関連が一兆四八五四億元（前年比一二・五%増）と全体の七〇・七%を占めた。この点からも、国民の老後を支える年金に関する財政的なプレッシャーが大きい点がうかがえる。年金については財政面のみならず、地域間・制度間の受給格差、受給開始年齢の引き上げ、制度の構造的課題の改善など持続可能な制度への課題は山積している。

老後の生活を支える手段としては、高齢者自らが就労することで一定程度の就労収入の確保することや、働きながら年金を受け取るなどもあるが、中国では社会や高齢者自身の就労意識の変革、年金受給に関する緩和などの改革も進んでいない状況にある。政府は、今後も公的年金制度の改革を続けるとし、社会扶養の重要性を評価している。それと同時に、高齢者権益保障法（二〇一二年）では、高齢者の扶養は家庭を基礎とし、その子女やその他の扶養者に対して、家族による経済面、生活面、精神的なサポートを法律で義務付けている。社会扶養の維持と引き換えに、老後の生活や介護の家族化、家族主義化も義務付けるなど、若年層に更なる負担を求める構造となっている。

4　富の分配——共同富裕と再分配機能

少子高齢化、長寿化が進む中で、リスクを分散する社会保障の再分配機能の効果はどうなっているのか。諸格差を是正し、国民全体がともに豊かになることを目指す「共同富裕」は、二〇二五年までに国民の収入と消費の差を段階的に縮小し、二〇三五年までに公共サービスの均等化、二〇五〇年ごろまでに収入と消費の差を合理的な範囲とする共同富裕の基本的な実現を目指すものである。その手法として、市場を通じて個人や集団に分配される「一次分配」、市場を通じて個人や集団に一旦分配された資源の一部を税金や社会保険料などの形で徴収し、更に、政府がこれらを一旦プールした上で一定の規準や必要度に応じて税制や社会保障を通じて再び分配し直す「再分配」に加えて、企業や個人の慈善活動や寄付などによる「三次分配」といった分配機能を適切に組み合わせることで格差を是正していく点が示されている。

民生を重視した胡錦濤政権において、社会保障の再分配機能が格差是正にどれくらい寄与していたかについては、これまでの先行研究から国民所得に占める家計部門と政府部門の割合を第一次所得と可処分所得の状況から側面的に確認することができる。唐（二〇一二）、澤田（二〇一三）は、二〇〇〇〜二〇〇八年までについて、家計から政府に支払う税金や社会保険料の方が大きく、経常移転や社会保険、福祉サービスなどの再分配機能は相対的に低下している点を指摘している。また、澤田（二〇一三）は、二〇〇三年以降の胡錦濤政権は民生を重視し、社会保障制度の拡充に大きく貢献したことを評価しながらも、制度の普及拡大を急ぐがゆえに結果として一次分配の不平等を制度に反映させてしまっている点についても言及している。中国の社会保険は市や県など地域ごとに運営され、戸籍によって加入する制度や保険料の積立金が分立している。例えば、胡錦濤政権下で新たに導入された農村部住民や非就労者の公的年金制度は、国庫と地方政府負担による基礎年金（一階部分）と、予め設定された複数の保険料を自身が選択して加入して積み立てた個人勘定（二階部分／積み立て方式）を年金原価率で除して支給されるため、制度、世代間での再分配が限定的な構造となっている。ただし、普及拡大といった側面から見ると、自身の経済状況によって年金保険料を選択でき、結果としては低額の保険料ランクを選択することで制度への加入や普及が進んだという背景がある。また、Li（2016）は、北京師範大学収入分配研究院による二〇一三年の世帯調査データ（CHIP二〇一三）を活用し、中国における社会保障制度の再分配効果について分析をしている。その分析によると、中国ではジニ係数に対する税や社会保障を通じた所得の再分配による効果が欧米諸国と比較しても限定的である点を指摘している。

そこで、片山（二〇二一）では、習近平政権以降の状況について確認するため、唐（二〇一一）、澤田（二〇一三）の方法を踏襲しつつ、再分配機能の中でも、年金、労災など現金による社会保障給付や社会扶助給付を反映した「可処分所得」の構成（現物社会移転を除く場合）と、政府から家計への財・サービスなどの現物による社会移転を反映した「調整可処分所得」の構成に分けて分析してみた。『中国統計年鑑二〇二〇』のデータに基づいて分析した結果、習近平政権以降二〇一八年まで、政府部門の可処分所得は一貫して増加する一方、企業部門は減少し続けており、企業、家計からの税や社会保険料などの負担は大きくなっているが、年金などの現金給付を中心とした再分配機能は相対的に低下していたことが分かった。つまり、所得の格差是正に大きな効果がある年金給付などについてはその効果を発揮できていないということになる。

同様に、第一次分配の国民所得に対する比率と、政府部門から家計部門へ財・サービスなどの現物による社会移転を反映した「調整可処分所得」の構成の推移を確認してみると、習近平政権以降、政府部門から家計部門への財・サービスについては移転が進んでおり、家計の負担は相対的に軽減されていた。医療保険制度における現物給付の拡充、教育費などの移転において、一定の効果が見られ始めた点は胡錦濤政権時とは異なる点であろう。特に、胡錦濤政権は、政権発足直後にSARS（重症急性呼吸器症候群）が発生し、それにともなって農村部や都市の非就労者の医療保険制度の整備が進められたという背景がある。胡錦濤政権時のそういった施策が、それを引き継いだ習近平政権になって効果が表れてきたと考えることができよう。

ただし、二〇一九年以降実施されている企業の社会保険料負担の軽減や失業給付の還付、個人所得税の減税など政府主導で行われた社会保険料や税金の大幅な負担軽減措置がどのような効果をもたらすのかについては、データが公表された後に、再度検討する必要がある。今後は、社会保険制度の構造的な課題の改正や改革もさることながら、格差是正への効果が期待される資産（ストック）に対する固定資産税、相続税など財産税の導入、所得にかかる累進課税の強化などの更なる検討が必要となるであろう。

5　高齢化とイノベーション――高齢化は何をもたらすか

このように中国では少子化、高齢化、更には長寿化が進む中で、社会による高齢者の扶養が増加している。また、中央政府・地方政府の財政収入は支出の増加に追い付かず、収入と支出のギャップである財政赤字が拡大している。社会保障に関する経費も急増しており、政府の支出のうち最も大きな支出となっている。今後、高齢化が更に進み、経済成長がそれをカバーしきれない状況が続けば、政府による産業育成や投資などの財政の自由度は縮小し、財政余力の低下といった事態も考えられる。

加えて、少子高齢化の急速な進展に老後の生活の準備が追い付かず、年金、介護に対する将来不安が高まることも考えられる。特に、一人っ子世代は自身の両親と更にその親の世代の生活のサポートが法的に定められている点からも、自身の老後を含め年金や介護に対する不安度合は更に高くなる傾向にあろう。個人年金、養老保険などの民間保険の需要や加入も増加しているが、今後は生活防衛や将来への備えなどから消費性向は低下し、消費にマイナスの影響を与える可能性もある。

このような状況の中で、高齢化対策をどうするかが今後の大きな課題となっている。政府は高齢化問題を国の重要課題の一つとしている。ただし、既存の社会保障に関する経費が増大し、財政赤字が拡大する中では、政府の役割を小さくし、民間の補完としての役割を大きくする施策を進めていくであろう。つまり、民間保険や民間のサービス事業といった市場の役割や参入の緩和を積極化するであろう。更に、年金財政が不安定化し、公的介護保険における給付が限定的であることを考えると、高齢者本人や子女の経済的な負担や介助負担は増加することになる。社会保険における給付を限定的にするという制度のあり方は、財政面での持続可能性を一定程度高める効果は期待できるが、本質的な役割である社会の安定装置（生活の安定・安心による社会の安定）としては、その効果が後退してしまうリスクもある。

その一方で、老後の生活の維持、また、少子高齢化の中で労働人口の減少を考えると、高齢者の就労や雇用促進といった策も考えられよう。特に、二〇二二年前後には一九六三年を出生率のピークとするベビーブーム世代の男性が法的退職年齢（六〇歳）に達する状況にある。人力資源社会保障部は、今後一〇年ほどは大量退職の状態が続き、二〇二一年から二〇二五年までだけでもおよそ四〇〇〇万人が高齢者になると予測している。少子高齢化の進展による生産年齢人口の減少、つまり労働力の低下局面にあって、今後はそれが経済成長に影響を及ぼすことも考えられる。政府は、産業のデジタル化を促進し、自動化による生産性の向上など、労働力の質の向上を図ることでその影響を少しでも軽減しようとしている。更に、労働力の量を増やすといった点や、老後の生活の安定といった点からも高齢者の就労促進は重要なテーマにもなってこよう。しかし、中国では、高齢者の就業機会の創出や確保という労働市場の調整や社会の意識の醸成、定年退職年齢の引き上げなどの整備は進んでいない状況にある。

日本における高齢者の就労は、高齢化社会に移行する前の段階から社会的・法的な整備を五〇年という時間をかけて整えた背景がある。日本の高齢者の場合、総じて就業意欲が高いということもあろうが、二〇二一年四月からは七〇歳までの就労機会確保が企業の努力義務となるなど、高齢者の就労環境の整備が一層進んでいる。一方、中国においても日本とほぼ同様の高齢化の道を辿ることは予測し得たであろう。しかし、澤田（二〇二二）が指摘しているように、これから高齢者となる人々は文化大革命期に幼少期から一〇代を過ごしており、教育の機会が乏しく、現在の若年層との学歴ギャップが大きい点からも、中国政府が描く知識集約型の産業高度化やデジタル立国の構想が求める労働力とのミスマッチが起きているという課題もある。高齢者の雇用を促進するには時代を背景とした複雑な課題が横たわっている上に、定年退職年齢の引き上げ、更には年金の受給開始年齢の引き上げは社会的なインパクトが大きいことから、政府も慎重にならざるを得ない。

今後、更に進む高齢化に対処する上では、既存の社会保障制度の再分配機能を見直し、それにともなう制度の構造的な改革が課題となろう。一人っ子世代を中心とする現役層の社会保険料負担、家族扶養にともなう様々な負担の増加は、社会全体の後退に直結している。また、財政の収入手段を増やすといった側面からは、不動産税など財産にかかる税制の導入・強化や、所得税の税率を引き上げ、累進性を強化するなどの策も考えられる。いずれにしても、これまで国民の反対や技術的・時間的なコストがともなうことから、先送りしてきた社会保障問題に正面から立ち向かう必要が出てきている。

参考文献

片山ゆき（二〇二一）「"富（とみ）"の分配——中国における三次分配の台頭」『基礎研レポート』ニッセイ基礎研究所、二〇二一年九月一五日。

片山ゆき（二〇二二）「高齢社会に突入した中国と年金市場」『保険・年金フォーカス』ニッセイ基礎研究所、二〇二二年二月一五日。

坂口正之・岡田忠克編（二〇一二）『よくわかる社会保障　第四版』ミネルヴァ書房。

澤田ゆかり（二〇一三）「社会保障制度の新たな課題——国民皆保険体制に内在する格差への対応」大西康雄編、機動研究成果報告『中国　習近平政権の課題と展望——調和の次にくるもの』第六章、アジア経済研究所。

澤田ゆかり（二〇二二）「加速する少子高齢化と社会保険の行方——「総人口縮小」で迎える試練の時代」『習近平「一強」体制の行方——中国の課題と展望』日本経済研究センター。

武川正吾（二〇一一）『福祉社会——包摂の社会政策　新版』有斐閣。

田多英範編著（二〇一四）『世界はなぜ社会保障制度を創ったのか』ミネルヴァ書房。

唐成（二〇一一）「中国経済における内需拡大の課題——消費率の低下要因分析を焦点に——」『桃山学院大学総合研究所紀要』三六（三）、一一一—一二五頁。

内閣府（二〇一九）「令和元年度　高齢者の経済生活に関する調査」。

Li Shi (2016) Redistributive effects of social security system in China, EU-CHINA Social Protection Reform Project. http://www.sprp-cn.eu/HLE2016/Reports/LiShiEn.pdf

陳東昇（二〇二〇）『長寿時代』中信出版集団。

4　環境問題の解決はどこまでできるのか

大塚健司

（おおつか　けんじ）
日本貿易振興機構アジア経済研究所新領域研究センター主任研究員
専門は環境学（ガバナンス論）、中国・東アジアの環境問題研究
著書に『中国水環境問題の協働解決論―ガバナンスのダイナミズムへの視座』（晃洋書房）、*Interactive Approaches to Water Governance in Asia* (Springer、編著）などがある。

はじめに

近年、習近平政権の環境問題への積極的な対応ぶりが注目されている。国内では、PM2・5を中心とする大気汚染対策や「黒くて臭い」汚染された都市河川の水質改善などに積極的に取り組み、国民にとって「目に見える」成果をあげつつある。また対外的には、コロナ・パンデミック下の二〇二〇年九月二二日にオンラインで開かれた第七五回国連総会の一般討論におけるビデオ演説で、習国家主席が二〇六〇年までにカーボンニュートラルを目指すことを宣言したことは国際社会に大きなインパクトを与えた。こうした一連の環境問題への積極的な姿勢は、党中央が唱道している「生態文明建設」が、単なるスローガンにとどまらず、具体的な政策を推進するための理念として名実ともに定着しつつあるかのように見える。

このような習近平政権下の環境政策によって環境問題の解決はどこまでできるのか。本稿ではこの問いに対して、党中央主導の「生態文明建設」下の環境政策として最重要視されている環境汚染対策と気候変動対応を取り上げ、その背景、成果、課題について検討する。

1　党中央主導の「生態文明建設」下の環境政策

習近平政権の環境政策は、「党中央主導の生態文明建設」という一貫した方針のもとで展開されているのが特徴である。

「生態文明建設」は、二〇〇七年一〇月に開かれた中国共産党第一七回大会にて当時総書記であった胡錦濤により提起され、その五年後に開かれた党第一八回大会において経済、政治、文化、社会建設に加えて生態文明建設が並列して言及されたことで、国家建設の「五位一体」のひとつとして「より高い

戦略的レベル」に位置付けられた。これによって「科学的発展観を貫き、実行に移す」ための準備が整えられたとされる（中華人民共和国駐日本国大使館、二〇一二年一一月九日）。ここで生態文明建設とは「人民の幸福にかかわり、民族の未来にかかわる遠大な計画」であり、「資源面の制約が厳しくなり、環境汚染が深刻化し、生態系が後退するという厳しい情勢に直面し、エコ文明建設を際立った位置に据え、経済、政治、文化、社会建設の各方面と全過程で融合し、自然を尊重し、自然に順応し、自然を保護する理念を体現している」（同上）[1]と説明されている。このように、現実の資源・環境・生態系問題の深刻化を背景として提起された、経済、政治、文化、社会の幅広い領域にまたがる持続可能な発展の実現に向けた国家建設の指導的理念となっている。この理念は党第一八回大会で選出された習総書記率いる中央指導部に引き継がれ、二〇一五年五月には中国共産党中央委員会（以下、中共中央）・国務院の連名で「生態文明建設を加速推進することに関する意見」が、同年九月には同じく中共中央・国務院の連名で「生態文明体制改革総体方案」が発布され、国家環境政策の基本方針となった。さらに二〇一八年三月には「物質文明、政治文明、精神文明、社会文明、生態文明の協調発展を推進する」と憲法にも書き込まれた（生態環境部、二〇一八年三月一二日）。

またこうした党の大方針だけでなくそれに基づく重要な環境政策についても党中央の関与が強まっている。表1は、中国環境政策の始動の契機となったストックホルムで開かれた国連人間環境会議以来、党中央が発布主体となった主な環境政策の推進に関する公開文書を時系列に並べたものである。環境政策の推進に関する党中央による文書「党中央七九号文件」が初めて出されたのは、一九七八年に開かれた中国共産党第一一期中央委員会第三回全体会議を経て、文化大革命から改革開放路線への転換が確実なものとなってからであった。それ以降、一九九二年にリオデジャネイロで開かれた国連環境発展会議で提出された「十大対策」に関する文書、中共中央宣伝部がかかわった環境保護宣伝活動（キャンペーン）や小城鎮（小規模都市）のモデル地域に関する文書が出されているが、環境政策の中心的な課題である環境汚染対策をはじめ重要な政府の決定や意見についての文書は専ら国務院または国務院に設けられた部門横断的な政策調整組織である環境保護委員会（一九八四～一九九八年）により発布されてきた（大塚 二〇〇二；大塚 二〇一三）。

他方、習近平政権下において二〇一五年に生態文明建設に関する二つの文書が出されて以来、環境汚染対策に関する文書が二〇一八年と二〇二一年の二回、気候変動対応の国際公約となった二酸化炭素排出量のピークアウトとカーボンニュートラルについての文書が二〇二一年に出されていることが注目される。これらの文書には具体的な数値目標も盛り込まれている。また二〇二〇年に党中央と国務院の連名で出された「環境ガバナンス体系に関する指導意見」では基本原則として「党の領導、多様な主体による共治、市場による誘導、法によるガバナンス」という「四つの堅持」が掲げられ、多様な主体や手段に

表1 中共中央が発布主体となった主な環境政策文書

発布年月	文書名	出所
1978. 12. 31	中共中央批転《環境保護工作匯要点》的通知	1
1992. 8. 10	党中央、国務院批准外交部、国家環境保護局関於聯合国環発大会的報告提出我国環境与発展十大対策	2
1993. 6. 25	中共中央宣伝部、国務院環委会関於認真倣好環境保炉宣伝工作的通知	3
1993. 8. 17	全国人大環境保護委員会、中共中央宣伝部、広播電影電視部、国家環保局関於挙弁環境保護宣伝活動的通知	4
1994. 4. 15	全国人大環境保護委員会、中共中央宣伝部、広播電影電視部、国家環保局、林業部、農業部、水利部、共青団中央関於深入開展“中華環保世紀行”宣伝活動的通知	5
2001. 4. 19	中共中央宣伝部国家環境保護総局国家広播電影電視総局関於開展全国環境警示教育活動的通知	6
2001. 5. 31	中共中央宣伝部、国家環境保護総局、教育部関於印発《2001年-2005年全国環境宣伝教育工作綱要》的通知	7
2001. 10. 26	中共中央宣伝部、中央文明弁、建設部、農業部、国家環境保護総局関於確定全国創建文明小城鎮示範点的通知	8
2015. 4. 25	中共中央、国務院関於加快推進生態文明建設的意見	9
2015. 9. 22	中共中央、国務院印発《生態文明体制改革総体方案》	10
2018. 6. 16	中共中央、国務院関於全面加強生態環境保護堅決打好汚染防治攻堅戦的意見	11
2020. 3. 3	中共中央、国務院印発《関於構建現代環境治理体系的指導意見》	12
2021. 9. 22	中共中央、国務院関於完整准確全面貫徹新発展理念倣好炭達峰炭中和工作的意見	12
2021. 11. 2	中共中央、国務院関於深入打好汚染防治攻堅戦的意見	12

(出所) [1]『中国環境保護行政二十年』456頁;[2]『中国環境年鑑』1993年版、457頁;[3]『中国環境年鑑』1994年版、12頁;[4] 同左、10-11頁;[5]『中国環境年鑑』1995年版、21-23頁;[6]『中国環境年鑑』2002年版、75-76頁;[7] 同左、77頁;[8] 同左、97-99頁;[9]『中国環境年鑑』2016年版、91-96頁;[10] 同左、97-102頁;[11]『中国環境年鑑』2019年版、91-96頁;[12] 生態環境部ウェブサイト「中央有関文件」。

よる環境ガバナンスの推進という国際潮流と軌を一にしつつも、「党の領導」が最優先であることが改めて明記されている。

2 党中央主導の環境政策の背景

このように環境政策の決定過程へ党中央の関与が強化された背景として以下の三点を挙げることができるだろう。

第一に、環境汚染の深刻化による健康への影響がメディアやSNSで取り上げられ、人々による環境汚染問題の解決を求める声が高まってきたことを無視できなくなり、対応を誤ると政権への不信につながりかねないという危機感が党指導部にあると考えられる。例えば、二〇一〇年代に北京をはじめ全国の主要都市でPM2・5を中心とした大気汚染によるスモッグが社会問題化した際には、北京のアメリカ大使館が独自に計測して公表したPM2・5の濃度が、中国当局が公表する濃度より高いことがSNSで話題になり、北京市と中央政府はネット世論に押されて大気環境基準の改定を迫られたという経緯がある(傅 二〇二一)。そしてPM2・5を含む新たな大気環境質指数(AQI)をもとに大気汚染の健康への影響度が良好、軽度汚染、重度汚染、厳重度汚染といぅわかりやすい表現で公表されるようになり、その公式情報を環境NGOなどが開発したスマートフォンのアプリで人々が手軽にチェックできるようになったことで、当局はもはや大気汚染の深刻さをプロパガンダで隠すことはできなくなっている。また二〇一五年三月の「両会」前に中国中央テレビ局（CCTV）の元記者の柴静が、中国の大気汚染とその健康影響、大気汚染の背景にある産業・自動車規制の困難な実情について現場取材をもとに記者仲間とともに自主作成したビデオドキュメンタリー『ドームの下』がインターネット上で公開されると、数日間で二億回以上も再生されるほど大きな注目を集めた。公開当初は当時の環境保護部長もポジティブな発言をしていたものの、両会の運営への悪影響が警戒されてかすぐにネットから削除され、中国国内では視聴することができなくなった。このように環境汚染問題をめぐる世論に党政府は大変敏感にならざるを得なくなっているのである。

第二に、経済大国となった中国の世界への影響力が高まるにつれて、中国の環境問題に対する国際社会の見る眼がますます厳しくなってきたことが挙げられる。とりわけ気候変動対応をめぐっては二〇〇六年に中国がアメリカを抜いて最大の二酸化炭素排出国となったことから（IEA, Global GHG emissions 2019）、中国に対して排出削減を求める声がアメリカを中心とする先進諸国から高まってきた。他方、中国は「共通だが差異ある責任」という原則を掲げ気候変動対応についても先進諸国が率先して削減義務を負うべきという立場をとりつつ、国連気候変動に関する政府間パネル（IPCC）が一九八八年に設置された時から対応を模索し、一九九〇年に国務院環境保護委員会に気候変動協調小組を設置、さらに二〇〇七年には国務院総理をトップとする国家気候変動対応領導小組に改組するとともに、二〇〇九年には国家発展改革委員会に気候変動対応司を設けるなど、国際社会からの批判の高まりに対応するかのように体制の強化を図ってきた（大塚 二〇〇九）。また二〇一五年の国連気候変動枠組条約第21回締約国会議（COP21）では中国とアメリカの間で協議が積み重ねられてパリ協定の採択につながった（鄭二〇一七）。そして翌年に杭州で開かれたG20では当時のオバマ大統領、潘基文国連事務総長を招き、米中両国が率先してパリ協定に批准するセレモニーを全世界に向けて公開で行うとともに、習自ら「中国は責任を持つ発展途上大国であり、地球気候ガバナンスへの積極的な参加者である」（中華人民共和国中央人民政府、二〇一六年九月三日）と気候変動対応をめぐる国際的な批判を意識して中国の積極的な姿勢を見せたことが注目される。

第三に、党中央主導の生態文明建設が、習近平政権の権威付けになっているという側面も否めない。先述したように生態文明建設が提起されたのは胡錦濤政権の時であるが、習近平政権二期目の二〇一八年三月に開かれた第13期全国人民代表大会にて改正された憲法に生態文明建設が明記されるとともに、同大会で承認された政府機構改革で環境保護部が生態環境部に改組されて初めて開かれた全国生態環境保護大会において、「習近平生態文明思想」が確立したとされている。[2] そこで習は「我が国の生態文明建設を新しいステージに向けて推進しよう」と題する講和を行い、人と自然との調和と共生、資源節約、保護優先、自然修復を主とする方針を堅持して、地球規模の生態文明建設を構築していき、地球規模の環境ガバナンスに深く参画し、世界の環境保護と持続可能な解決のプランを作り、気候変動対応の国際協力をリードしていくと発言した。それ以降、この習近平生態文明思想は、党中央と国務院による主な環境政策文書の中に明記されるとともに、生態環境部や地方の党幹部の政治学習の対象になった。[3] また二〇二一年七月には生態環境部に「習近平生態文明思想研究中心」が設置され、党中央宣伝部の指導のもと、この思想に関する専門雑誌の出版、研究ネットワークの構築、人材育成などを行っていくとされている（中国環境、二〇二一年七月七日；二〇二二年二月八日）。このセンターは、時には産業界や地方から反発を受けるような環境政策を、習により権威付けられた「思想」のもとで強力に推し進めるためのプロパガンダの基盤を担うことが期待されているのであろう。

3　環境汚染対策の成果

中国では一九七三年に開かれた第一回全国環境保護会議以来、一貫して経済社会発展に伴う大気汚染や水汚染などの環境汚染問題への対応が環境政策の中心的な課題となってきた（大塚 二〇〇二）。習近平政権下でも環境汚染対策に関する党中央と国務院の連名による文書が二回発布されていることからもいかに重視されているかがうかがえる（表1）。

第八次五か年計画（一九九一―一九九五年）からは、環境保護に関するいくつかの計画指標が数値目標として掲げられ、その進捗状況の管理と評価が五年ごとに行われるようになったが（鄒ほか編 二〇〇六、一二〇―一二一）、その達成状況を公の場で問題にしたのは前政権の温家宝首相であった。二〇〇六年四月に開かれた第六回全国環境保護大会で温は、第一〇次五か年計画（二〇〇〇―二〇〇五年）の実績に触れて、経済発展に関する計画指標は大幅に上回ることができたのに対して、環境保護に関する主な計画指標は達成できなかったと指摘した（大塚 二〇〇七、二七六）。そして胡錦濤総書記・温家宝首相によるいわゆる「胡温政権」のもとで初めて策定された第一一次五か年計画（二〇〇六―二〇一〇年）[4] では、経済社会発展に関する主要指標を「予期性」と「拘束性」（原語は「約束性」）に区分し、予期性指標は達成するのが望ましい指標、拘束性指標は政府の責任において必ず達成すべき指標と位置付け、拘束性指標には大気と水環境に関する主要汚染物質の排出総量の削減率に関する指標が盛り込まれた。

表2は第一〇次五か年計画から第一三次五か年計画までの大気汚染と水汚染に関する主要指標の実績を整理したものである。第一一次五か年計画以降に拘束性指標となった二酸化硫黄（SO_2）排出量、窒素酸化物（NO_x）排出量（第一二次五か

表2　五か年計画における主要環境汚染対策関連指標の推移

	五か年計画	九	十		十一		十二		十三		十四
	年	2000	2005		2010		2015		2020		2025
	指標	実績	目標	実績	目標	実績	目標	実績	目標	実績	目標
廃ガス	SO2 排出量（万 t）	1995	1796	**2549.3**	2549	2267.8	2086.4	（−18%）	（−15%）	（−25.5%）	−
	煙塵排出量（万 t）	1165	1060	**1182.5**	−	−	−	−	−	−	−
	工業粉塵排出量（万 t）	1092	900	**1092**	−	−	−	−	−	−	−
	NOx 排出量（万 t）	−	−	−	−	2273.6	2046.2	（−18.6%）	（−15%）	（−19.3%）	（−10%）
廃水	COD 排出量（万 t）	1445	1300	**1414.2**	1414	＊2551.7	2551.7	（−13%）	（−10%）	（−13.8%）	（−8%）
	NH3-N 排出量（万 t）	183.5	165	**149.8**	−	264.4	238	（−12.9%）	（−10%）	（−15%）	（−8%）
大気	国家二級基準達成率（%）	36.5	50	54	＊75	**72**	≧80	**76.7**	>80	87	87.5
	PM2.5 濃度低下	−	−	−	−	−	−	−	（−18%）	（−28.8%）	（−10%）
水環境	劣Ⅴ類比率（%）	−	−	−	<22	17.7	15	9.7	<5	0.6	−
	七大水系Ⅲ類比率（%）	−	−	−	>43	55	>60	66	>70	83.4	85

（注）　網掛けは目標未達成を示す。＊2010年汚染源センサスによる確定値（それ以前の数値と単純比較ができない）。
（出所）　鄒ほか編（2006）、国家発展和改革委員会組織編写（2021）、「"十四五"節能減排総合工作方案」ほか各期環境保護五か年計画資料より筆者作成。

年計画〜）、化学的酸素要求量（COD）排出量、アンモニア窒素（NH3-N）排出量（第一二次五か年計画〜）の削減についてはいずれの計画でも目標が達成された。また予期性とされた大気、水環境の質に関する指標でも、大気環境指標のひとつが第一一次、第一二次五か年計画では未達成であったものの、第一三次五か年計画ではすべての目標が達成されている。

このような環境保護目標の達成は、目に見えた成果としてもあらわれている。

大気汚染対策については、二〇一〇年代からPM2・5を中心とするスモッグが沿海都市から内陸都市へ面的かつ広範囲に頻発し、国民の間に健康不安を引き起こすようになった。これに対して二〇一三年九月に国務院から「大気汚染防治行動計画」が発布された。そこでは北京・天津・華北（京津冀）、長江デルタ地域、珠江デルタ地域を中心に二〇一七年までにPM2・5の年平均濃度を二〇一二年比で一五〜二五%前後低下させることなどを目標として、ボイラー燃料のクリーン化や自動車排ガス規制の強化など従来の施策に加えて、石炭消費総量の削減（エネルギー消費総量に占める割合を六五%以下）や天然ガスパイプラインの増設（一五〇〇億m^3以上）などエネルギー政策に関する数値目標も盛り込んだ一〇の施策を掲げた（「大気十条」）。そして行政区域を超えた広域連携による排ガス基準の統一や「交差検査」（行政区域を越えた監察職員が他区域で相互に行う監督検査活動）も導入した。こうした行動計画は二〇一七年以降も継続して実施された。そして二〇二〇年四月二日に国家気象局が発布した「大気環境気象公報（二〇二〇年）」によると、全国のスモッグ発生日数は直近三年間平均で三・三日減少、PM2・5濃度は同期間で一七・五%低下したとされる。また大気汚染が深刻であった北京・天津・河北地域とその周辺の汾河（ふんが）と渭河（いが）が流れる汾渭平原では同期間のスモッグ日数は三年間平均で各々一七・九日と三〇・〇日減少、PM2・5濃度は同期間に二七・九%と二二・六%低下するというように成果が顕著であったことが報告されている。

また水汚染対策については二〇〇〇年代から各地で流域規模の水汚染事故が頻発し社会経済的影響が大きくなっていたことをふまえ、二〇一五年四月に国務院から「水汚染防治行動計画」が発布された。そこでは、二〇二〇年までに七大重点流域（長江、黄河、珠江、松花江、淮河、海河、遼河）においてⅢ類（飲用水源に適する水準）より水質が良好な区間を七〇%以上にすることや、劣Ⅴ類と言われる利水機能を喪失した区間を一五%前後に抑えることなどを目標として、工業排水処理や都市下水道の整備など一〇の施策を掲げた（「水十条」）。そして、二〇二〇年には首都圏を流れる海河を除いてⅢ類目標を達成するとともに、劣Ⅴ類の目標についてはすべての流域で達成し、長江、黄河、珠江、淮河、松花江ではゼロとなった（中華人民共和国生態環境部「二〇二〇中国生態環境状況公報」[5]）。

こうした環境状況の改善は環境保全投資の継続的な増加に支えられている。

図1～図3は二〇〇一年から二〇二〇年までの都市環境インフラ投資及び新旧工業汚染源の防止対策投資（以下、工業汚染防止投資）の推移を整理したものである。図1から両指標ともにGDP及び工業付加価値額と同様、あるいはそれを上回るペースで増加していることを確認できる。また図2の工業汚染防止投資の推移から工業廃ガス対策投資が二〇一三年に急増したこと、また図3の都市環境インフラ投資の推移から二〇一五年頃から下水道整備投資が急ピッチで増えてきたことは、大気十条（二〇一三年）や水十条（二〇一五年）が発布されたタイミングと一致している。

ただし、環境保全投資の対GDP比や工業付加価値額比で見ると（図4）、工業汚染防止投資については二〇〇八年に、都市環境インフラ投資については二〇一〇年にピークを迎えた後に低下していること、他方で二〇一九年から二〇二〇年にかけてコロナ・パンデミックの影響でGDPの伸びが落ちる中で環境保全投資が増大を見せている。このような環境保全投資の傾向が今後の環境汚染対策にどのような影響を及ぼすのか、注意深く見守る必要があるだろう。

4　環境汚染対策の課題

党中央主導の環境政策は、環境保全投資の増大といった財政的・経済的な手段だけでなく、党政府幹部の監督管理責任の追及やそれと連動する上から下への監督検査活動（インスペクション）の継続・拡大といった権威主義体制下の政治的圧力によっても支えられていることにも留意が必要である。

図１　環境保全投資額の推移

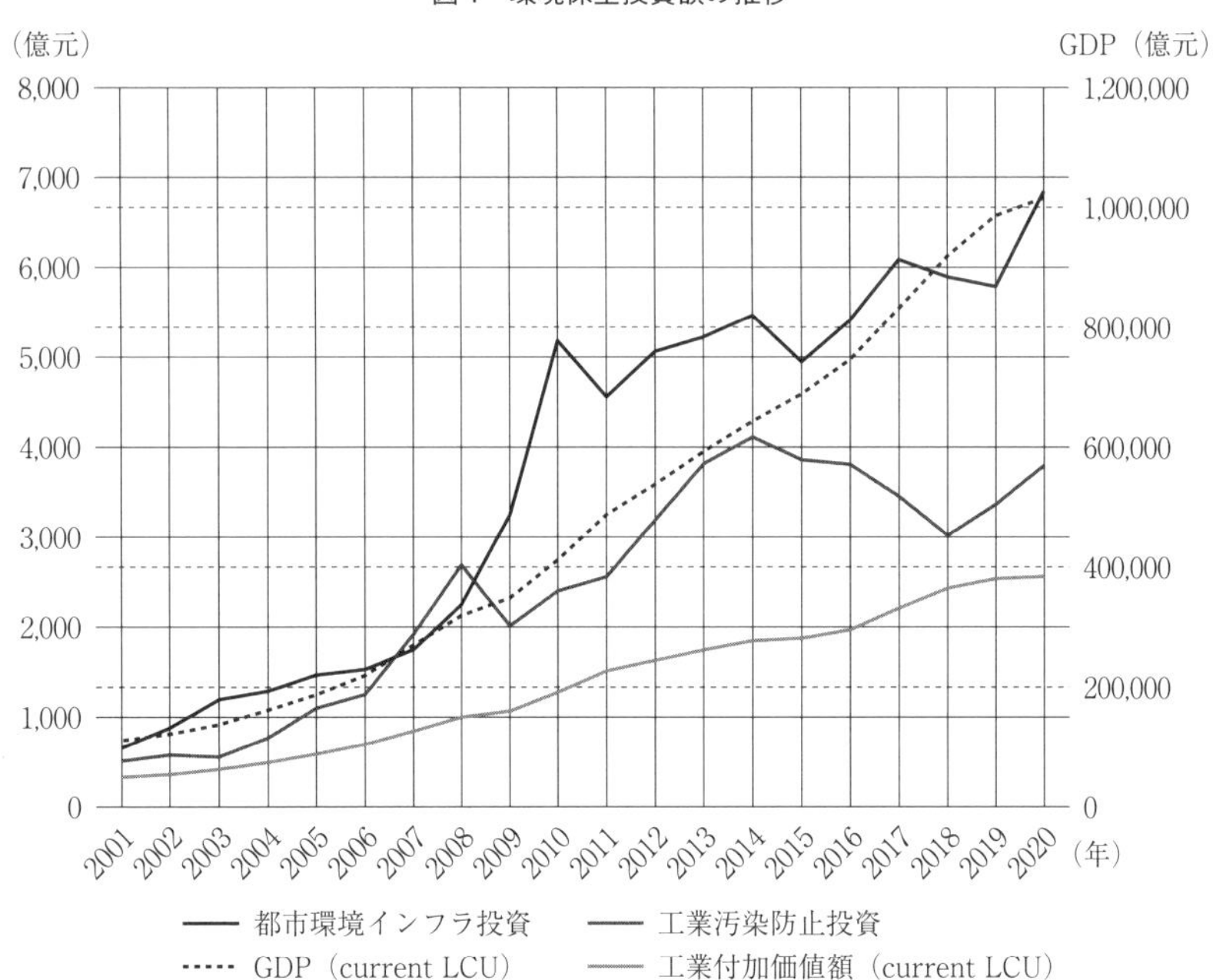

(注)　都市環境インフラ投資額と工業汚染防止投資額は左軸、GDPと工業付加価値額は右軸を参照。工業汚染防止投資は既存工業汚染源投資と新規開発プロジェクトの環境保全投資の和。

(出所)　『中国環境統計年鑑』2019年版、「中国生態環境統年報」2018、2019、2020各年版、World Development Indicatorより筆者作成。

図２　工業汚染防止投資額の推移

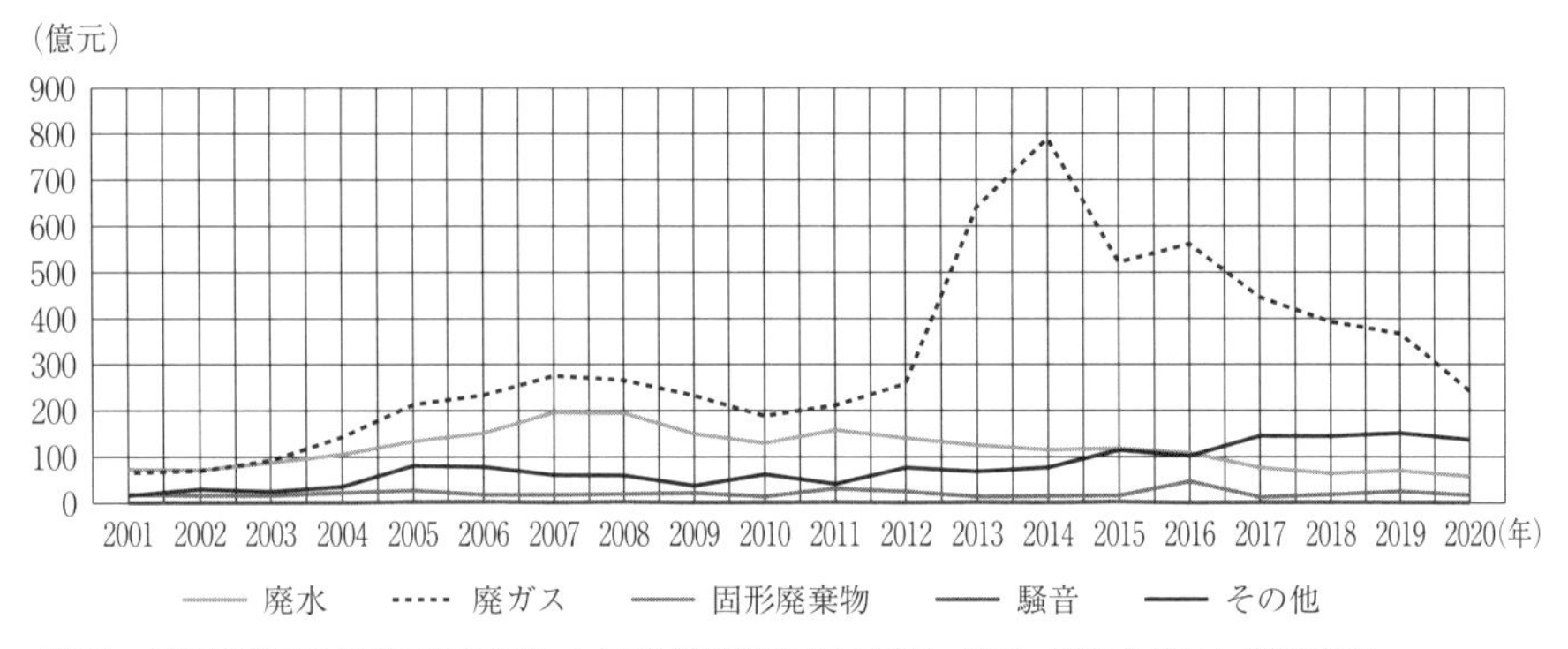

(出所)　『中国環境統計年鑑』2019年版、「中国生態環境統年報」2018、2019、2020各年版より筆者作成。

図3 都市環境インフラ投資額の推移

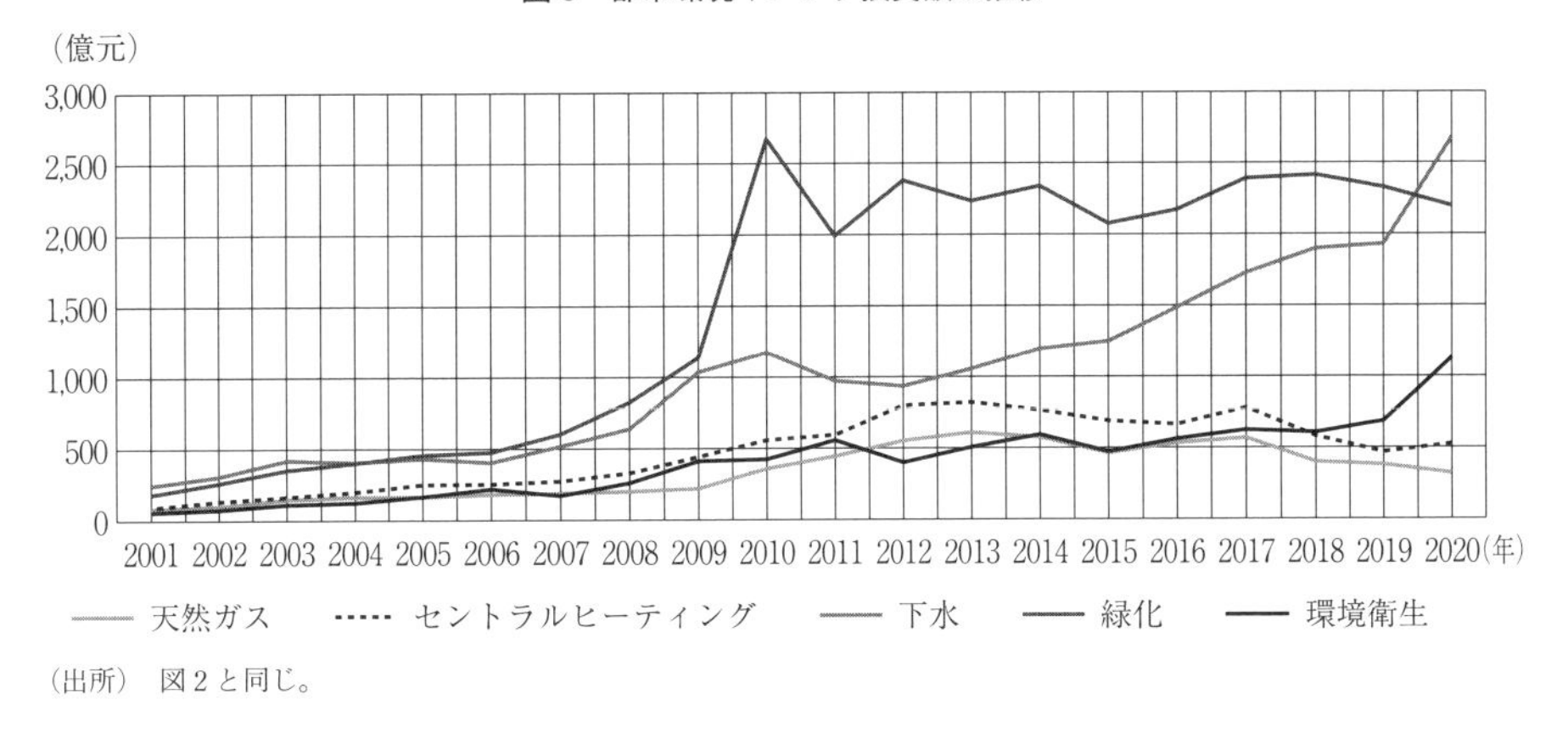

（出所） 図2と同じ。

図4 環境保全投資の対GDP比及び工業付加価値額比の推移

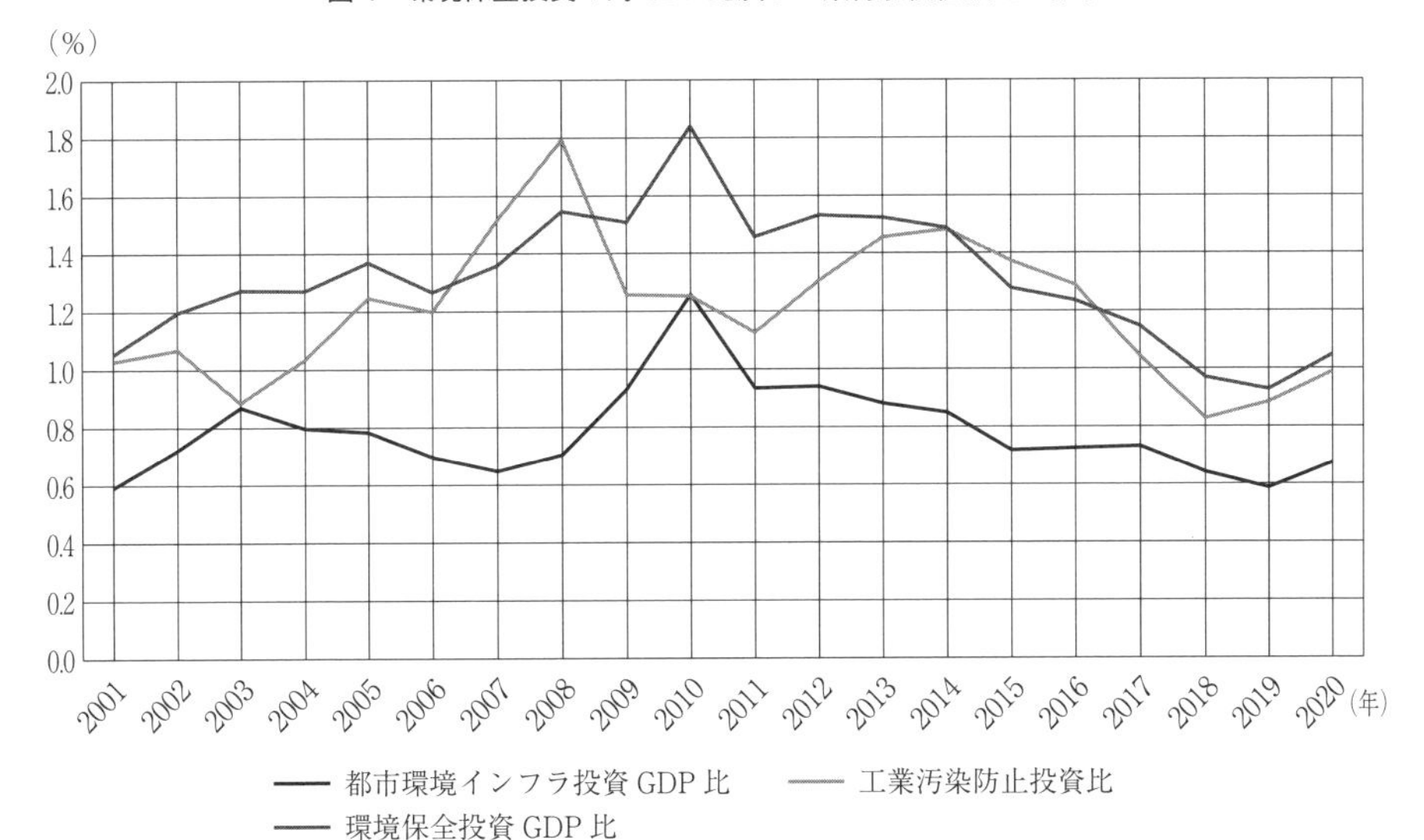

（注） 環境保全投資と都市環境インフラ投資については対GDP比を、工業汚染防止投資比は工業付加価値額に対する比率を示す。
（出所） 図1と同じ。

党政府幹部の監督管理責任を追及して相応の制裁を科すいわゆる「問責制度」は、二〇〇五年に松花江汚染事故で事実上解任された解振華国家環境保護総局長を含め、二〇〇〇年代に頻発した環境汚染事故で適用され、その後制度化された（大塚 二〇一五）。この問責制度のもとで、環境保護関連法規の違反の内容と軽重によって、警告、過失記録、降格、免職といった登紀政紀処分から公開謝罪のような社会的制裁まで様々な形で責任追及と制裁が党政府幹部に対してなされている。これには「上に政策あり、下に対策あり」としばしば揶揄される中国の政治・行政体制の抜け穴を、党政府幹部の規律を徹底させることでふさぐ効果が期待されている。また、地方政府や企業による環境保護関連法規の違反に対しては、上から下への監督検査活動が全国で継続されている（大塚 二〇〇二：二〇〇八）。第一三次五カ年計画期間の五年間では検査回数が五八・七四万回、人々の通報による突発的環境事件への対応が四三万件もあったとされる。このことは、中国で環境汚染対策を徹底させるために毎年多くの人的資源が投入されなければならないことを意味している。

このような監督管理・検査の強化は、「一刀切」と言われる職権乱用による工場操業や石炭ボイラーの操業停止など行き過ぎた規制を助長し、時には人々の生活や健康に悪影響をもたらしていることがしばしば報道されている。最近でも二〇二二年三月に中央生態保護督査弁公室が、江蘇、内モンゴル、チベット、新疆での監督検査活動に際して、「一刀切」や問責乱用を禁止する旨の通知書を発出している（中国環境、二〇二二年三月二二日）。

環境汚染問題そのものの解決という点でもまだまだ課題は少なくない。第一に、大気汚染対策については、コロナ禍でPM2・5の濃度が低下した際に揮発性有機化合物（VOC）やその要因となるオゾンの濃度が上昇したことが伝えられている。PM2・5を中心としたスモッグと異なり、見えにくくコントロールしにくい汚染物質への対策がますます求められる[6]。第二に、現在の大気環境基準値は国際水準に比べて低く設定されており、健康リスクが依然として高い状態であることから、大気汚染物質のさらなる削減が求められる[7]。これらに関連して、第一四次五か年計画綱要においてこれまで拘束性指標となっていた主要汚染物質排出削減目標が、拘束性指標として挙げられていないことは、汚染物質の排出削減のペースを落とすことにならないか懸念される。第三に、土壌・地下水汚染対策については大気・水汚染対策に比べて遅れており、近年になって法整備が進められつつあるものの依然として実態が明らかにされていない[8]。第四に、健康被害に関する問題が残されたままである。健康被害対応については日本が一九七〇年代から水俣病を始めとする公害病事件に向き合ってきたのに対して、中国では二〇〇〇年代に入ってからようやく政策課題となった。しかし最近では被害の現場を知る支援者や研究者から、被害当事者への口封じや救済へのあきらめなどによる社会的な風化や忘却が進んでいるという声が聞こえてくる。目に見える環境状況の改善の一方で、人身への健康被害がますます見えない問題として埋もれていくことにならないか懸念されるところである。

5　気候変動政策の展開

二〇二〇年九月に第七五回国連総会の一般討論演説で習国家主席が発表した脱炭素に関する二つの削減目標、すなわち二〇三〇年までの二酸化炭素排出量のピークアウト、二〇六〇年までの「炭素中立」（カーボンニュートラル）の実現という「三〇六〇」目標は、二〇二一年一〇月に発布された「新発展理念を完全、正確、全面に貫徹し、カーボンピークアウトとカーボンニュートラルの事業をしっかり行うことに関する中共中央・国務院の意見」において以下のような一連の目標とともに掲げられた。

- 二〇二五年までに二〇二〇年比で単位GDP当たりエネルギー消費量を一三・五％、CO_2排出量を一八％下降させ、非化石燃料消費比率を二〇％前後、森林被覆率を二四・一％に達成させる。
- 二〇三〇年までに、二〇〇五年比で単位GDP当たりCO_2排出量を六五％以上下降させ、非化石燃料消費比率を二五％前後、森林被覆率を二五％に引き上げ、CO_2排出量をピークアウト後に安定的な下降を実現する。
- 二〇六〇年までに、非化石燃料消費比率を八〇％以上に引き上げ、カーボンニュートラルを順調に実現し、生態文明建設の顕著な成果をあげ、人と自然の和諧共生の新境地を切り開く。

この「意見」をふまえて同日付で国務院から「二〇三〇年前カーボンピークアウト行動方案」に関する通知が、同月二七日には国務院新聞弁公室から「中国気候変動対応政策・行動」白書（以下、「白書」）が出された。そして同月二八日付で生態環境部から国連気候変動枠組条約事務局に国家が決定する気候変動対応への貢献（NDC）に関する新たな文書が提出された（国家応対気候変化戦略研究和国際合作中心、二〇二一年一一月一〇日）。NDCは一〇月三一日からイギリス・グラスゴーで開催された国連気候変動枠組条約第二六回締約国会議（COP26）に向けて提出されたものである。こうして二〇二〇年九月の国連総会で習が発表した三〇六〇目標から成る脱炭素政策は国際条約で提出が定められた公式文書に書き込まれた。

国連総会でのカーボンニュートラル目標に関する発表は各国代表を驚かせたが（BBC、二〇二〇年九月二三日）、その後一〇月一二日に清華大学気候変動・持続可能発展研究院（院長：解振華）がカーボンニュートラルに向けた中国のロードマップに関する研究発表を北京で行い、カーボンニュートラルの目標設定のために専門家チームによる綿密な準備がなされていたことが明らかにされた（China Dialogue、二〇二〇年一〇月一三日）。ただし、そこで解説されたのはパリ協定で目標として掲げられている今世紀半ばの二〇五〇年をターゲットとしたシミュレーションの検討結果であった。すなわち、習の国連総会での発表には専門家チームによる研究の裏付けがあったものの、目標年次を研究チームが想定した二〇五〇年ではなく二〇六〇年としたことの背景には何らかの政治的判断があったことを示唆している。

地球環境問題に関して中国は先進諸国がまず責任を果たすべきという一貫した原則的立場に立っていること、また先進諸国に比べて一〇年の猶予がある間に技術革新やノウハウの蓄積がなされていると予想されることなどをふまえると、二〇六〇年を目標年次とすることは中国にとって原則と実利の両方の観点から「合理的」であると考えられる。しかもCOP26を待たずにその前年の国連総会の場でこの目標を打ち上げたことで、その後に日本の菅首相が一〇月に、韓国の文大統領が一二月に相次いで二〇五〇年までのカーボンニュートラルの実現を公言するなど中国に続いて日本、韓国が目標を掲げた形になったことで、中国が気候変動政策をリードしているという印象を国際社会に与えるのに十分成功したと見ることができる。

6　気候変動対応の展望と課題

中国の脱炭素政策の要である三〇六〇目標の実現可能性については国外から様々な検討と評価がなされているが（金 二〇二一；UNDP 2021; Climate Action Tracker, China, 19 May 2022 update）、その主なポイントをまとめると以下のようになるだろう。

第一に、石炭を中心とした化石燃料の消費量をどこまで削減できるかという点である。「白書」によると、エネルギー消費総量に占める石炭消費の割合は二〇一一年の七〇・二％から年々低下し、二〇二〇年には五六・八％となった。これは先述した大気汚染対策に加えて、省エネの促進や過剰生産設備の淘汰による産業構造の是正などが進められた結果であると考えられる（金 二〇二一）。しかしながらエネルギー需要の拡大に対応すべく石炭火力発電所の増設は続けられており、二〇二二年四月の発電設備容量のデータでは前年比で一一・一億キロワット時、二・一％増えている（中国電力企業聯合会、二〇二二年五月一九日）。脱炭素政策として二〇三〇年より前に二酸化炭素排出量をピークアウトすることが目標として掲げられているが、その「ピーク」のレベルが明らかでないことが問題点として指摘されている（UNDP 2021）。また二〇二一年夏に発生した電力需給逼迫により各地で停電が起きたことから、石炭火力発電への依存を急激に減らすことは社会経済リスクであると認識せざるを得なくなっている。

さらに関連して中国は日本、韓国とともに海外での石炭火力発電所のプロジェクトの推進国として国際NGOから批判されてきた（Greenpeace 2020）。グラスゴーでのCOP26の前に発表された「白書」では、海外での石炭火力発電所プロジェクトを停止するとされていたが、COP26の場でアメリカとともに発表した「グラスゴー共同宣言」では、「排出削減施設を装備していない国際石炭火力発電プロジェクトは支持しない」と停止プロジェクトの対象が限定されたことに留意する必要がある（生態環境部、二〇二一年一一月一一日）。すなわち一定の条件下で海外での石炭火力発電所プロジェクトを継続する道が残されているのである。(9)

第二に、再生可能エネルギーをどこまで普及できるのかという点である。中国は再生可能エネルギーの設備容量では二〇一三年以降、世界第一位を維持しており、特に太陽光発電装置産業では国際競争力も高い（金 二〇二二）。このように再生可能エネルギーの導入ではポテンシャルが高いと考えられるものの、三〇六〇目標では再生可能エネルギーを含めた非化石燃料消費比率を八〇％以上にするとされていることに対して、清華大学の研究チームが、パリ協定で掲げられた気温上昇を一・五度以内に抑えるために必要と試算した八五％以上という数値より低く設定されていることから、ＵＮＤＰは二〇六〇目標の設定自体を疑問視している（UNDP 2021）。

またここで「非化石燃料」とされているエネルギー源には、太陽光、風力、水力といった再生可能エネルギーに加えて、原子力が含まれていることに注意しなければならない。「白書」によると二〇二〇年の非化石燃料設備容量の九・八億キロワットのうち、原子力発電設備は四九八九万キロワットと五・一％を占めている。中国の原子力発電所はすべて沿海部に建設されており、万一大規模な事故が発生すると国内はもとより隣国の韓国や日本にも影響を及ぼすリスクが懸念されるところである。

第三に、気温上昇を一・五度以内に抑えるというパリ協定の目標を実現するためには、上記の施策に加えて、大気中に排出された二酸化炭素の回収・利用・固定（ＣＣＵＳ）や二酸化炭素以外の温室効果ガスの削減も求められる。しかしながらこれらについては中国の脱炭素政策では明確な目標が示されていない（金 二〇二一；UNDP 2021；Climate Action Tracker 2022）。特にＣＣＵＳについては中国のみならず世界各国が実用的な技術開発を進めている段階であり、その実現はまだ見通せていない状況である。

第四に、資金調達の見通しに大きなギャップが存在することである。清華大学の研究チームによる「ロードマップ」の試算では一・五度以内の目標を達成するには年間平均五・八兆元が必要とされるが、金（二〇二一）の推計によると二〇二〇年のグリーン投資額は二・八三兆元とその半分に満たないとされる。ここで「グリーン投資」は省エネ・環境保護関連の中央・地方政府による直接投資のほか、国内金融機関の関連融資等を合わせた概念であるが、統一した基準による統計が整備されていないために、脱炭素政策の実現可能性についての評価が困難なのが現状である。

おわりに

習近平政権下における党中央主導の環境政策は「生態文明建設」という理念のもと、環境汚染対策と気候変動対応が最重要課題として進められている。環境汚染対策については、着実に目に見える成果をあげている一方、目に見えない、あるいは見えにくい問題への対応が今後どのように進められるのか、またその過程で起きている様々な社会的な摩擦や矛盾がどう解消されていくのかについて注視する必要がある。気候変動対応については、中国の積極的な関与を世界に向けて発信することには成功しているものの、石炭依存度が高い産業構造の変革をどうソフトランディングさせることができるのか、再生可能エネルギーのさらなる普及のための資金調達をどう確保していくのか、さらには最近のエネルギー需給逼迫が呼び起こしたエネルギー安全保障への不安を払拭しながらカーボンニュートラルに向けた舵取りをどうしていくのかなど、多くの難題が横たわっている[10]。

中国はグローバル・サプライチェーンの重要な一角を占める経済大国であり、日本を含め世界の多くの国との間で経済的な相互依存関係を持っている。そのため中国における経済活動が引き起こしている様々な環境問題は決して対岸の火事ではない。日本を含めて国際社会が引き続き中国の環境問題の解決の行方に関心を持ちながら中国で行われている様々な取り組みを後押ししていくこと、また気候変動に代表される地球環境危機に対しては中長期的な視野から国際協調・協力体制を構築・刷新しながら、中国の積極的な関与を着実に地球環境の改善と人々の暮らしの質の向上につなげていけるような協働のあり方を探っていくことが必要とされている。

---

(1)　「生態文明」は中国駐日本国大使館や人民中国の日本語サイトなどでは「エコ文明」と訳されているが、日本語の「エコ」が持つ大衆的なニュアンスとは異なると考えられることから、本稿では「生態文明」と原語に相当する漢字で表記している。

(2)　環境保護部長・李干杰の同大会での講和（『中国環境年鑑』二〇一九年版、三〇頁）。

(3)　「青山緑水こそが金山銀山」という習が浙江省党書記だった時に発言した言葉もしばしば引用されている。

(4)　二〇〇六年からの五か年計画は以前の「計劃」から「規劃」と表記が変更され、長期的なガイドラインとしての役割が重視されるようになったとされる（大西 二〇〇六、八–九）。本稿ではいずれも日本語の「計画」という表記をあてている。

(5)　ただし二〇二二年五月二七日に公表された「二〇二一中国生態環境状況公報」によると全体として劣Ⅴ類区間の割合は低下しているものの、七大流域では淮河と遼河を除いて再び観測されている。

(6)　VOCについては第一四次五か年計画で排出総量を一〇％以上削減すると初めて数値目標が盛り込まれた。

(7)　中国の大気環境基準で「良好」とされる「二級基準」はPM2・5濃度の年平均値が三五$\mu g/m^3$以下であり、WHOのガイドラインでは長期曝露による死亡率が高まるリスクがPM2・5濃度の最も低い水準より一五％増加するとされている。

(8)　土壌汚染防治法は二〇一九年一月、地下水管理条例は二〇二一年一二月に施行されたばかりである。

(9)　China Dialogue の二〇二二年九月二三日付記事によると、「一帯一路」における海外での石炭火力発電投資プロジェクトについては、二〇二一年九月から二〇二二年四月までの間に一五件が取り消され、二〇二一年から二〇二二年上半期の間の件数はゼロであったという。ただし、既存の契約案件や工業開発区内の自家発電等については不確定であるとされている。

(10)　習政権下の環境政策としては、他にも二〇一五年一月に施行された改正環境保護法や二〇二一年三月に施行された長江保護法等、本稿で取り上げた環境汚染対策や気候変動対応といった既存の範疇に収まらない領域横断的な法制度の動きにも注目すべきであろう。

参考文献

大塚健司（二〇〇二）「中国の環境政策実施過程における監督検査体制の形成とその展開――政府、人民代表大会、マスメディアの協調」『アジア経済』43（10）：二六―五七。

大塚健司（二〇〇七）「［データ・資料］第Ⅱ部統計 1．総説」中国環境問題研究会編『中国環境ハンドブック2007―2008年版』蒼蒼社、二七六―二八一。

大塚健司（二〇〇八）「中国の地方環境政策に対する監督検査活動――その役割と限界」寺尾忠能・大塚健司編『アジアにおける分権化と環境政策』アジア経済研究所、七九―一一七。

大塚健司（二〇〇九）「中国における温暖化対策の二〇年――その原則と関心をめぐって」『アジ研ワールド・トレンド』一六〇：七―一一。

大塚健司（二〇一三）「国務院環境保護委員会の組織と活動――中国における環境行政の総合調整の発展をめぐって」寺尾忠能編『環境政策の形成過程――「開発と環境」の視点から』アジア経済研究所、三一―六二。

大塚健司（二〇一五）「中国における環境災害対応と環境政策の展開――二〇〇五年松花江汚染事故をめぐって」寺尾忠能編『「後発性」のポリティクス――資源・環境政策の形成過程』アジア経済研究所、四三―六四。

大西康雄（二〇〇六）「胡温政権、持続可能な発展への課題」大西編『中国 胡錦濤政権の挑戦――第一一次五カ年長期計画と持続可能な発展』アジア経済研究所、一―二三。

金振（二〇二一）「中国脱炭素成長戦略の背景と課題」『公共政策研究』二一：四五―六三。

鄭方婷（二〇一七）『重複レジームと気候変動交渉――米中対立から協調、そして「パリ協定」へ』現代図書。

傅喆（二〇二一）「中国のネット時代における環境問題への公衆参加」『大阪経済法科大学東アジア研究』七五：一九―三六。

Greenpeace (2020) Achieving net-zero with China, Japan, and South Korea's overseas energy finance. Retrieved from https://www.greenpeace.org/static/planet4-japan-stateless/3d3603693f8-1-g3-re-finance-report-full.pdf
Institute of Climate Change and Sustainable Development of Tsinghua University et al. (2022) *China's Long-Term Low-Carbon Development Strategies and Pathways: Comprehensive Report*. Singapore: Springer.

UNDP (2021) China's Climate Policy Documents: 1+N and updated NDC. Issue Brief, December 2021, No. 6, Beijing: UNDP China.

国家発展和改革委員会組織編写（二〇二一）『″十四五″規劃戦略研究（下）』北京：人民出版社。

鄒首民・王金南・洪亜雄主編（二〇〇六）『国家″十一五″環境保護規劃研究報告』北京：中国環境科学出版社。

『中国環境保護行政二十年』（編委会編、一九九四）北京：中国環境科学出版社。

『中国環境年鑑』各年版（編輯委員会編）北京：中国環境年鑑社（一九九三年版以前は中国環境科学出版社より刊行）。

II

中国共産党の統治は保たれるのか

第II部は中国の内政を扱う。部全体を通した問いは、「中国共産党の統治は保たれるのか」である。おそらく直近で中国共産党による一党支配体制の存続が危ぶまれた（と少なくとも外部のウォッチャーが感じた）のは1980年代末から1990年代初頭にかけてであろう。1989年の天安門事件に至る民主化運動の高潮、東欧・旧ソ連における共産主義政権の瓦解は内外から共産党政権を揺るがした。しかしその後中国は、社会主義イデオロギーを再解釈して市場化を推し進め、国民の生活向上を達成しつつ、知識層や企業家を共産党に取り込み、体制の強靭性を高めてきた。政治の安定を維持しつつ、一連の柔軟な方針転換を進めることができたのは、共産党が個人独裁から集団指導への移行を図るとともに、指導者の定年制導入をも含む権力移行の規範化を進めてきたからだと解釈することもできるだろう。

しかし、習近平総書記は、社会主義イデオロギーを至るところで強調し、個人崇拝への動きを許容し、党指導部内での一強体制を築き、国家主席の任期撤廃を含む憲法改正を行い、異例の三期目に道を開くなど、おおよそ1980年代以来の政治改革に逆行するかのような統治を推し進めている。果たして、このような習近平の統治は、共産党の一党支配体制を強化するのだろうか、それとも弱体化を導くのだろうか。本部に収録した4本の論稿は、この様な現状を踏まえ、相互に関連する4つの質問に答えることにより、習近平の中国の将来を展望しようとするものである。

第5章金野純「共産党は『良い統治』を実現できるか」は、習近平政権が「小康」社会（比較的余裕のある生活）の実現に向け、法や教育、テクノロジーを駆使して安定と発展を維持しようとしてきた経緯を論じる。その上で、今後「良い統治」を実現していくための鍵は、党が伝統的統治手法である大衆路線をアップデートし、人々の主体性を発揮させられるか否かにかかっていると述べる。

しかし、習近平という指導者の統治スタイルは、必ずしも人々の主体性の発現と相容れるものではない。第6章鈴木隆「『中華民族の父』を目指す習近平、あるいは『第二のブレジネフ』か『第二のプーチン』か」は、習近平が対外的には「海洋レコンキスタ」を自らの歴史的責務と認識しつつ、対内的には国民の私的領域にまで踏み込んで叱咤激励する父権主義的なリーダーシップを志向していると分析する。

そもそも中国共産党政権の志向する民主のあり方自体が、いわゆる欧米の歴史に根ざした民主とは異なるのである。そのことを中国共産党が昨年末に発布した「中国の民主」白書を援用しながら論じたのが、第7章小嶋華津子「中国は民主化しないのか」である。白書に示された民主観は、民主のためには独裁が必要であり、党・国家・人民の意思の融合に基づく統治の効率性が図られなければならないとする点に特徴づけられる。中国の国民もまた、こうした民主観を一定程度容認しており、個別の不条理に対し声を上げることはあっても、それが反体制運動にエスカレートする兆候は無い。

共産党の一党支配体制が揺らぐとするならば、それは民衆によってもたらされるのではなく、権力機構内部からもたらされる可能性が高い。その際鍵となるのが、暴力装置である軍の立ち位置である。しかし、第8章八塚正晃「人民解放軍は暴走しないのか」によれば、党は軍に対し、利益代表や専門家集団としての政治参加を担保することにより、党指導部の政治的な対立に軍が動員されることを抑止してきた。習近平政権による軍政改革では、中央軍事委員会の権限強化が図られ、党の軍に対する領導は一層盤石なものとなった。

習近平の中国共産党は、時代の変化を先取りし、さらなる進化を遂げることができるのだろうか。（小嶋華津子）

5 共産党は「良い統治」を実現できるか
——法の支配、党組織の健全化、社会の安定化

金野　純

（こんの　じゅん）
学習院女子大学国際交流学部教授
専門は中国現代史
著書に『中国社会と大衆動員』などがある。

はじめに

いわゆる「良い統治」——*good governance*——とは、どのような統治なのだろうか。

この問いに対する答えは、国家のガバナンスのあり方によって大きく異なってくるだろう。例えば民主化が進展し、かつ豊かな社会を実現しているような国であれば——トマス・ジェファソンらが高らかに宣言したように——すべての人々の「生命、自由、および幸福の追求」を可能にする統治こそが、良い統治と言えるかもしれない。しかし国家の歴史的背景、自然環境、社会規範、経済状況など無数の異なる条件が絡み合っている世界の現実をみれば、そのような目標は「理想」とはなりうるが、「基準」とするにはあまりにも現実からかけ離れている。

M・グリンドルが指摘するように、多くの開発途上地域においては、「良い統治」とは、まずは経済成長と貧困削減の実現であり、何もかもをいっぺんに実現することはできない。そこには明確な優先順位が存在する。したがって「良い統治」とは、各国の置かれた状況に応じて評価すべきものであり、グリンドルが主張するように——たとえ民主化などが不十分であったとしても——経済成長や貧困削減などに対する政府の対応力など、いわゆる「まずまずな統治」——*good enough governance*——の実現について検証するのが、現実を捉える上で有効なのである（Grindle 2004）。

さて、グリンドルの言う「まずまずな統治」は、中国政治の文脈で言えば、鄧小平時代に提起され習近平政権下でその実現が宣言された「小康社会」という政治目標に重なる概念であろう。「小康社会」という聞きなれない概念について、中国文化部副部長など歴任してきた劉徳有は「人民中国」の中で中国政

府側の見方を以下のようにわかりやすく説明している。

> 言うまでもなく、中国は他方で多くの課題も抱えている。例えば、貧困撲滅、大気汚染や地下水の過度の抽出、耕地の乱用、草原の砂漠化の防止や緑化の拡大、食品の安全などいろいろあるが、貧困からの脱却は、中国の目指している「全面小康」の重要な一環であろう。（中略）全国の貧困人口は、一九七八年に七億七〇〇〇万人という膨大な数だったのが、四〇年余りのたゆまぬ努力を経て、昨年末には五五一万人にまで減少した。中国は人類の貧困削減の歴史における奇跡を起こしたと言える。（劉 二〇二〇：傍点筆者、以下同様）

このような中国政府の側に立った説明からもわかるように、貧困削減は経済大国と見做されるようになった現在もなお、中国において、政策的優先順位の上位に来るべきものである。世界の多くの途上国と同様、経済成長と貧困削減は中国で「良い統治」が実現可能か否かについて考える上で、重要な目安となっている。

中国では貧困問題については、主に中央経済工作会議、中央農村工作会議、全国貧困救済開発工作会議などを通して対策が講じられており、特に第一九回党大会以降は極貧地区に焦点を合わせた対策——習近平の言葉を借りれば「貧困脱却難関攻略戦」——が講じられてきた。第一八回党大会以降、各省・自治区・直轄市の党・政府の最高責任者が中央に対して誓約書を書いたのは、この貧困削減に関する任務のみだったことからも、貧困削減に対する中国共産党（以下、中共）中央委員会の政策的プライオリティの高さが推測できるだろう。習近平自身、二〇一五年一〇月に開催された中共第一八期党中央委員会第五回全体会議（五中全会）第二回全体会議で以下のように指摘している。

> 農村貧困人口の貧困脱却は最も際立っている脆弱部分だ。小康社会の全面的達成は皆同じ小康というわけではないが、現在の七千万人以上の農村貧困人口の生活レベルが著しく向上できなければ、小康社会の全面的達成といっても人を納得させることはできない。（『習近平　国政運営を語る』第二巻）

政治学者の木村宏恒によれば、ガバナンスとは「政策形成と実行によって、いかに政府が経済と社会を成功裏に采配する（舵を取るsteer）か」ということである（木村ほか編 二〇一一）。そして多くの国において、開発の主要な障害は、「経済ではなく政治にある」のである。このような定義からみれば、中共がどのような経路で「まずまずな統治」を実現しようとしているのかについて検証するには、中共政権下の政治こそが重要な検証対象となる。

それでは中国における「良い統治」——もしくは「まずまず

表 1　司法制度改革の歴史的背景

1997 年　中国共産党第 15 回全国代表大会　江沢民報告
初めて「依法治国」という表現が報告の中に入る。「司法改革を推進し、司法機関が法に基づいて独立・公正に裁判権と検察権を行使することを制度面から保証し、冤罪や誤審の責任追及制度を構築する」。
2002 年　中国共産党第 16 回全国代表大会　江沢民報告
報告では「司法体制改革を推進する」「公正な司法と厳格な法執行の要求に照らして、司法機関の機構のあり方、職権区分と管理制度を完全なものとし、権限・職責の明確化、相互の連携、相互の制約、効率の良い司法体制の運用をさらに健全なものとする」。
2007 年　中国共産党第 17 回全国代表大会　胡錦濤報告
報告では「司法体制改革を深め、司法の職権のあり方をより良いものとし、司法行為を規範化し、公正で高効率で権威ある社会主義司法制度を建設し、裁判機関・検察機関が法に基づいて独立して公正に裁判権・検察権を行使できるように保証する」。

（出所）「江沢民在中国共産党第一五次全国代表大会上的報告」中華人民共和国中央人民政府ウェブサイト；「江沢民：在中国共産党第十六次全国代表大会上的報告」復旦大学党委党学校ウェブサイト；「胡錦濤在中国共産党第十七次全国代表大会上的報告」『中国共産党歴次全国代表大会数據庫』中国共産党新聞ウェブサイト参照（以上、最終閲覧日：2022 年 7 月 31 日）

な統治」――の実現について検証しようとするとき、我々は中国政治のいかなる側面に着目して分析を行う必要があるのだろうか。こうした点に関して、これまでの開発政治学の研究成果が示唆しているのが、（1）法の支配および（2）健全な官僚組織の重要性である。重要なことは「法制度（司法、検察、警察）が公平・有能・効率的・中立的に運用されており、政府機関が決まりに即して運用されており、公務員と政府が法に従うことを受け入れていること」なのである（木村ほか編 二〇一一）。

言うまでもなく中国が目指す「良い統治」の実現を達成するには、有能で制度化された官僚制度が必要であり、汚職や腐敗の程度を可能な限り抑制するためにも公平な法制度の運用が必要となる。加えて中国のような巨大な人口を有する多民族国家においては社会の安定もまた発展の重要な基礎条件となるであろう。そこで本稿では、一党独裁政権下の中国が経済発展や貧困削減を行う有効な政治的基盤を作る上で重要と思われる三要素――法の支配、党組織の健全化、複雑な社会の安定化――に焦点を絞って検証してみたい。

1　習近平政権における法治の諸相

（1）一党独裁体制下における法

本節ではまず一党独裁体制を敷く中共にとって、法とはいかなる意味をもつのかについて広い視野から考えてみたい。過去に遡ってみれば、「依法治国」という表現が初めて使用されたのは江沢民時期のことだった。表1を見てみれば、目立った具体的改革は行われなかったものの、習近平以前の政権下においても問題意識として（1）冤罪・誤審を防ぐための責任追及制度、（2）公安・検察・裁判所の権限・職責の明確化とそれを各自が独立して行使できる制度メカニズムの二点が強調されてきたことが理解できる。すなわち、近年強調されている「依法治国」は習近平政権下で始まった議論ではなく、過去の政権から引き継がれてきた長期的議論の流れの中に位置付けるべき経路依存性の高いテーマである。

習近平指導下の中共政権が考える法治に関して、最も綱領的な資料は中共第一八期四中全会第二回全体会議の習の談話であろう。その談話で習は「法による国家統治の全面的推進は、党の指導の強化と改善に有利でなければならず、党の執政地位を強固なものにし、党の執政使命を達成するのに有利でなければならず、決して党の指導を弱めることではない」と述べ、法に対する党の指導性・優位性を明確にしている。

このような考え方は習近平だけに限ったことではなく、中共指導部全体で共有されている法概念のように思われる。例えば中国総局員として中国政治の取材を行ってきた林望は、王岐山とフランシス・フクヤマらとの会談に関して、次のようにフクヤマと王岐山のやりとりを紹介している。「フクヤマは王から一度だけ質問を促された際、欧米の民主制度を支える柱としての『法の支配』について述べ、『中国で司法の独立は実現するか』と尋ねた。すると、王は『あり得ない』と断言し、『司法もまた党の指導の下になければならない。これが中国の特色です』と付け加えたという」（林 二〇一七）。

我々が、中国の推進する「法治」に違和感をもつ根源はこの「中国の特色」から生まれている。なぜならこのような中国の法治概念では、個々人の自由権のような権利は、当然ながら重要度の低いものになる。習近平に言わせれば、人権には「国情に合った人権発展の道」が存在しており、中国のようないまだに多くの貧困人口を抱えて発展を目指している国家においては、生存権と発展権が「最も重要な基本的人権」となるのである（『習近平 国政運営を語る』第二巻）。場合によっては、個人的自由を中心とした人権の強調は、「良い統治」――経済成長や貧困削減――の阻害要因として捉えられることもありうるだろう。中共政権下で、法治の重要性が強調される一方で法律家の人権派弁護士が弾圧されるという、一見矛盾する現象が当たり前のように併存する理由はここにある。簡潔にまとめれば、中共の法治建設とは、党の主張を法律化することで「国家の意思」へと変換する装置の創出を意味しており、多党制の民主主義国家における法の支配のイメージとは大きく異なっているのである。

（2）家産制的障壁の克服

開発途上国に関する多くのケース・スタディが示しているように、国家を発展させるためには、官僚制は伝統的な血縁・地縁による優遇、賄賂による便宜供与のような、いわゆる家産制的障壁――中共の表現で言えば「家風の問題」――を克服する必要がある。これまで中国は中共の強力な指導下で、官僚制度の制度化と能力主義を一定程度引き出すことに成功し、民主化抜きに発展することができた。すなわち官僚制度の健全化において民主化は必ずしも必要でないことを、中国やシンガポールのような国々は示した（木村ほか編 二〇一二）。

しかし、それにもかかわらず中国での多くの腐敗事件調査で明らかになったのは、その家産制的利益追求から派生する問題であった。多くの指導幹部は職権を最大限に利用して金儲けをし、その家族が裏で金銭の授受を行うことを容認し、子女は両親の影響力を利用して商売で利益を謀り、不適切なかたちで財を成している。政治を通して獲得した「人脈」と「メンツ」を子女の非合法な金儲けに利用するケースも少なくない。

中共のような中央から末端社会にまで張り巡らされた世界最大の党組織を統制するとき、最も効率的でコストのかからない方法は、種々の法規を設定した上で、あらゆるレベルの党員が自発的にその規範に従うよう誘導することであろう。党員数が九〇〇〇万人を超え、ここ三〇年間で倍増した中共指導部が、近年の党内ガバナンスにおいて法治の重要性を繰り返し強調しているのは、習近平の個性によるものではなく、むしろ時代の要請という見方もできるのである。

二〇一五年二月、省・部レベルの主要指導幹部セミナーで習近平は「一部の指導幹部は法治意識が比較的低く、法律があってもそれにのっとらず、法執行が厳格ではなく、甚だしきは私情で法を曲げるなどの問題」がみられることを指摘し、「党の規律と国の法律は『ゴム粘土』や『かかし』と化してはならず、規律・法律違反はすべて責任を追及されなければならない」と幹部たちに釘を刺している（『習近平　国政運営を語る』第二巻）。

このような汚職・腐敗の取り締まりや規律検査の制度化は――薄熙来事件の強烈なインパクトもあって――習近平の権力闘争といった文脈で説明されることも多かったように思われる。しかし、それはあまりに表層的であり、単純化された見方である。毛沢東時代の文化大革命のような、過去との歴史的アナロジーにばかり気を取られるべきではない。現在、中共が法治建設を急いでいる最大の理由は、それが過去三〇年間で倍増した党組織や民族的多様性を有する巨大な社会を統制するのに、最も効率的でコストがかからない方法だからであり、また近年類をみないほど厳しい汚職・腐敗の取り締まりは、官僚制度の健全化こそが、法治建設も含めた中共の政策実現の絶対的前提条件となるからである。

(3)　総体国家安全観と社会の規制強化

習近平政権が目指す法治は党内にとどまらず、中国社会全体の統制強化と安定化につながる広がりを有している。法は究極においては国家の物理的強制力に支えられた社会統制技術であり、人々の振る舞いを規制する諸要素の中でも極めて重要な役割を果たしている。顔認証付き監視カメラのネットワークにしても、情報技術を利用した個人の振る舞いの規制にしても、守るべきルールが法として明示されず、監視の背後に物理的な強制力――警察組織、民兵・人民武装警察のような準軍事的組織、国家安全部、公安部、軍の情報部のような中央・地方の組織的ネットワーク――が存在しなければ、人々がその行いを自己規制する可能性は著しく低下するであろう。したがって、現在話題となることが多い中国における「アルゴリズムによる支配」を論じるのであれば、その物理的強制力――司法制度についても同時に検討する必要があろう。

国家安全の法制領域における「基本法」とも言えるのが国家安全法（二〇一五年施行）である。この法律が示す総体国家安全観がカバーする領域は、人民の安全、政治の安全、経済の安全、軍事・文化・社会の安全、国際安全という曖昧な概念で構成され、見方によっては支配者に都合よく解釈される恐れのある法律とも言える。また国家安全法の「支柱」となるのが、反スパイ法（二〇一四年施行）と反テロ法（二〇一六年施行）であり、これら三つの法を頂点として種々の規制のネットワークが社会に張り巡らされている。例えばサイバー領域においては、二〇一七年にサイバーセキュリティ法が施行されており、中共が直接的に支配していない「境外領域」との関連で言えば、海外NGO国内活動管理法が同じく二〇一七年に施行されている。

こうした法の恣意的な運用と抑圧が、いかに市民を萎縮させ、内側からの自己規制を促し、社会を従順化するかを示した最近の事例が香港であろう。香港で二〇一九年に中国への容疑者引き渡しを可能にする条例改正案への抗議活動が発生したことは日本でも大きく報道された。その後、二〇二〇年に国家安全維持法（国安法）が施行されると、二〇二一年には民主派の人々が国安法違反で逮捕され、民主派系の日刊紙『蘋果日報』も国安法に基づいて資産が凍結されて廃刊に追い込まれた。

さらに同年に彼らの中核団体である「香港市民支援愛国民主運動連合会」の幹部が国安法違反で逮捕され、解散せざるを得ない状況に追い込まれた。香港政府によると国安法施行後の二年で一九六人が「国家安全」に危害を加えたとして逮捕され、一二四人と企業五社が起訴された（『読売新聞』二〇二二年七月一日）。最終的には、立法会選で親中派が圧勝し、二〇二二年の行政長官選では李家超（前政務官）が得票率九九パーセントで圧勝した。国安法の施行によって、香港はかつての自由と開放性を失いつつある。香港の事例は、権力者が人民を服従させる上で法がいかに重要な「武器」となりうるか――実際、中共は「法律武器」という表現をしばしば利用する――を示している。

2　法規・組織・巡視――党組織健全化のための制度構築

（1）組織的監督

ここからより具体的に党組織健全化のための制度構築について検討してみたい。前節で指摘したように、中共による貧困削減、継続的発展のためには、巨大な党組織の健全化は大前提となる。特に外部からのチェックが入りにくい一党独裁国家にとって、内部組織の健全化は国民からの支持獲得と政権維持のための死活的課題と言えよう。中共は一九四九年に勝利する以前から党内の規律検査を重視し、一九二七年には中央監察委員会を組織していた。これが中共の歴史上初めて設けられた規律検査機構である。

それから一世紀近く経た現在、九〇〇〇万人を超える巨大な党組織の健全化はより困難な課題となっている。この問題に対する習近平政権の戦略を簡潔にまとめれば、（1）法規と法律を定めて、（2）党内外の公職者全体を監視するための組織的ネットワークを形成し、さらに（3）巡視による外部チェックを制度化することで、国家機関やその公務員を網羅する国家監察システムの形成を目指している。こうした試みは習近平政権の特徴として語られることも多い。しかし、それぞれの手法は、実際には、過去の歴史に散見されるものであり、習近平政権は過去のさまざまな手法を複合的に組み合わせているのである。

まず（1）に関しては、国家監察委員会が憲法に明記され、二〇一八年三月、国家監察法が全国人民代表大会で採決された。海外立法情報を分析している岡村志嘉子によると、中国の公務員の約八〇パーセントは共産党員であり、高級幹部層では九五パーセントを上回っている（岡村 二〇一八）。しかし、すべての公職者に対する統一的な監督を規定する法律はなかったため、「従来の取締りには実効性確保の点で様々な制約があった」とされている。国家監察法はこのような弊害の法的克服を目指す内容となっている。

習近平は二〇一七年一〇月、中国共産党第一九回全国代表大会で中央全面依法治国領導小組の成立に言及し、それは二〇一八年改革方案では中央全面依法治国委員会へと格上げされたかたちで構想された。国家監察委員会は憲法に明記され、二〇一八年には国家監察法が全国人民代表大会で採決された。それにより国家・省・市・県レベルで監察委員会が組織され、各レベルの規律検査委員会と共同で汚職や腐敗の取り締まりを徹底化、加速化することになる。

（2）巡視監督

監察委員会・規律検査委員会のようなネットワークの整備による組織的監督と同時に、習近平政権が重視しているのが巡視監督である。広大な国土を有する中国では歴史的にみても中央政府による地方の巡視が行われてきたが、習近平政権は巡視を「党内監督にとって戦略的な制度措置」と位置付けており、巡視活動の制度化を進めている。これは外部からの規律検査を制度化することで「震え上がらせ、抑止し、根本から食い止める」という効果をよりよく発揮（『習近平 国政運営を語る』第二巻）させると言うように、抑止効果も狙った制度である。

歴史を振り返ってみれば、中共はすでに一九二八年には巡視条例を制定していたが、改革開放以後、市場経済の導入を通して汚職や腐敗が問題化するなかで二〇〇三年に「中国共産党党内監督条例（試行）」、二〇〇九年に「中国共産党巡視工作条例（試行）」が配布され、巡視は党内規律維持の手法としてリバイバルし、特に習近平政権になって非常に重視されていた。

王岐山の第一八期中央規律検査委員会第五回全体会議での工作報告（二〇一五年一月一二日）から、彼らがいかに巡視を重視していたのかをうかがい知ることができる。王岐山は「党中央は巡視工作の強化と改良を高度に重視している」点について触れ、中国共産党第一八回全国代表大会以来、中央政治局常務委員会が巡視工作の状況について何度も聞き取りを行っていると述べている。「習近平総書記は毎回重要指示を出し」と述べているところから、毎回習近平が出席していたと思われる。中央巡視工作領導小組が二八回にも及ぶ会議を開催していたことからも、巡視による検査が多くの地域の問題点を暴き出していたことが想像できよう。この王岐山の報告では、中央巡視組は二年も使わずに三一の省・区・市と新疆生産建設兵団をすべて調査したとされており、習近平政権はこのような経験の蓄積を背景として、二〇一五年八月に「中国共産党巡視工作条例」を改正発布したのである。

先に検討した国家監察委員会・規律検査委員会のネットワークが「内部からの監察」とするならば、巡視は「外部からのチェック」制度として位置付けることができよう。このような党組織――および公職者全体――の健全化の方法は、すでに述べたように習近平政権の「発明品」ではなく、中共がその長い歴史のなかで試みてきた方法のリバイバルとして検証することで、よりその性格が理解できる。

かつて毛沢東時代の統制システムを検証したF・シャーマンは、その統制の組織形態を外部統制（external control）と内部統制（internal control）に類型化した。外部統制とは統制対象の外部から派遣された組織が行う統制を意味しており、統制対象の内部組織が行う統制は内部統制とされる。もともと中国では一九五〇年代初期には、ソ連を模倣した外部統制が主要なアプローチだった。その後、ソ連を模範とした官僚政治から、共産党の一元的支配へと統治戦略が変化したため、党の組織細胞による内部統制がより重視されるようになった（金野 二〇一五）。

しかし改革開放政策が進展した現在、毛沢東時代のような強固な住民管理制度は消え去り、個々の人々に対する国家の支配力は弱体化している。人の流動性も毛沢東時代とは比較できないほど高まり、社会は多様化している。こうした現実に直面した現在、中国では内部統制の有効性は低下しており、建国初期のような外部統制の必要性が増しているのである。そのため建国初期に政府や党内を監視するために存在感を発揮していた監察部や監察委員会といった外部統制組織の有効性が、習近平時代になって再びクローズアップされるようになったのであり、このような動きは習近平の個性を超えた時代の必然とも言えるのである。

それでは、このような外部統制への移行は、より良い統治――公職者の汚職や腐敗の削減、官僚組織の健全化、より高い

表2　最高人民法院で結審した汚職・賄賂等事件の件数と被告数の推移

年	結審した汚職・賄賂等事件の件数	被告数	備考
2013-2017	195000	263000	省・部級以上の幹部は101人。庁・局級幹部は810人。周永康、薄熙来、郭伯雄、令計画、蘇栄も含まれている。
2018	28000	33000	省・部級幹部は18人。庁・局級幹部は339人。県・処級幹部は1185人。
2019	25000	29000	中管幹部（中共中央が任免権をもつ幹部）は27人。
2020	22000	26000	中管幹部は12人。

（出所）『最高人民工作報告』2018年、2019年、2020年、2021年の各報告を参照して筆者作成。

レベルの貧困削減と経済発展の達成――へとつながるのであろうか。もしも、一党独裁政権内部において自浄作用を生み出すことができる法律と組織の制度化が成功するのならば、民主化なしでの「まずまずな統治」――*good enough governance*――の実現を意味しており、中国モデルは生き残りを模索する他の権威主義体制のモデルとなりうるであろう。

　確かに二〇一八年に国家監察法が採決されて以降、汚職や腐敗は全体として削減傾向にあると言える。汚職や腐敗などの犯罪に関しては罪の重さに応じて党内処分にとどまるケースもあれば、司法機関に移送されるケースもあるので完全な統計とは言えないものの、表2のように過去の最高人民法院の工作報告をまとめてみれば、汚職や賄賂などの事件の件数、被告人数は減少傾向にあり、習近平政権による党組織の健全化はある程度の成功を収めている。

　しかし、こうした厳しい取り締まりは、公職者に逸脱や失敗の恐れを生み出し、結果的に萎縮、形式主義、消極性といった負の影響を生み出す危険性も存在していよう。このような組織的問題の発生を客観的に示す指標を見つけることは難しいが、習近平自らが「現在、形式主義、官僚主義は党内に存在する際立った矛盾と問題である」と危機感をあらわにしていることからも、やはり組織内部に厳しい取り締まりの「副作用」が発生していることがうかがえる。

的確な貧困救済を的確な表の記入に変え、紙面上の数字で

> いわゆる貧困救済の成果を示すようにしている地方がある。仕事をだらだらやってお茶を濁したり、問題にぶつかると責任を他人になすりつけたり、矛盾・問題を回避したりして、どんなに小さなことでも上級に報告し指示を仰ぐ者がいる。それはルールを重んじているように見えるが、実は無責任な行動である（『習近平　国政運営を語る』第三巻）。

このような「副作用」をどのように克服するのだろうか。習近平は「各級の規律検査・監察機関は形式主義、官僚主義の取り締まりを際立った位置に据えて進め、典型的な事例を一律に通達し暴露しなければならない」と指示しているが、明確な犯罪行為でない以上、規律検査委員会や監察委員会が解決できる範囲は限定されており、根本的な問題の克服は難しいように思われる。汚職・腐敗の削減に一定の成果を出している現在、いかに官僚組織の活力を維持し、積極性を引き出すような仕組みを構築するかという問題は、今後の党組織健全化において最重要課題のひとつとなるだろう。

3　テクノロジーとアーキテクチャ――複雑化する社会の安定装置

（1）中共政治とテクノロジー――情報化をめぐる政治

本稿では中共が目指す「良い統治」を実現する上で重要な条件となる（1）法の支配および（2）党組織の健全化について検討してきた。最後に本節では、（3）複雑化する社会の安定化について検討してみたい。社会の安定化という問題は非常に多くの要素を孕んでおり、一節で扱うには広すぎる課題ではあるが、特にここでは近年最も大きな社会的変化を生み出しているテクノロジーとアーキテクチャの問題に絞って考えてみたい。

世界の多くの権威主義体制と同様に、習近平政権もまた情報化社会の統制を政権の死活的課題として捉えている。

> サイバーセキュリティがなければ国家に安全はなく、インターネットという難関を乗り越えることができなければ長期にわたる執政という難関を乗り越えることはできない。
>
> インターネットは諸刃の剣であり、一枚の画像、一本の動画がオムニメディアによって短時間で爆発的に拡散され、世論に大きな影響を与える、このような影響力を十分に活用できれば国や人民に幸福をもたらすが、そうでなければ想像のつかない危害をもたらしてしまう。（『習近平　国政運営を語る』第三巻）

このような談話からも、習近平政権が社会の安定において、いかにサイバーセキュリティを重要視しているのかが理解できる。そのため中共は「サイバー空間主権」という概念を打ち出し、インターネットにおけるいわば国境概念を提起している。いかにオンライン・アクティビズムを抑制し――中共側の視点からみた場合の――サイバーセキュリティを確保するかという課題に対応するなかで、中国には独自の法と境界をもったサイバー空間が生まれている。インターネットは国境を超越しているという既成概念はすでに過去のものとなっており、中国はサイバー空間におけるコントロール・モデルの代表格となっている。特に二〇一七年にサイバーセキュリティ法を施行することで、司法当局によるインターネット上への関与は急速に強まっており、人々が自由な意思表明を行うことを躊躇する抑止効果を発揮している。

歴史的にみれば、実は中国におけるサイバー空間はオンライン・アクティビズムが盛んな時期があった（以下、金野 二〇一五）。例えば一九九九年にはNATOによる前ユーゴスラヴィアの中国大使館の誤爆に関しては人民日報社によって抗議フォーラムとしてBBSが設置され、多くのコメントが寄せられた。二〇〇五年には日本の国連安全保障理事会の常任理事国入りに反対するオンライン上のキャンペーンが行われて三〇〇〇万人の署名を集めた。こうした国際問題だけでなく、国内の政治問題についても、二〇〇三年に孫志剛事件（居民身分証を持っていなかったために身柄を拘束され、収容所で死亡した事件）に対する抗議がおこり、政府は規制を変更している。二〇〇七年には厦門の住人がPX（パラキシレン）の健康への悪影響を懸念して化学工場の建設に反対し、インターネットやテキスト・メッセージを利用してデモを組織した。

増大するサイバー空間の影響力に対応するなかで、二〇〇〇年以降、中共政権はインターネット・サービス・プロバイダ（ISP）と個人利用者の双方をターゲットとしたコンテンツ規制強化に乗り出すことになる。キーワードのフィルタリングとブロックも行われるようになり、例えば「六四」や「法輪功」などは自動的にブロックされて閲覧できないアーキテクチャが構築された。ウェブサイトの運営者には定期的に禁止用語のリストを検閲のために配布するようになったのも、この頃からである。最近の事例では、二〇二二年七月一三日は劉暁波（ノーベル平和賞を受賞した中国の民主活動家）の死去から五年となったが、中国版ツイッター・微博では一三日に彼の名前の検索結果が表示されなくなっていた（『読売新聞』二〇二二年七月一四日）。

このような歴史を背景として、二〇一七年に習近平政権はサイバーセキュリティ法を施行することで、法律を通してサイバー空間への当局の関与を強化した。ネットワークプロバイダは要求されれば、公安や国家安全機関に技術的サポートを提供する必要があり、国内で収集した個人情報・データは中国国内で保存することが義務付けられた。ネット事業者は違法な内容について当局へ報告する義務を負い、サイバー空間の「違法行為」が取り締まりの対象となった。

この法律で「違法」とされる行為の範囲は曖昧かつ広範である。「国家の安全、栄誉と利益を脅かし、国家政権の転覆、社会主義制度の転覆を扇動し、国家の分裂および国家の統一の破壊を扇動し、テロリズムと過激主義を扇動し、民族の憎悪や差別を宣揚し、暴力と猥褻情報を流布し、虚偽情報を捏造、散布して経済秩序と社会秩序を乱し、個人の名誉、プライバシー、知的財産権とその他の合法的権威益を侵害するなどの活動」を取り締まる同法の影響は、中国国内を越えて外国企業にも政治的な影響を及ぼしている。

(2) アーキテクチャ――「目に見えない規制」の拡大

これまでみてきたように中共政権の情報化をめぐる政治は当初はオンライン・アクティビズムに対して、どちらかと言えば防御的な姿勢が強かった。しかし現在、むしろ注目すべきは、人々の行動を中共にとってコントロールしやすい方向に誘導するアーキテクチャの構築によって、権力者にとって好ましくないような逸脱を未然に防ぐという、より積極的な情報技術の利用が進展している点である。

中国本土においてはVPN（virtual private network）などを利用しないとGoogle、Twitter、Lineなどにアクセスできない。しかし、それらに対応する百度、微博、微信といったサービスを中国の事業者が提供しているため、結果として人々は中共が定めるルール下でのサービス利用によって――あらかじめ選択肢が限定されているアーキテクチャを通して――ソフトな規制を受けている。それらは海外や中国国内のすべてのサイトをブロックできるいわゆるグレート・ファイアーウォールや、危険と判断されたキーワードでの検索をフィルタリングしたり禁止したりする技術的手法によってなされている。

同時にサイバー空間と実社会を結びつけたアーキテクチャも構築されており、たとえばスマートフォンを通した電子決済情報、学歴、職歴、交友関係を変数として個々人の信用を数値化し、その数値によっては実生活での行為の選択肢が制限されるようなケースもある。すでに中国では全国の省・自治区・直轄市のような公的領域だけではなく、芝麻信用、騰訊征信、深圳前海征信など多数の民間企業のもつ信用情報が政府のプラットフォームに統一されている。個々人の信用度は数値化され、信用失墜者はさまざまなペナルティを課されることになるのである。

習近平は信用調査システムについて「社会全体をカバーする信用調査システムの確立を急ぐと同時に、順法・信頼褒賞メカニズムと違法・違約懲戒メカニズムを完備させ、違約する勇気がなく、違約することができないようにしなければならない」（『習近平　国政運営を語る』第二巻）と述べる。すなわち、信用調査システムとは、信用度が数値化されることで、人々が違法行為や違約行為を事前に思いとどまるような自己規制のアーキテクチャの構築を意味しているのである。また政府が収集した膨大な個人情報は、直接的な犯罪抑止や取り締まりなどにも利用されており、例えばファーウェイ（華為技術）が展開する顔認証・車体番号認証付きの監視カメラ、地理情報システム、空対地ビデオなどを利用した安全対策は膨大な個人情報と結びついたかたちで運用され、結果的に人々がルールを逸脱しないようなアーキテクチャを構築している（金野　二〇一八）。

国家を超越したサイバー空間が自由を保障するという夢はすでに消え去っており、法学者のローレンス・レッシグ（Lawrence Lessig）の警告――「サイバー空間は放っておけば、絶対に自らの自由の約束を果たすことはできない。放っておけば、サイバー空間はコントロールの完璧な道具になり果てるだろう」という指摘は今日において切実な響きをもっている。我々は自らの現実世界で規制している法律などについては憲法や法令などの「法的コード」を通して知ることができるが、サイバー空間を規制・制御している法律――コード――を認識することは難しい（レッシグ 二〇〇四）。

図1　人々の行為を規制する要素

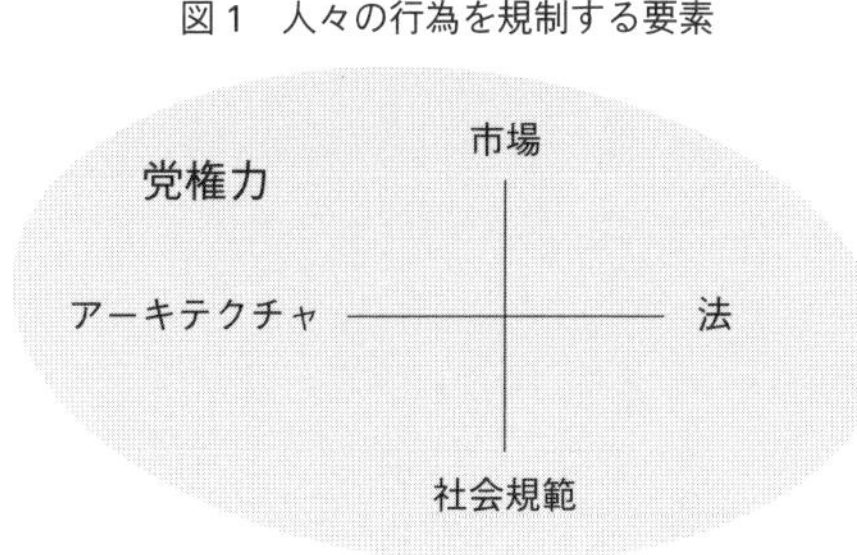

（出所）レッシグ（2004）、158 頁を参照して筆者作成。

現在、中共は実質的な法規制を通してインターネットのサービスを提供するプラットフォーマーを飼い慣らすことで、コードの支配者となろうとしているように思われる。先に指摘したように中国のアプリケーション空間はクローズドなコードによって支配されており、中共政権は実世界における法律を通して巨大IT企業へのフォーマルな規制を行うと同時に、公安系統などを通したフォーマル／インフォーマルな「脅し」によって企業運営者へのプレッシャーを増大させることで、党への「忠誠」を確保しようとしているように思われる。

レッシグ（二〇〇四）は人々の行動を制約する条件として市場、法、社会の規範、アーキテクチャの四つを挙げ、それらは相互に作用しあっていることを指摘した。わかりやすい事例として挙げられているのが喫煙に対する制約である。たとえば一八歳未満の相手にはタバコは販売できない。これは法的制約である。非喫煙者と同席している場合、飲食店などで喫煙するのは憚られる。これは社会規範の制約である。タバコの値段が上がれば喫煙可能性は制約される。これは市場による制約である。そして匂いの強いタバコは吸える場所が制約され、無煙タバコは吸える場所が増えるというように、タバコのあり方が喫煙の制約条件を左右する。これがアーキテクチャである。

図1に示したように、中共政権はこうした制約条件すべてに対するコントロールを強化しようとしているようにみえる。法、社会規範、アーキテクチャについてはすでに検証した通りであるが、市場に関する近年の動きとしては、二〇二二年六月二四日、全国人民代表大会の常務委員会は独占禁止法改正案を可決し、この改正では巨大IT企業に対する規制強化が主要な柱のひとつとなった。かつてはGoogleなど海外IT企業の排斥を行ってきた共産党であったが、この改正ではアリババ集団やテンセントなどの自国企業の締め付けが強化されている。すでに二〇一八年から、習近平は「インターネットの総合的な管理能力を高め、党委員会が指導し、政府が管理し、企業が職責

を履行し、社会が監督し、インターネット利用者が自制するなど、多くの主体が参与し、経済、法律、技術などの多様な手段が互いに結びついた総合的なインターネット管理の枠組みをつくり上げなければならない」（『習近平　国政運営を語る』第三巻）と述べて、プラットフォームに対する中共の支配欲を明確にしていたが、巨大化したIT企業への規制は今後より本格化してくるだろう。

(3) 毛沢東主義との融合——「サイバー大衆路線」の模索

全体的にみれば、中共政権は情報革命を経て急速に複雑化する社会の安定化に成功してきたといえる。特に治安面の成果は顕著で、最高人民法院の二〇二〇年の報告によると、一審における重大暴力犯罪の件数は二〇〇九年には一〇万九六八一件だったものが、二〇一九年には四万九三三二件まで激減している。図2をみると、本稿で概観してきた法規制の整備に伴って重大犯罪が着実に減少したことが理解できる。法による罰則の強化、情報技術を通した信用情報などの個人情報管理、さらに顔認証付き監視カメラのように個々の住民データを利用した監視網の整備は、ルールを遵守する「良い子」であることのインセンティブを高め、それが犯罪数の減少傾向に寄与している側面は否定できない。

しかし「飼い慣らされ安定した社会」の実現は、本稿第二節でみたような、厳しい統制が党組織内に生んだ「副作用」と同類の問題を浮かび上がらせているように思われる。それは社会的活力の低下である。若者（一六～二四歳）の失業率が一六パーセント（二〇二二年）にまでなるなかで「寝そべり主義」といった若者の「無気力」が話題となっている中国だが（『読売新聞』二〇二二年四月一九日）、そもそも社会の統制と活力のバランスは毛沢東時代からの中共の政治課題であった。この課題の解決策として毛沢東時代から強調されたのが、いわゆる大衆路線である。政治学者の徳田教之が指摘するように、大衆路線とは「党の権威主義的指導性と大衆の主体性を均衡的に最大限に発揮させる」ための政治技術だった。この大衆路線の下、中国ではあらゆる政治運動で大衆が動員され、住民は政治への主体的関与が求められた。この大衆路線は常に中共と民衆間に複雑な「共犯関係」を築き、結果としてみれば政策の失敗の責任が共産党だけに集中する事態を避け、政権転覆の危険性を減少させてきた。

現在、人々の振る舞いをコントロールするアーキテクチャの構築は、政治への積極的関与を促す大衆路線の放棄へとつながるのだろうか。この点に関する習近平政権の答えは明確である。二〇一三年一二月二六日の講話で、習は「毛沢東思想の決定的要素」のひとつとして大衆路線を挙げ、「大衆路線は我が党の生命線かつ根本的な工作路線であり、我が党が若々しい活力と戦闘力を長く保つための重要な遺産」とし、「党の前途命運」を決定付ける要素としている（『習近平　談治国理政』）。

党の大衆路線を徹底させ、人民のためのソーシャル・ガバ

図２　一審の重大暴力犯罪件数

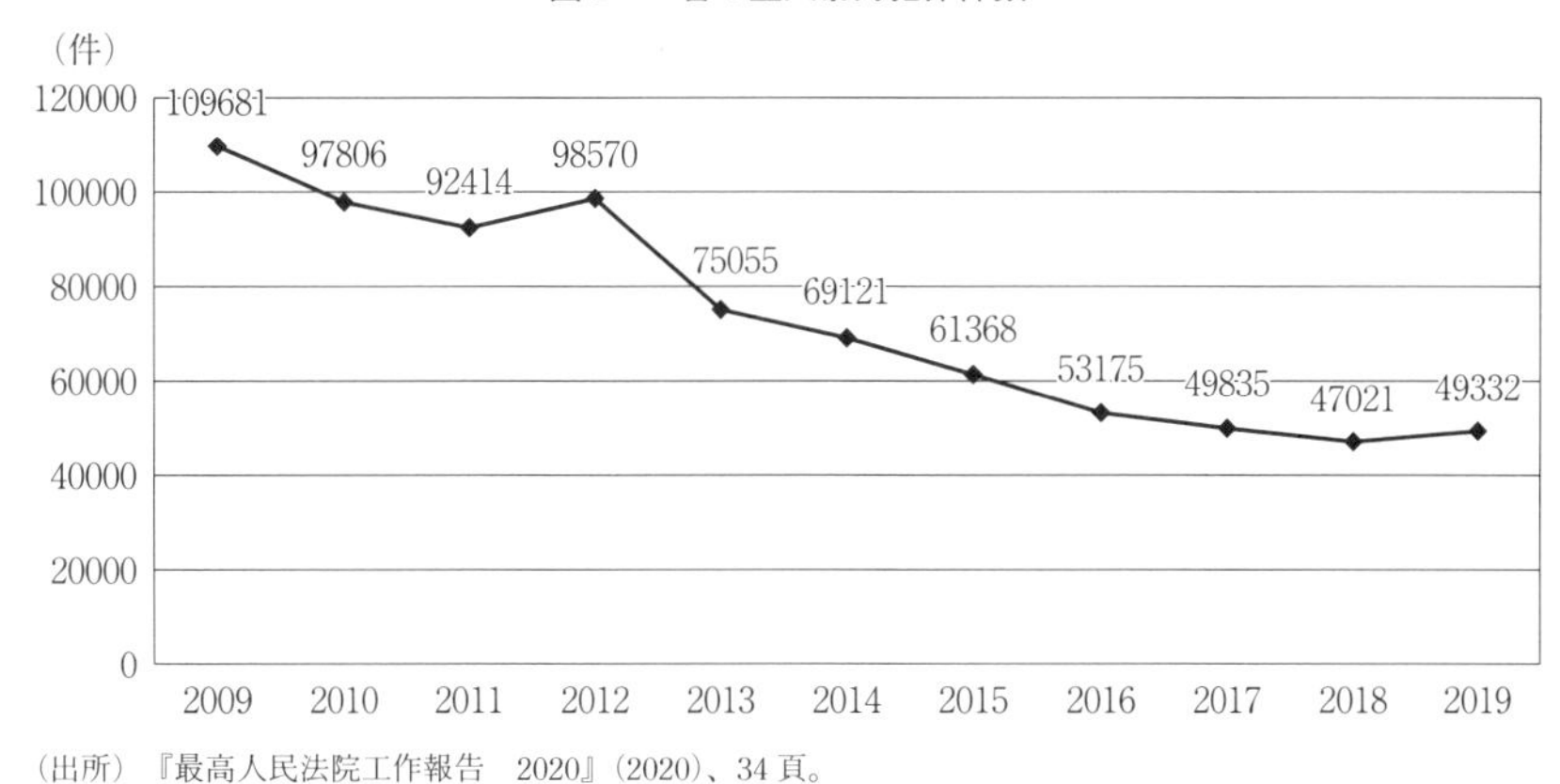

（出所）『最高人民法院工作報告　2020』（2020）、34 頁。

ナンスを堅持し、党の優れた伝統と新技術、新たな方法をうまく結びつけ、大衆を組織し大衆を動員する仕組みを革新し、人民のために利益を図り、人民のために働き、人民のために心配事を解消する仕組みを革新し、大衆の聡明さと才知をソーシャル・ガバナンス革新の無尽蔵の源泉にしなければならない。（『習近平　国政運営を語る』第三巻）

一党独裁国家の中国では選挙による政権交代は不可能であり、民衆の声を代弁したり不正を告発したりする自由な批判的メディアによるチェック機能も存在しない。そのため民衆の要望や意見を汲み上げ、効果的なソーシャル・ガバナンスを行うには党と民衆とが直接的に意思疎通する回路がどうしても必要となる。新しい情報化時代を迎えた現在、習近平政権はインターネットにその回路を見出そうとしている。法治青書ではそれを「新方式」の大衆路線の「サイバー大衆路線」と表現している（中国社会科学院法学研究所 二〇二〇）。

二〇二二年六月二六日の新華社は、習近平が「新形勢下の大衆路線」としてインターネットなどの各種ルートを通して第二〇回党大会に関する民衆の意見を汲み上げることを指示し、それを受けて人民日報社や新華社などの公的サイトには期間限定の特別コーナーが設けられ、二〇二二年四月一五日から五月一六日の間にネットユーザーから総計八五四万二〇〇〇の建言が寄せられたことを報じている（「習近平就研究吸収網民対党的二十大相関工作意見建議作出重要指示」二〇二二年六月二六日）。この活動期間中、主要都市の各地には「為党的二十大建言献策（共産党第二〇回党大会のための建言・献策）」ポスターが貼り出され、そのQRコードを読み取ればすぐに意見を書き込むことができるようになった。中国政府の公式メディアである「人民網」では、その試みを「非常に素晴らしい政治協商と民主監督の形式」とし、「新時代のサイバー大衆路線をしっかりと歩んでいる」（支振鋒・中国社会科学院法学研究所研究員）や「人民民主の生き生きとした実践であり、インターネット時代の新たな要請に合致している」（辛鳴・中共中央党校国家行政学院教授）といった声を紹介している（「党的二十大相関工作開展網絡征求意見　社会各界献智献力」二〇二二年五月一八日）。

情報化が進む「新時代」に対応して習近平政権が進もうとしている大衆路線は、末端党員と各居住区の住民とがフェイス・トゥ・フェイスで深く関わった毛沢東時代の政治コミュニケーションとは大きく異なっている。このような「顔の見えない大衆路線」への変化は果たして民衆の政治への主体的関わりを生み出すのだろうか。その試みは現在始まったばかりであり、未だ先は見通せない。今言えるのは、かつての「顔の見える大衆路線」は終わりを告げ、中共政権による「アルゴリズムの制御」（『習近平　国政運営を語る』第三巻）の下、党の指導性と民衆の主体性を均衡させる試みは、かつての基層の実社会からサイバー空間へと場所を変えて展開していくということである。

おわりに――今後の展望

本稿では、国家が貧困を削減し、経済発展を続け、安定したソーシャル・ガバナンスを維持するために必要となるであろう三つの要素――法の支配、党組織の健全化、複雑な社会の安定化――に焦点を絞って近年の動向を検証してきた。その絶対的権力によって盤石にみえる中共政治ではあるが、実際には時局の問題に対応し、さまざまな試みを繰り返しながら中共政権は時代に適応しようと苦闘しており、絶対的権力と無力な民衆というステレオタイプな独裁国家イメージでは語れないダイナミズムが中国には存在している。

国家の継続的発展のためには、党の絶対的指導力は確保しながらも、法の支配を確立し、党を健全化し、公職者の汚職・腐敗を削減し、社会の安定を維持しなければならない。しかし、厳しく監督されれば党組織は萎縮して消極的になり、形式主義的な風潮が蔓延りかねない。ソーシャル・ガバナンスにおいても同様の問題を抱えている。住民を「権力によって飼い慣らされた良い子」にするようなアーキテクチャの構築は結果として逸脱行為の急速な減少を生み出すが、管理されればされるほど民衆と政治との距離は拡大する。結果として生じる社会からのインプット量の減少は、中共による社会的ニーズの把握を困難にして、長期的にみて統治に対する不満を生み出す危険性も存在している。

また本稿では紙幅の関係で論じなかったが、人口問題も今後の中共の「まずまずな統治」——*good enough governance*——の実現と維持において、極めて重要な意味を持つであろう。最近の国連の発表によると、二〇二一年は人口に占める六五歳以上の割合が一四・二パーセントと過去最大となる一方、総人口は前年比四八万人増にとどまった。このような生産や消費を支える若年層の減少は発展を阻害し、「まずまずの統治」の実現と維持を難しくしかねない要素である。すでに二〇二一年の社会保障費は約六〇兆円と、この一〇年で二・七倍に膨れ上がっている（『読売新聞』二〇二二年七月一八日）。

噴出する多様な問題を克服し、長期的に政権を維持するためには、権力者が上から人々を服従させるだけでは不十分なのは明白である。公職者集団は政策課題の克服のために積極的姿勢で臨む必要があり、住民にも政治への主体的関与を促し、社会問題解決のための協力関係を築く必要がある。すなわち中共が今後「まずまずな統治」を実現させる鍵は、歴史的激動下で中共の生命力を生み出してきた政治的遺産——大衆路線——をどのようにアップデートしていくかという点にあるように思われるのである。もちろん、先にみたインターネット上での「建言献策」だけで「新形勢下の大衆路線」とするのは不十分だと思われる。中共が新たな時局の変化に対応しながら、いかにしてその権威主義的指導性と人々の主体的積極性を均衡的に発展させるような制度設計を行うのか、それが今後の統治の質を左右することになるだろう。

参考文献

岡村志嘉子「中国の新たな国家監察体制——中華人民共和国監察法」『外国の立法』No.二七八、二〇一八年一二月（ウェブサイト版　最終閲覧日：二〇二二年七月二六日）。

木村宏恒・近藤久洋・金丸裕志編『開発政治学入門——途上国開発戦略におけるガバナンス』勁草書房、二〇一一年。

金野純「第一〇章　社会の統制」高橋伸夫編著『現代中国政治研究ハンドブック』慶應義塾大学出版会、二〇一五年。

金野純「中国型社会統制システムの進化と影響——法とアーキテクチャによる支配を中心に」『国際問題』No.六七三、日本国際問題研究所、二〇一八年七・八月。

林望『習近平の中国——百年の夢と現実』岩波新書、二〇一七年。

「共同富裕の現場から　下」『読売新聞』二〇二二年四月一九日。

「香港民主派デモ行えず　国安法二年　計一九六人逮捕」『読売新聞』二〇二二年七月一日。

「劉暁波氏の追悼　警戒」『読売新聞』二〇二二年七月一四日。

「中国　人口減に危機感」『読売新聞』二〇二二年七月一八日。

ローレンス・レッシグ（山形浩生・柏木亮二訳）『CODE——インターネットの合法・違法・プライバシー』翔泳社、二〇〇一年。

「党的二十大相関工作開展網絡征求意見　社会各界献智献力」（二〇二二年五月一八日）『人民網（Web）』（最終閲覧日：二〇二二年七月二六日）。

「胡錦濤在中国共産党第十七次全国代表大会上的報告」『中国共産党歴次全国代表大会数據庫』中国共産党新聞ウェブサイト（最終閲覧日：二〇二二年七月三一日）。

「江沢民在中国共産党第一五次全国代表大会上的報告」中華人民共和国中央人民政府ウェブサイト（最終閲覧日：二〇二二年七月三一日）。

「江沢民：在中国共産党第十六次全国代表大会上的報告」復旦大学党委党学校ウェブサイト（最終閲覧日：二〇二二年七月三一日）。

劉徳有（二〇二〇年九月二八日）「中国の目指す『小康社会』とは？」人民中国ウェブサイト（最終閲覧日：二〇二二年七月一七日）。

『習近平　談治国理政』北京・外文出版社、二〇一四年。

『習近平　国政運営を語る』第二巻、北京・外文出版社、二〇一八年。

『習近平　国政運営を語る』第三巻、北京・外文出版社、二〇二一年。

『最高人民法院工作報告　二〇二〇』北京・法律出版社、二〇二〇年。

「習近平就研究吸収網民対党的二十大相関工作意見建議作出重要指示」（二〇二二年六月二六日）中華人民共和国中央人民政府ウェブサイト（最終閲覧日：二〇二二年七月二六日）。

中国社会科学院法学研究所『法治藍皮書　中国法治発展報告No.一八（二〇二〇）』北京・社会科学文献出版社、二〇二〇年。

Grindle, M. S.（2004）, "Good Enough Governance: Poverty Reduction and Reform in Developing Countries," *Governance*, 17(4).

6 「中華民族の父」を目指す習近平、あるいは「第二のブレジネフ」か「第二のプーチン」か
——権力、理念、リーダーシップ、将来動向

鈴木　隆

（すずき　たかし）
大東文化大学東洋研究所教授
専門は政治学、中国政治
著書に『アジアの平和とガバナンス』（共著、有信堂高文社）、『ようこそ中華世界へ』（共著、昭和堂）などがある。

はじめに

本稿では、権力、理念、リーダーシップの三つの視角から、中華人民共和国（以下、中国）の最高指導者である習近平の政治家像を総合的に考察する。またこれを通じて、本年（二〇二二年）一〇月に開催予定の中国共産党第二〇回全国代表大会（以下、二〇回党大会の形式で略記）を契機とする、今後の政治発展の方向性を検討する。

二〇二二年二月のロシアによるウクライナ侵攻は、「プーチンの戦争」とも呼ばれている。これは、戦争の意思決定に対するプーチン大統領の影響力の大きさを示した言葉であり、中国やロシアなどの非民主主義国のリーダーに対する人物研究の重要性を、改めて痛感させるものであった。

周知のように中国では、二〇一二年に最高指導者となった習近平が、現在（二〇二二年九月の本稿執筆時点）まで約一〇年の在位の間に、自身への権力集中に努め、強大な権力を獲得した。通説的理解でも、習近平の権力と権威は、依然として、毛沢東や鄧小平のような制度や組織を超越した独裁者、亜独裁者には及ばないものの、近年の中国の政治空間で、習の個人支配の傾向が着実に強まっていることが指摘されている（Shark 2018）。

だが、習近平の独裁化を主張する多くの研究は、集権の過程や方法、達成の度合いに着目する一方、権力強化をめぐる習自身の志向や選好、個人集権の自己目的化の特徴、政治社会との関係性における権威とリーダーシップの態様、及び、これらを手がかりとした中国政治の将来展望など、関係するいくつかの重要な論点について、十分に掘り下げた分析を行っていない。その主因は、自覚しているか否かにかかわらず、筆者を含む観

察者の多くが、毛沢東や鄧小平のリーダーシップや事績との類比に基づき、習近平による政権運営の討究に努める一方、肝心の習近平の政治思想と政治行動に関する理解が不足しているためである。

研究史上のこうした難点に鑑み、本稿では、筆者による近年の研究成果をまとめた中間総括として、習近平個人に焦点を当てて、中国政治の特質と課題を考察する。その際、既存の研究ではほとんど使用されてこなかった「内部発行」（一定ランク以上の幹部を配布対象とする限定公開の文献）の資料集に収められた習近平の発言も紹介する。これにより先行研究で曖昧にされてきた、あるいは、巷間でいわれているが資料的裏づけに乏しかった、習近平という指導者の政治的輪郭をより明瞭に描き出すことができるであろう。

議論の流れは次のとおりである。まず第一節で、習近平の個人集権の過程と方法的特徴を改めて吟味する。次いで第二節で、「中華民族の偉大な復興」の根本目標をめぐる習の認識を、第三節で、社会との関係性からみた指導スタイルの変化をそれぞれ分析する。(1) 第四節では、二〇回党大会を経て決定される指導部人事を中心に、中国政治の将来見通しを素描する。最後に、それまでの叙述を踏まえて、中長期的観点から習近平個人と支配体制の政治リスクに言及する。

1　制度による集権、集権によるシステムの変革

(1) 集権化の過程と第三期政権の可能性

二〇一二年の一八回党大会を経て、党総書記、国家主席、中央軍事委員会主席に就任した習近平は、第一期政権の発足直後から、反腐敗キャンペーンや各種の機構改革などを通じて、権限と権力の強化に努めた。二〇一六年一〇月の中国共産党第一八期中央委員会第六回全体会議（一八期六中全会の形式で略記）では、前任の胡錦濤が使用をやめた「核心」の指導者呼称を復活させ、毛沢東、鄧小平、江沢民と同格の公的権威を獲得した。「核心」の政治的地位には、政治局常務委員会会議での最終的な決定権限も与えられるという（胡・楊 二〇一七）。

また、第二期政権が始動した二〇一七年一〇月の一九回党大会では、「毛沢東思想」や「鄧小平理論」とともに、「新時代の中国の特色ある社会主義に関する習近平の思想」が、党の「指導思想」に付け加えられた。江沢民と胡錦濤による正統イデオロギーの形式的脱人格化（「三つの代表」、「科学的発展」）の流れが覆された。二〇一八年三月の全国人民代表大会では憲法が修正され、三〇年以上の長きにわたって維持されてきた、国家主席の連任制限（二期一〇年）が撤廃された。これは、終身の党主席として絶大な権力を振るった毛沢東のような個人独裁の復活を防ぐため、鄧小平の主導のもと、一九八二年制定の現行憲法で初めて規定されたものであった。

さらに、二〇二一年一一月の一九期六中全会では、実に四〇

年ぶりに、党創設以来一〇〇年間の歴史において三回目となる通称「歴史決議」が発表された。党史に関する決議の採択を通じ、自身の指導権の強化と「歴史の上書き」による新たな政治的時代の幕開けを宣明するやり方は、毛沢東と鄧小平がそれぞれ主導して作成された過去二回の歴史決議の前例に倣ったものである。

以上の経過を経て、少なくとも公開資料による限り、現在では、習近平の指導権に挑戦しうる競争相手や派閥集団は、党内にはもはや存在しない。むろん、当局の推進する種々の政策に対し、一般市民や既得権益層から不満や批判が間歇的に噴出することはありえよう。だが、指導部内の権力闘争に結びつかないそうした漠然とした政治的雰囲気や個別集団の利害表出は、政策の軌道修正や実行のテンポ、個別の指導者人事をめぐる部分的譲歩を勝ち取ることはできても、習近平の最高指導者の地位を脅かすには至らないだろう。

同時に、江沢民や胡錦濤の時代に形作られた、指導部内の集団指導体制と二期一〇年の指導者交代の慣例は、事実上無効化された。それゆえ、党総書記と国家主席の任期が満了する二〇二二～二三年以降も、習近平が最高指導者の地位にとどまり続ける可能性は高い。習の政権三期目続投にとって、残された主な制度的ハードルは、党大会開催時の年齢が六八歳に達した人物の公職引退の慣行くらいである（習近平は一九五三年六月生まれ、二〇二二年で満六九歳）。

（2）権力集中の客観的要請と習近平の主観的危機意識

習近平が自らの権力強化に邁進し、かつ、それを可能にした主因として、二〇一二年の一八回党大会前後の時期における二つの政治状況が指摘できる。

一つは、習近平自身を含む統治エリートの間で、胡錦濤時代の「行きすぎた」集団指導体制の是正、指導者集権への一定の問題意識の共有があった。二〇〇二～一二年までの胡錦濤の施政に対し、同政権の末期には、「失われた一〇年」との失望の声が高まった（柯 二〇一二）。批判の焦点は、総書記である胡を除く他の政治局常務委員が、各々の所管する政策分野の実質的な決定権を掌握し、また、関係する利益集団の意向を重視した結果、胡錦濤が十分な指導力を発揮できず、政治的停滞を招いたことにあった。腐敗撲滅、格差是正、環境保護など、政治・経済・社会の重要課題に対応すべく、後任の習近平には、必要な政策刷新と果断な取り組みが期待された。習近平自身も、国家副主席であった二〇一一年頃には、集団指導体制のあり方を変更する必要性を、バイデン米副大統領（当時）ら外国政府要人にも語っていた（『朝日新聞』二〇二二年六月六日）。

いま一つは、胡錦濤から習近平への政権移行に伴う政治的混乱、具体的には、指導部人事をめぐる権力闘争とそれに起因する党内秩序の紊乱である。詳細は依然不明だが、薄熙来や周永康など、胡錦濤指導部の一部の政治局委員や同常務委員による「習近平おろし」の動きもあったとされる（中澤 二〇一五）。混乱収拾の過程では、薄と周をはじめ、令計画、徐才厚、郭伯雄など、党や軍の要職経験者が多数失脚した。この時の政治的トラウマが、習近平自身の集権への意欲を高めたことは間違いない。同時に、機能不全に陥った党内ガバナンスの早急かつ本格的な立て直しの必要が、かつてない規模での汚職撲滅と綱紀粛正の遂行を正当化した。

(3) 個人集権の特徴
――肩書と明文規定への執着、サブリーダーの心理的統制の制度化

習近平による個人集権の制度的措置には、三つの基本的特徴が見出せる。

第一に、最高指導者としての権力と権威の強化を企図するに際し、習近平は、明らかに毛沢東と鄧小平を引照基準として、その模倣や修正を実行している。個人名を冠した正統イデオロギーの属人化や「核心」の政治称号の復活、国家主席の連任制限の廃止、「歴史決議」の採択などはその典型である。

またこれに関連して、今日までの政治的布石をみれば、毛沢東が就いていた党主席のポストを、習近平が適当な時期に復活させ、自らそれに就任する可能性は十分にありうる。加えて、現在なお半公式的使用にとどまる習近平への「領袖」呼称の適用を正式に承認し、「偉大な領袖」と呼ばれた毛沢東と同等の、そして「核心」であった鄧小平よりも一段高い、国家の最高統率者としての権力と権威を誇示する(2)。

だがその結果、①指導部内の集団指導体制が名実ともに消滅し、最高指導者による個人独裁の危険性が高まる、②「習近平の新時代」の政権スローガンのもと、権力政治の実態としては毛沢東時代への部分的な先祖返り、すなわち、旧時代への政治的退行がもたらされることも合理的な予測の範囲内であろう。

第二の特徴は、肩書と明文規定への執着である。習近平の権力と権威は、確かに現役指導層のなかでは比類ないものに高められた。だがそれは、総書記就任以来の一〇年間に及ぶ地位・権限・時間の累積の結果であり、内戦や対外戦争での勝利（毛沢東）、社会経済の近代化の飛躍的発展（鄧小平）といった、社会全体の総意を得られるような政治的功績に基づくものではない。習近平は依然、カリスマなき強権指導者にすぎず、それゆえ、多数の組織的肩書の蒐集と、規則や権限、形式的権威の明文化に強くこだわる。

前者について、習近平は、党総書記、国家主席、中央軍事委員会主席のほかにも、中央全面深化改革委員会、中央国家安全委員会、中央財経委員会、中央外事工作委員会など、特定の政策分野を統括する多くの特設機関のトップを兼任している。後者の例として、習は自ら提案して、「中央軍事委員会主席責任制」の言葉を同委員会の業務規則に明記させ、権限の拡充を図った（習 二〇一九）。二〇一七年の一九回党大会で、改正された党規約のなかに、同じ語が初めて記されたのも、習の意思に拠るとみられる。

第三に、習近平の権力強化は、時間の推移とともに、改革断行の手段という当初の意義を離れて、集権の自己目的化の性質が強まった。その証左の一つは、党中央政治局委員（同常務委

員を含む）に対し、習個人への忠誠と被威圧の心理を醸成する仕組みが整えられたことである。例えば二〇一五年以降、年末開催が定例化された中央政治局の「民主生活会」では、参加者は、事前に作成した発言資料に基づき、批判と自己批判を交えつつ、その年の担当業務の総括や総書記への支持を口頭で表明する。二〇一七年一〇月に下達された「党中央〔＝この文脈では習近平の別称〕の集中統一指導を強化・維持することに関する若干の規定」では、同じく政治局のメンバーに対し、「習近平総書記の核心としての地位」の擁護を含む、各種活動の自己点検の報告書を、総書記に毎年提出することを義務づけた。[3]

2 「中華民族の偉大な復興」をめぐる習近平の政治的思惟

(1) 政治認識の基本的特徴

習近平の政治的見解を検討するに際し、その前提として、習本人を含む、彼と同世代（五〇歳代後半～七〇歳代前半）の中国の指導者に共通する政治的思考の特徴を確認しておきたい。

第一は、「中長期的な政治的時間感覚」である。具体的には、五年、一〇年、二〇年先を構想する五カ年計画的発想であり、これは幹部自身のキャリア形成のプランニングにも該当する。二〇二一年三月に採択された「第一四次五カ年計画と二〇三五年長期目標」や、各級の党・人民代表大会が五年に一度開催されるように、現在の中国では、経済社会政策の進捗も、政争と官僚人事のサイクルも、五年を一つの時間的区切りとして展開される。史上最も成功したとされる第一次五カ年計画は、習近平の生まれた一九五三年に始まったのであり、習らの世代の人々は、まさしく五カ年計画とともに成長した。このような長期の制度的慣行に支えられているがゆえに、五カ年計画的発想は、幹部たちの政治認識の基底部分を構成している。

第二は、「政治的作為性と政治的意志への独特な力感覚」である。これは、歴史発展と自然改造に対する共産主義者（ボルシェビズム）の本来的性向であり、習近平をはじめ、毛沢東時代を経験した者にとっては、「主観的能動性」と称する社会主義的滅私奉公精神への馴染みもあった。なにより重要なのは、彼・彼女らが末端レベルの職業政治家として、政治の世界に本格的に脚を踏み入れた一九八〇年代以降、改革開放の近代化政策にひたすら注力し、その巨大な社会変動を直接に体験したことである。この点、習近平は、一五～二〇年程度で現実世界は大きく変わり、また、変えうるという実感と自負をもっている。

第三は、「国家と個人が部分的に合一化したアイデンティティ感覚」である。文革や改革開放に代表されるように、習近平と同世代の有力政治家は、国家と個人の歴史記憶において、禍福の物語の多くの部分を共有している。特に、習近平を筆頭とする「紅二代」集団は、革命元勲である父親の習仲勲をはじめ、党や軍の先輩指導者が新国家を手ずから作り上げていくさまを、幼少期から間近で目撃してきた。習らにとって、共産党の一党支配を正当化する階級支配の基本的な性質を指す中国語の「国体」は、文字どおり、身体的感覚を伴った強さを備えている。

(2) 支配の要諦と追求すべき国家目標

筆者のみるところ、中国という大国を支配するにあたり、習近平は、毛沢東や鄧小平など歴代指導者のほかに、氏名不詳の「ある老指導者」の遺訓(?)を忠実に守っている(以下の引用文の出典はすべて、中共中央文献研究室編 二〇一六;中央軍委政治工作部編 二〇一七;中共中央党史和文献研究院・中央〝不忘初心、牢記使命〟主題教育領導小組弁公室編 二〇一九)。

ある老指導者は、かつて私に次のように述べた。我々の執政の同志は、三つの事柄を終始心にとどめておくべきだ。すなわち、五〇〇〇年の優秀な文化を捨て去ってはならない。先達が確立した正しい政治制度(=共産党の支配体制)を破壊してはならない。先祖が残してきた地盤(中国語原文も地盤)を小さくしてはならない。確かにこれらは、理解すべき点である。(二〇一二年一二月、中央軍事委員会拡大会議での発言)

これを要するに、習近平は、①数千年の長きにわたる「中華」の歴史と文化への自尊心、及び、これを基礎とする被治者のナショナリズムの動員、②一党支配を中核とする既存の政治体制の維持、③清朝の領域版図を念頭に置いた国土の統一と領土の「失地回復」を、自らの支配の要諦と見定めている。

また、国家統治に関するより具体的な主張のうち、中核に位置する三本の柱は、国家目標である「中華民族の偉大な復興」の実現、民主化運動による体制転換の阻止、領土拡大と海洋進出の積極化の三つである。

まず、習近平は、建国一〇〇周年の二〇四九年までに、中国が米国に代わって覇権国になるという目標を本気で追求している。以下に挙げた二〇一八年一月の演説で、習近平は、党中央委員らを前に、毛沢東と鄧小平の言葉を借りながら、「世界最大の社会主義国家」の中国が、「世界最強の資本主義国家」の米国に追いつき追い越し、これにより、資本主義に対する社会主義の優位性を世界に示すという壮大な目標を、改めて心に刻む必要を力説した。管見の限り、「中華民族の偉大な復興」の中身について、習自身の口からこれほど赤裸々に語られた例を、筆者はほかに知らない。やや長いが引用する。なお引用文中、典拠となった毛沢東の元々の文章には、「もしそうでなかったら」の前に、「米国を追い抜くことは可能であるだけでなく、完全に必要なことであり、完全にそうすべきだ」との一文があることも付記しておく(中共中央文献研究室編 一九九九)。

私は、一九回党大会の政治報告の冒頭、報告の趣旨として、初心を忘れず、使命を銘記することを強調した。(中略)その目的は、中国共産党が何であり、何をなすべきかという根本の問題を忘れてはならず、日々複雑化する闘争の中で自己を見失い、方向に迷ってはならないということを、全党に向けて注意することにあった。この場では私は、皆に数篇の文章を読み上げたい。（中略）三番目の言葉は、一九五六年八月、八回党大会予備会議の第一回会議における毛沢東同志の発言である。「我々は、党の内外、国の内外の団結可能なすべての力を団結させる。目的はなにか？ 偉大な社会主義国家を作り上げるためだ」。このことは、「過去一〇〇年余りの落後した状況、他人に見下された状況、不運でひどい状況を完全に変えるだろう。のみならず、世界最強の資本主義国家、すなわち、米国に追いつくだろう」。「もしそうでなかったら、我々中華民族は全世界の各民族に申し訳が立たないし、人類への貢献も小さいものになってしまう」〔ここまで毛沢東の言葉の紹介〕。

四番目は、鄧小平同志の言葉である。「我々中国は、今世紀末の二〇年と次世紀の五〇年の計七〇年の時間を用いて、社会主義が資本主義より優れていることを世界に証明すべく努力する。我々は、生産力と科学技術の発展の実践を通じ、精神文明と物質文明の向上の実践を通じ、社会主義の制度が資本主義の制度より優れていることを証明し、そうすることで、資本主義の先進国家の人民をして、社会主義のほうが資本主義に比べて確かに良いものだと認識させるのだ」〔ここまで鄧小平の言葉の紹介〕。（中略）わが国は、世界最大の社会主義国家であり、わが国が社会主義現代化強国を作り上げたまさにそのとき、資本主義の道ではなく社会主義の道を歩み、それに成功して現代化強国を作り上げた初めての国となったまさにそのとき、わが党が人民を指導して中国で行っている偉大な社会革命は、その歴史的意義をいっそう明確に示すであろう。（二〇一八年一月、新規選出の中央委員と同候補委員、及び閣僚級の幹部が参加した、一九回党大会の成果学習会議での発言）

この発言のおよそ二カ月後、習は、目標実現に向けた自身の意気込みを示すかのように、憲法の規定を改め、国家主席の連任制限を廃止したのである。

次に、そうした国家目標を達成するうえで、方法的意義をもつ二つの重点課題として、内政では、「和平演変」と呼ばれる平和的体制転換や諸外国で発生したカラー革命の再現防止が、外交・安全保障では、台湾併合や東・南シナ海島嶼部での「失地回復」とそれに付随した海洋権益獲得の推進が、それぞれ挙げられる。

前者について、欧米諸国や日本などの「西側諸国」に対し、習近平は、抜きがたい不信感を抱いている。習によれば、イデオロギーと政治体制の相違により、中国と「西側」の対立は、一種の宿命的な性格を帯びている。米国を筆頭とするこれらの国々は、中国の発展の妨害と支配体制の転覆を虎視眈々と狙っている。その最有力手段こそ、中国の市民や兵士を対象とする自由民主主義の思想浸透とこれを通じた欧米を範とする体制転換、ひいては国家の解体である。二〇一四年に香港で発生した「雨傘運動」と呼ばれる大規模な民主化デモは、まさしくそうした奸計の表れではなかったか。

社会制度やイデオロギーなどの面で、我々と西側の国家は完全に異なっている。このことは、我々と西側の国との闘争と勝負が調和できないことを決定づけており、したがって、その闘争は必ずや長期的で複雑、時には非常に激しいものになるのだ。（中略）我々が発展し強盛になるほど、彼らはいよいよ焦りを深め、わが国への西洋化・分裂戦略の度合いもますます強まる。彼らの目的は、わが党の指導〔＝共産党の支配体制〕を破壊し、わが国の社会主義制度を転覆することだ。当然にも我々は、西側の国との国家関係を発展させ、経済技術の交流協力を強化し、わが国の発展のため、最良の条件を得るのに益するようにすべきだ。だが同時に、彼らの心の奥底にある政治的陰謀を（中略）決して甘く見てはならず、いかなる幻想も決して抱いてはならない。（二〇一二年一二月、中央軍事委員会拡大会議での発言）

現在、イデオロギー分野の闘争は極めて厳しい。西側の敵対勢力は、我々への「和平演変」、「カラー革命」の実行を今まさに強化しており、あらゆる方策を尽くして、わが軍を党旗の下から離脱させようと願っている。近年、西側の国々は、一部の国と地域でいわゆる「バラ革命」、「オレンジ革命」、「ジャスミン革命」、「アラブの春」などを実行し、すべて成功して、得意満面でいい気になっている！彼らが最もやりたいのは、中国でなんらかの事を起こすことであり、それゆえ、わが国への西洋化・分裂の政治戦略を陰に陽に強めている。この方面の勝負は、武器を用いず、硝煙もみえないが、しかし実際には、生きるか死ぬかの闘争なのだ。（二〇一三年七月、中央軍事委員会民主生活会での発言）

香港で最近発生した事態は、「オキュパイ・セントラル」の違法な活動をはじめ、表面的には、反対派とそれに扇動された一部の学生、市民が行動している。だがその背後では、西側の国が介入し、香港というこの場所を利用して、我々に「カラー革命」を試しにやってみようと考えているのだ。（二〇一四年一〇月、一八期四中全会第二回全体会議での発言）

後者に関し、習近平は、領土・海洋の紛争解決において、軍隊と軍事力の果たす役割の大きさを十分に認識している。その「主戦場」はむろん、東シナ海と南シナ海である。歴史問題と尖閣諸島領有をめぐる日本との対立では、習は、東シナ海での防空識別圏の設定（二〇一三年一一月）や海・空の監視活動の常態化などを、自らの施政の政治的功績と捉えている。二〇一四年後半期から本格化した、南シナ海での人工島建設も同様である。

私には長い間、考え続けている問題がある。世界においてわが国は、いまだ完全な統一を実現していない大国であり、周辺の多くの国との間に領土主権と海洋権益の争いを抱える大国でもある。（中略）祖国の完全統一を実現する問題であれ、わが国の海洋権益を守る問題であれ、当面のところ、短期間で解決可能なものではない。そこにはおそらく、我々が長期にわたって直面しなければならない重大な政治・外交・安全・軍事のリスクが潜んでいる。この問題について、我々は認識を深めるべきであり、特に軍隊はそうすべきだ。（二〇一三年三月、全人代の解放軍代表団全体会議での発言）

わが国の周辺情勢は、全体的に安定しているが、南海〔＝南シナ海、以下同じ〕問題では一部の国が絶えず挑発を行い、歴史問題と釣魚島〔＝尖閣諸島、以下同じ〕問題では、日本によるコソコソとした後ろ暗い行動が続いている。（二〇一四年一〇月、一八期四中全会第二回全体会議での発言）

海に向えば国は興り、海を棄てれば国は衰える。我々は（中略）釣魚島の権利擁護の闘争を行い、東海〔＝東シナ海、以下同じ〕防空識別区を設定し、常態化された管理統制を実施した。南海の島嶼・岩礁の建設を早め、海洋経営とシーパワー擁護の面で歴史的進展を得た。私は以前、次のように述べたことがある。我々が今日なした成果と蓄積が、将来の海洋の態勢を決定し、将来のわが国の主権・安全・発展の利益の擁護における戦略的主導性を決定する。これは、我々の世代の歴史的重責であり、（中略）後世の人々のため、中華民族のため、南海の権利擁護闘争の勝利を最終的に勝ち取るための堅牢な戦略基地を建造しなければならない、と。（二〇一六年二月、中央軍事委員会拡大会議での発言）

我々は、（中略）わが国の領土主権と海洋権益を断固守り、海洋における情勢の全体的安定と統制可能状態を維持した。わが軍は、常態化された海と空での武装パトロール〔原文は海空戦備巡邏〕を強化し、海洋の現場における一連の対応行動を整え、東海と釣魚島の権利擁護の軍事行動を深く掘り下げて実行した。（二〇一七年二月、中央軍事委員会拡大会議での発言）

このように習近平にとって、台湾併合を含む「海洋レコンキスタ」は、将来の中国国民に対する自らの歴史的責務なのである。この点、習の口から発せられる同趣旨の多くの発言からは、党・国家・軍の組織的頂点に立つ実存的存在の最高指導者でさえ、擬人的に観念された「中華民族」や物神化された「党」――おそらく習近平の脳裏には、これらの言葉を通じて、父親や「十大元帥」の一人である葉剣英など、直接交流のあった父祖の世代の具体的な物故者の姿が想起されている――に仕える従者のようにみえる。

ともあれ、こうした習近平の立場からすれば、中国の海洋進出の動きは、今後も強まりこそすれ、弱まることはない。国際社会からの懸念や批判にもかかわらず、習近平は、長期的かつ漸進的に、執着心をもって取り組み続けるであろう。

3　「家族と個人の時代」における父権主義的リーダーシップ

(1) GDP一万ドル超えの政治社会
――「和平演変」と「主観的能動性」の不活性

二〇一九年、中国の一人当たり名目GDPは一万ドルの大台を突破し、以後二〇二一年まで三年連続で一万ドルを上回っている。推計によれば、中国は遅くとも二〇二五年までに、世界銀行の基準でいう「高所得国」となる見込みである（ジェトロ「ビジネス短信」二〇二三年三月一六日）。一九七〇年代末以来、約三〇年間続いた高度成長の結果、中国国民はすでに、世界的にみても相対的に豊かな経済生活を享受している。

こうした経済的変化に伴い、中国でも、消費社会の出現とともに、「家族と個人の時代」が到来した。現在では、一定の経済的豊かさに基づく現状肯定と、家族と個人の幸福追求を第一義的関心とする保守的心理が、社会の多くの部分に広がっている。それゆえ、短中期的な見通しとして、一九八九年の天安門事件のような全国規模での民主化運動が発生する可能性は低い。二〇二一年七月、習近平が全面的完成を宣言した「小康社会」の現段階では（『人民日報』二〇二一年七月二日）、当局の警戒する「和平演変」、すなわち、民主化を志向する下からの内発的なエネルギーは総じて不活発な状態にある。

同時にまた、高度成長の終焉という時代背景のもと、鄧小平の「先富」論（先に豊かになれる者を富ます）によって黙認されてきた巨大な格差と機会の不平等に対し、「競争から降りる」生き方――精神と物質の両面における満足・無気力・諦めが混交した社会心理――も、若年層を中心に広く共感を呼んでいる。

だが、個人の幸福と国家の富強を分離して、競争を勝ち抜くこと自体に疑問を呈し、多様な生き方と価値観を追求しようとする若者たちの静かな反乱は、「主観的能動性」という名の社会主義の滅私奉公精神を重んじる習近平の眼には、「和平演変」と同様、「中華民族の偉大な復興」への大きな妨げとして映るであろう。こうした問題意識に基づき、二〇二一年に入って以降、習近平は、格差是正と教育改革の二つを内政における今後の重要課題と見定めた。

(2) 格差是正による次世代国民の支持獲得

二〇二一年八月、習近平は、中国が「共同富裕を着実に推進する歴史的段階」に入ったことを指摘し、先富論的発想からの政治的訣別を宣言した（習 二〇二二）。二〇二二年以降も続くと見込まれる習近平の政権運営において、内政の中長期的な重点課題の一つは、「共同富裕」のスローガンのもとでの格差是

図1　政治・社会問題に対する世代ごとの関心状況（2013～2019 年の平均値）

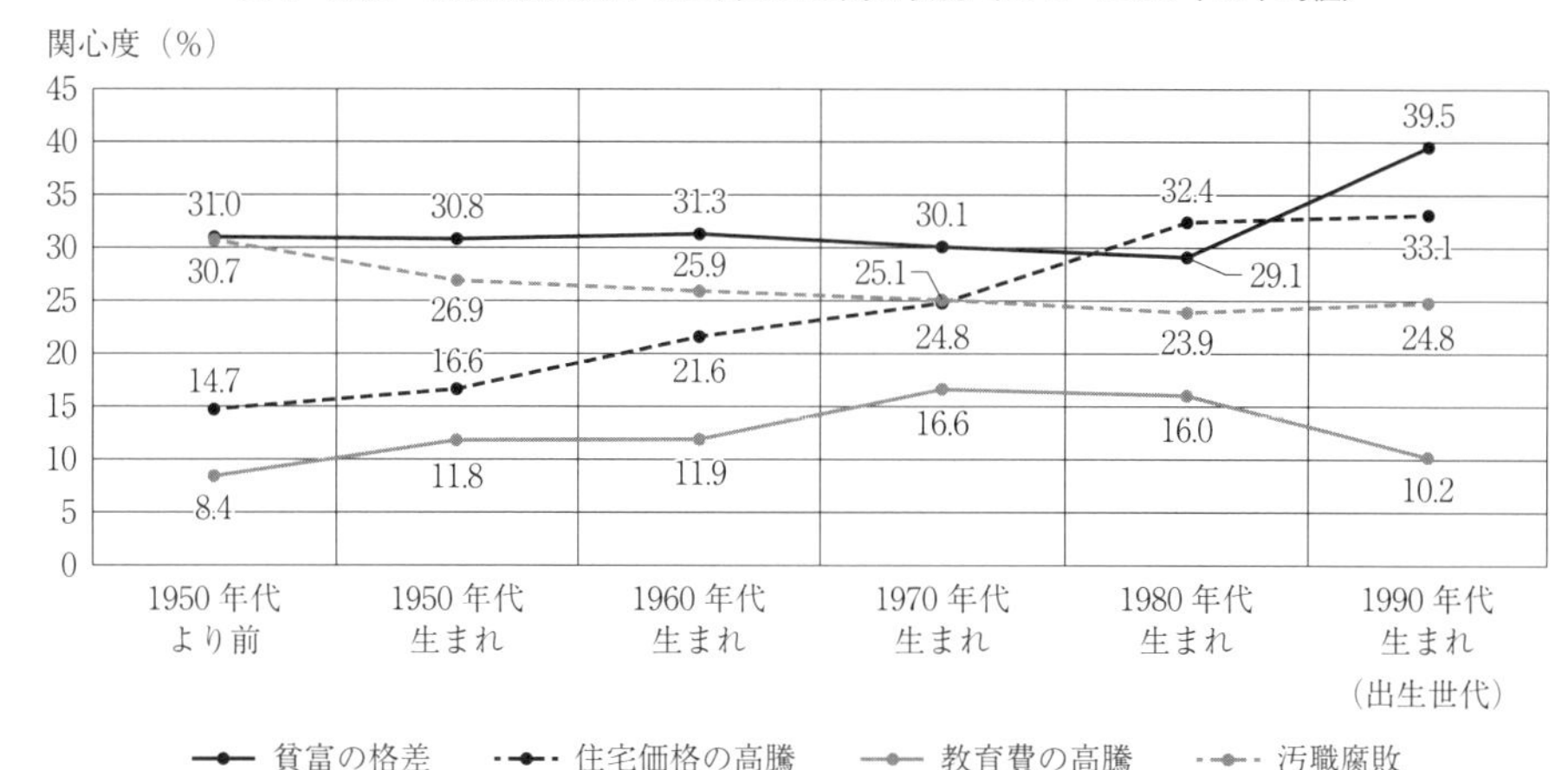

（出所）　任莉穎「中国居民対当前主要社会問題関注度的研究報告」、李培林・陳光金・王春光主編『2020 年中国社会形勢分析与預測』社会科学出版社、2020 年、196-199 頁。図 10・11・13 から、本稿の趣旨に基づき、項目を抽出して筆者作成。

正で間違いなかろう。一例として、二〇二二年一〇月の全人代会議では、不動産格差の是正を目的とする固定資産税の一部都市での試験導入が決められた（『日本経済新聞』二〇二一年一〇月二四日）。より本格的な再分配政策として、将来的には、相続税（中国語では遺産税）の実施も検討されるであろう。

しかし、格差問題それ自体は、一九九〇年代以来、長年にわたって問題視されてきた経緯があり、政策課題としては決して目新しいものではない。習近平がこのタイミングで格差対策に本格的に乗り出した理由は、「小康社会」の完成を一大契機として、貧富の格差と社会的不公正に不満を抱く若者たちに一定の政策的配慮を示すことで、次世代の国民の支持を獲得し、自らの政治的立場と支配体制の長期安定を図る狙いがある。実際、中国社会科学院が二〇一九年に行った調査によれば、過去四回行われた調査（二〇一三～一九年、二年に一回実施）において、回答者の世代年齢が下がるにつれて、住宅入手の困難を含む、経済格差への不満が高まる傾向が顕著に示された（図1）。

この点、指導部の推進する格差対策の主眼は、現在の持たざる者への救済はもとより、格差の世代間の継承・固定化・拡大化の防止に置かれている。加えて、格差対策の本格化に伴う混乱や不満の高まりを防ぐため、習近平は、中長期的視野に立って格差是正の施策を進めるとともに、これまで以上に「中華民族」の一体性を強調して、ナショナリズムによる国民集団の連帯・平等意識の鼓吹に努めるであろう。

(3)「習近平チルドレン」育成の思想教化

格差対策と並んで、習近平が以前にも増して注力しているのが教育改革である。二〇二一年に入って以来、指導部は関連する法律や通知を次々に発出し、家庭や学校を問わず、思想イデオロギー教育、なかでも「新時代の中国の特色ある社会主義に関する習近平思想」による児童・学生の訓育を強化している(例、二〇二一年七月、学校の宿題と学習塾通学などの学外教育活動の制限：八〜九月、オンラインゲームのサービス提供の制限：九月、学校教育における前記の習近平思想教育の開始：九月、アイドル育成番組などの禁止)。それは、家庭でのしつけの範疇にも及ぶ(二〇二一年一〇月、全人代「家庭教育促進法」採択)。

こうした教育改革の背景には、「共同富裕」の目標と連動した教育格差の是正とともに、深刻化する少子化に歯止めをかけるべく、学習塾や習い事、私立学校の授業料などの教育コストを引き下げ、出産・育児を奨励する狙いがあるとされる。

しかし、営利目的の学習塾の廃止や私立学校の公立化推進などの大胆かつ強力な措置、個人の趣味嗜好や家庭教育などの私的領域への積極的な介入は、必ずしも経済的観点のみに基づくものではなかろう。実際、二〇一八〜二〇一九年頃から習近平は、全国教育大会などの機会を通じて、「社会主義の破壊者や墓掘り人」をうみだすことのないよう、青少年に対する思想政治教育の徹底を指示していた(習 二〇二〇)。

また、前出の二〇二一年八月の「共同富裕」に関する演説のなかで、習近平が、「社会階層の固定化を防ぎ、社会的流動性の上昇ルートを円滑にし、(中略)そうすることで『非理性的な過度の競争』と『競争からの自発的な撤退』を回避しなければならない」(二重カギカッコの中国語原文はそれぞれ内巻、躺平)と述べたことも注目される。この内巻と躺平の語は、豊かさの追求がひと段落するなか、苛烈な競争社会による肉体的・精神的疲労、階級や階層の固定化に加担する不公正な制度や巨大な格差への諦念、個人の多様な価値観と生き方の積極的肯定など、いくつかの心情が混ざり合った社会潮流を指している。

だが、「中華民族の偉大な復興」を至上課題とする習近平にとって、強国化の妨げになりうる若者たちのそうした考えは容認できない。広い国際的視野に立って自由民主主義の普遍的価値に共感することと同じく、オンラインゲームやアイドルの「推し活」(自分のお気に入りの芸能人を応援すること)などの狭い私的世界に埋没することも、中国の青少年の国家的自尊心と競争心を損ない、ひいては、米国に代わって中国が覇権国になるという「中華民族の偉大な復興」の夢を頓挫させるであろう。

政治社会のこうした変化に対し、国家的躍進の長期持続のため、習近平は、個人と家族の私的領域にも強力に介入していく父権主義的なリーダーシップ——それなりに満足できるまずまずの暮らし(「小康社会」の実現!)の中で、ハングリー精神を忘れて惰弱になった(ようにみえる)子や孫の「尻を叩く」モーレツ世代の父親のごとく——を前面に打ち出すようになっている。高度成長が終わり、「家族と個人の時代」への転換が始まるなか、習近平が導き出した答えは、児童の心身の健康や家庭でのしつけにまで気を配る家父長的政治指導の部分的復活であり、長期政権の実現を通じて、「子」たる次世代国民の財産の公平な分配に腐心しつつ、ある時は「和平演変」という反抗の芽を摘み、またある時は「中華民族の偉大な復興」のため、教育を通じて競争心と勝利の気概を叱咤激励する「中華民族の父」になることであった。

4 「習近平時代」の政治発展のゆくえ

(1) 二〇三〇年代まで続く「習近平時代」

支配体制内部における習近平の権力動向をみれば、習は一強状況を確立している。のみならず、二〇一二年の党総書記就任以来、一〇年の歳月を経て、中華人民共和国の政治史において、「習近平時代」と呼びうる一つの時代区分が確立されたように思われる。

政治史としての「習近平時代」は、①「狭義の習近平時代」(習近平が党主席、党総書記、国家主席、中央軍事委員会主席などの名目上の最高職にとどまる時期)、②「広義の習近平時代」(習とその路線を引き継ぐ後継者の任期を含む)の二つが想定される。以下のとおり、いずれのシナリオも、二〇一〇～三〇年代の約三〇年間続く可能性がある。

まず前提となる事実として、習近平は現在まで、後継候補の育成など権力継承のための公的措置をほとんど行っていない。したがって、二〇二二年で六九歳の習近平が、六八歳での定年慣行をクリアできれば、同年秋に開催予定の二〇回党大会から二一回党大会の二〇二七年までは、習が党総書記(または党主席)、国家主席、軍委主席などに留任する公算が大きい。その場合、習の国政担当期間は、第一期政権が始まった二〇一二～一三年から、三期目が終わる二〇二七～二八年までの通算一五年となる。なお、二一回党大会開催時の習近平の年齢は七三～七四歳であり、一九七八年の一一期三中全会で政治の主導権を掌握した鄧小平(一九〇四年八月生まれ)とようやく同い年である。健康上の問題などがなければ、政治的職位のいかんにかかわらず、習が影響力を保持することは十分可能であろう。

次に、上記①の「狭義の習近平時代」の場合、仮に習近平が、二〇三五年(二〇四九年の建国一〇〇周年と同等に重視される政治的スケジュール)まで、最高指導者の形式的地位にとどまるとすれば、そのときの習の年齢は八二～八三歳で、党主席のまま八二歳で死去した毛沢東の年齢を超える(「毛沢東時代」、一九四九～一九七六年の約三〇年間)。習近平が二〇三五年までの超長期政権を目指していると噂される所以である。

また、あまり知られていないが、鄧小平も当初は一九八七年の一三回党大会で引退を決意しており、その時点で八三歳であった(鄧 一九九三)。ただし鄧は、実際には天安門事件後に公職を引退し、一九九七年に九二歳で没した。毛沢東や鄧小平に匹敵する歴史的リーダーを、習近平が本気で目指すとすれば、自発的引退の目安を八二～八三歳頃と見定めているとしても、必ずしも根拠がないわけではない。いずれにせよ、中国のような政治体制の国では、最高指導者の寿命の長短は、一国の政治発展に大きな影響を及ぼす。

だが、より実現可能性が高いのは、②の「広義の習近平時代」の到来である。習にとって、天安門事件とソ連解体の政治的教訓の一つは、「政治的に正しい後継者」（共産党の用語では革命接班人）の選定を疎かにしてはならないということであった。

習近平の立場から、引退後の身の安全と一定の権力行使を可能にするような継承問題の解決を探るとすれば、ヒントは習にとって身近な過去の歴史、すなわち「広義の鄧小平時代」にある。天安門事件後、鄧小平はキングメーカーとして、江沢民と胡錦濤の二代の継承を決定し、鄧・江・胡の三名で一九八〇～二〇〇〇年代の約三〇年に及ぶ「広義の鄧小平時代」が形成された。鄧小平と同じく、習近平も二代指名を行えば、後継者の任期も一〇～一五年間続き、前述した二〇二七年を起点とすると、二〇三七～四二年までとなる。結果として、「広義の習近平時代」は、二〇一〇～三〇年代全般をカバーする。後任者の治世が計二〇年、二〇四七年まで続くとすれば、二〇四九年の建国一〇〇周年にさらに近づく。

(2) 二〇回党大会での習近平の出処進退のシナリオ

一般に、党大会の開催前後の時期には、真偽不明のスキャンダル暴露や汚職摘発を名目とした政敵追い落としを含め、統治エリート層に属する多くのグループにより、権力と人事をめぐるさまざまな駆け引きが展開される。この結果、中国政治を分析する主体と客体の間でも、政権の安定・不安定をめぐる言説がエコーチェンバーのように増幅しやすく、事実と評価、予測と結果の乖離の危険性が、通常に比べていっそう高まる。

この点に留意しつつ、二〇回党大会に臨む習近平にとって、指導者ポストをめぐる主要な選択肢を考えれば、次の四つが想定される。順番が下位のシナリオのほど、政局の短期的安定性が逓減する。

第一に、習近平にとって最善シナリオは、既述の「狭義の習近平時代」のうち、一九八二年の一二回党大会で廃止された党主席を復活させ、党・国家・軍の三主席制度を確立し、そのすべてに、「領袖」である自分が就任することである。さらに、職位と指導者称号に加えて、正統イデオロギーについても、「新時代の中国の特色ある社会主義に関する習近平の思想」を「習近平思想」に改称して、「毛沢東思想」に比肩するものへと高める。[4]

この場合、制度面の主な障害は、党主席のポスト設置に必要な党規約の改正（領袖と習近平思想の文言は規約に挿入できたとしても）であり、実態面のそれは、他の統治エリートの組織的反対行動である。例えば、本稿の冒頭で触れた今次のロシア・ウクライナ戦争は、中国政治にとっても一つの攪乱要因となった。独裁者プーチンの迷走ぶりをみて、現状を超えたさらなる権力集中、個人崇拝助長への不安と警戒の心理が、中国のエリート層の間でも広まったと思われる。

第二に、次善の策として、同じく「狭義の習近平時代」に該当し、「核心」の政治称号を持つ党総書記として三期目を続投する一方、少なくとも中央軍事委員会主席のポストを維持する。ここで乗り越えるべきハードルは、二期一〇年の総書記の連任制限と六八歳定年制である。だが知られる限り、どちらも制度上の慣例にすぎない。第一節でみたように、習近平は、指導者としての自身の権限や権威の明文化に強いこだわりをもつ。言い換えれば、明文規定でない慣行にとどまる限り、習の意志や決断を拘束するには、おのずと限界があろう。

第三に、ボトムライン（許容限界）の選択として、軍委主席の地位は維持するものの、党総書記と国家主席の職位のいずれか、または両方を、自分の地方指導者時代から付き従ってきた子飼いの部下一〜二名に譲る。これは、鄧小平や江沢民の前例に倣った「院政」パターンであり、「広義の習近平時代」への移行準備の段階でもある。習近平は、最高指導者の名目的地位を失うかもしれないが、政治的後見人として最高実力者であり続ける。新任の国家主席と党総書記が異なる人物の場合は、習の後継レースの意味合いが強まり、どちらかが本命候補に指定された時点で、当該人物を軍委副主席に任命する。反面、習自身のレームダック状況の可能性も増す。

第四に、習近平にとって回避すべき最悪のシナリオは、党総書記と国家主席はもちろん、軍委主席にも留任できない状況である。これは、中国政治の「大空位時代」の始まりを意味し、習個人の身体的脅威や指導部内の混乱はもちろん、体制レベルでの動揺もありえよう。

その根拠として、江沢民・胡錦濤の両時期に慣例化していた、次回党大会での総書記選出が見込まれる文民指導者を、当該大会の数年前に軍委副主席に就任させる人事配置を、習近平が停止してしまったことが挙げられる（例、二〇〇二年に総書記に就任した胡錦濤は一九九九年に、二〇一二年に総書記となった習近平は二〇一〇年に、それぞれ軍委副主席に着任）。この結果、中央軍事委員会の現任メンバーには、軍人である二名の副主席を含め、習を除いて文民指導者が一人もいない。「党が鉄砲を指揮する」（毛沢東）という中国的シビリアンコントロールの大原則と軍委主席責任制の制度配置のもと、習近平に代わって軍の統帥権を単独で掌握する文民の候補者が見当たらず、習の望まない辞職の後には、中国政治の真の最高実力者の資格を付与するこの軍委主席という「玉座」をめぐり、文民か軍人かを問わず、熾烈な闘争が繰り広げられることになる。

おわりに――「習近平時代」における習近平個人と支配体制のリスク

以上の叙述に示されるとおり、中国政治は、二〇一〇〜三〇年代を通じて、習近平という特定の指導者の理念とリーダーシップに強く拘束された、新たな長期的な政治発展のステージに入ったとみられる。だが、「純粋なカリスマ」であった毛沢東や「状況的カリスマ」であった鄧小平とは異なり（パーネビアンコ 二〇〇五）、習近平はなお一般的な強権指導者にすぎない。この点を考慮すれば、習近平個人と共産党の一党支配を揺るがす可能性のある三つのリスクが指摘できる。

第一は、習近平その人の政治志向と指導スタイルである。特に、不動産を中心とする増税や財産の継承、子女の教育など、古今東西を通じて市民の最大の関心事に直接的な介入の手を伸ばし始めたことである。政治権力のこうした動きを、社会の側がどこまで許容するかは依然不透明であり、状況次第では、習は、政治社会の多数派を敵に回す可能性がある。

第二は、国民のナショナリズム感情の肥大化である。例えば、台湾問題や海洋進出をめぐり、強硬対応を主張する世論の拡大と、それにポピュリズム的に応答せざるをえなくなった指導部という政治的構図の出現は必ずしも杞憂ではない。その素地として、習近平自身のナショナリズム心情のほかにも、実社会の不公正と不平等をイデオロギー的に糊塗するため、ナショナリズムのさらなる動員が予想されることは、すでに述べたとおりである。

第三は、最高指導者の権力継承である。習近平はいまや、党・国家・軍の三主席のポスト独占を視野に入れ、終身の最高指導者となることも原理的に可能である。だが、政治の経験則によれば、強すぎるリーダーは、サブリーダーが自らのライバルになるのを恐れ、ひ弱な人材を重用する一方、継承の仕組みを十分に整えないままに、時間を浪費する傾向がある。カリスマなき強権指導者による政権への長期居座りは、継承メカニズムの不備とも相俟って、ポスト習近平の予測可能性の低下、継承争いの激化に伴う政局の混乱が懸念される。

習近平ら中国の政治家は、旧ソ連最後の指導者のゴルバチョフを、亡党亡国の元凶として口を極めて非難する。だが、来るべき「広義の習近平時代」において、習近平とその後継者が、「第二のゴルバチョフ」（ショック療法的改革の失敗と体制の崩壊）を忌避するあまり、「第二のブレジネフ」（政治的安定と社会経済的停滞の交換）や「第二のプーチン」（個人独裁のもとでの軍事冒険主義）の道を歩む可能性も、決して否定できないであろう。

〔追記〕（二〇二二年九月一一日）

本稿はもともと、二〇回党大会の開催前に本書を刊行するとの当初計画に基づき執筆された。それゆえ読者は、一部の記述について「鮮度が低い」、「ピントがずれた」印象をもつかもしれない。むろんそれは、筆者の本意ではない。またこの間、習近平に関するいくつかの伝記的研究も出版された（Brown 2022; Chan 2022；蔡 二〇二二）。これは、習近平の人物研究の関心の高まりを示している。筆者も近い将来、同様の著作を発表するつもりである。

こうした周辺事情や党大会後のありうべき政治状況を勘案して、以下では、若干の補足説明を行う。なお、前出の研究成果に対する初歩的な検討の結果、これまでのところ筆者は、本稿の内容を修正する特段の必要を認めていない。

さて、来るべき第三期政権では、二〇四九年までの「中華民族の偉大な復興」の任務完遂のため、習近平は、「狭義の習近平時代」の可能な限りの長期化を図りつつ、同時に、自身の安全確保と権力継承の混乱回避、統治の基本路線の着実な引き継ぎのため、「広義の習近平時代」の移行準備にも着手するであろう。後継者にふさわしい忠誠心と統治手腕を見極めるべく、中央政治局委員と同常務委員のなかに、次世代・次々世代の複数の候補を抜擢する可能性がある。これらの人々は、キングメーカーであった鄧小平にとっての胡耀邦と趙紫陽、胡錦濤と同等の存在とみなしうる。

振り返ってみれば、一九四九年の建国以降、中華人民共和国の政治史は、「毛沢東時代」、「広義の鄧小平時代」ともに約三〇年間続いた。この三〇年サイクル説が今後も妥当するならば、本文で述べたように、後世の中国政治の教科書は、狭義・広義のいずれかは別にして、二〇一〇年代から二〇三〇年代までを、「習近平時代」の時期区分として設定するであろう。

ただし、そうしたシナリオが習近平の思惑どおりに進むかは、予断を許さない。終身の独裁者であった毛沢東はもちろん、その権力移行の失敗を十分に認識していた鄧小平でさえ、最高指導者の円満な世代交代にはついに成功せず、後事を託しうる有力候補を一人ならず二人までも追放するという憂き目をみた。トップの座を平和裏に移譲された胡錦濤は、江沢民の「院政」的影響力に囚われ、支配体制の政治的革新能力の低下がもたらされた。先人たちと同じ轍を踏まないために、習近平はそうした苦い歴史からなにを学び、どう決断するのか。見通しは依然不透明である。

（1）文中で述べたとおり、本稿は、筆者の関連する既発表業績（鈴木 二〇二〇a；二〇二〇b；二〇二一；二〇二二）の各エッセンスを総合し、かつ、新たに得られた知見を基に加筆修正したものである。ただし、本稿の第二節（1）、第三節、第四節（1）については、字句の一部修正と図表の削除などを除き、元の文章の該当部分をほぼそのまま転載している（鈴木 二〇二一；二〇二二）。部分転載を許可された関係各位に対し、特記して謝意を表する。

（2）「核心」の指導者呼称は、鄧小平の発案に基づき、一九八九年六月の天安門事件以降、慣習的に使用されるようになった（鄧 一九九三）。それは、文化大革命の悲劇を招いた最高指導者の暴走を再び許さないとの決意のもと、個人独裁イメージの強い「領袖」の語を排する一方、一九八〇年代を通じて「領袖」の名で明示されるトップリーダーの不在が、天安門事件の一因となったとの深刻な認識に基づき、事件直後から一九九〇年代にかけて、鄧小平が苦心のうちに創り上げた政治概念であり、権力装置である。それゆえ、「核心」を「領袖」の単なる代替物とみるのは適切ではない。

（3）〔 〕内には、筆者の補注を記す。以下の本文中も同じ。

（4）同様の名称変更の前例は、ほかならぬ「鄧小平理論」である。それは登場当初の一九九二年の一四回党大会では、「中国の特色ある社会主義建設に関する鄧小平同志の理論」と呼ばれていたが、鄧の死後に開かれた一九九七年の一五回大会で「鄧小平理論」に短縮された（本書編写組 二〇〇八）。

参考文献

柯隆（二〇一二）『中国が普通の大国になる日』日本実業出版社。

鈴木隆（二〇二〇a）「中国共産党『領袖』考――政治文書の用例にみる政治・イデオロギー史的考察」『国際情勢 紀要』第九〇号、世界政経調査会国際情勢研究所。

鈴木隆（二〇二〇b）「習近平とはどのようなリーダーか？――地方指導者時代の著作にみる政治認識、リーダーシップ、指導者像」、二一世紀政策研究所 研究プロジェクト（研究主幹：川島真）『中国の政策動向とその持続可能性――中国をめぐる三つの視点』二一世紀政策研究所。

鈴木隆（二〇二一）「『習近平時代』とは何か？ 理解の見取り図と将来動向の論点――支配体制と指導者像の歴史的定位に基づき」『東亜』第六五二号、霞山会。

鈴木隆（二〇二二）「〈中華民族の父〉を目指す習近平――重点政策と指導スタイルの変化にみる政治発展のゆくえ」『国際問題』第七〇五号、日本国際問題研究所。

中澤克二（二〇一五）『習近平の権力闘争』日本経済新聞出版社。

パーネビアンコ、A.（二〇〇五）『政党――組織と権力』ミネルヴァ書房（村上信一郎訳）。

本書編写組（二〇〇八）『十一届三中全会以来党代会、中央全会 報告 公報 決議 決定（下）』中国方正出版社。

蔡霞（二〇二二）「習近平的弱点――狂妄与偏執如何威脅中国的未来（本文中

国語版）」、*Foreign Affairs*, September 6, 2022（https://www.foreignaffairs.com/china/xijinpingderuodian）、二〇二二年九月一〇日閲覧。
鄧小平（一九九三）『鄧小平文選』第三巻、人民出版社。
胡鞍鋼・楊竺松（二〇一七）『創新中国集体領導体制』中信出版集団。
習近平（二〇一九）『論堅持党対一切工作的領導』中央文献出版社。
習近平（二〇二〇）『論党的宣伝思想工作』中央文献出版社。
習近平（二〇二一）「扎実推動共同富裕」『求是』第二〇期、求是雑誌社。（http://jhsjk.people.cn/article/32255147）、二〇二一年一二月一二日閲覧。
中共中央文献研究室編（一九九九）『毛沢東文集』第七巻、人民出版社。
中共中央文献研究室編（二〇一六）『習近平総書記重要講話文章選編』党建読物出版社・中央文献出版社（内部発行）。
中共中央党史和文献研究院・中央“不忘初心、牢記使命”主題教育領導小組弁公室編（二〇一九）『習近平関於“不忘初心、牢記使命”重要論述選編』党建読物出版社・中央文献出版社（内部発行）。
中央軍委政治工作部編（二〇一七）『習近平論強軍興軍』解放軍出版社（軍内発行）。
Brown, Kerry（2022）*Xi: A Study in Power*, Icon Books.
Chan, Alfred. L（2022）*Xi Jinping: Political Career, Governance, and Leadership, 1953-2018*, Oxford University Press.
Shark, Suzan L.（2018）“China in Xi's 'New Era': The Return to Personalistic Rule,” *Journal of Democracy*, Vol. 29, No. 2（April）, pp. 23-36.

7 中国は民主化しないのか

小嶋華津子

（こじま　かずこ）
慶應義塾大学法学部教授
専門は現代中国政治
著書に『中国の労働者組織と国民統合――工会をめぐる中央－地方間の政治力学――』（慶應義塾大学出版会）などがある。

1　中国は民主化しないのか――近代化論の亡霊

中国は民主化しないのか。これは、話が中国の政治に及ぶにつけしばしば投げかけられる問いである。この問いかけの根底には、経済的に豊かになれば中産階級を中心に政治的な自由を求める声が高まり、民主化に至るものだという先入観がある。こうした近代化論的発想に基づく単線的な政治発展モデルは、すでに半世紀もの間多方面から否定されてきたのにも関わらず[1]、今なお我々の認識の奥深くに残存している。

近代化論が亡霊のように我々に取り憑いてきた背景には、そもそも近代化論のインキュベーターとして機能していたアメリカの冷戦期の外交戦略が、基本的な路線転換を遂げぬまま維持されてきた状況があるだろう。アメリカの歴代政権は、中国をグローバルな市場や国際レジームに組み入れていくことにより、いずれその民主化が達成されるのではないかとの期待を持って、関与（エンゲージメント）政策を推進してきたのであった。

しかし、中国は二〇〇一年にWTO加盟を果たし、二〇一〇年に世界第二の経済大国となった後も、政治的自由化や民主化へと向かう兆しすら見せない。それどころか、習近平政権の下でますます強権政治の色彩を強めている。思想・言論統制は強化され、新疆では、職業訓練の名目で多くのトルコ系少数民族の人々が収容されているという。また香港では、いわゆる「国家安全維持法」の施行にともない、民主派、本土派の人々に対する露骨な弾圧が本格化している。このような事態に脅威認識を高めたアメリカは、中国に対する関与政策の失敗を認め[2]、今度は「民主主義対専制主義」という単純な二項対立の図式を前面に打ち出すことにより、国際世論におけるヘゲモニーを握ろうとしている。こうした傾向は、とりわけバイデン政権に顕著にみられる。バイデン政権は、昨年一二月九日から一〇日にかけて、約一一〇の国と地域を招待して「民主主義サミット（The Summit for Democracy）」なるものをオンライン形式で開催した。ここでは、「民主主義」という共通の旗印のもと、腐敗との闘い、権威主義からの防衛、人権尊重の促進といった点で、参加した国と地域が足並みを揃えていくことが確認された。サミットの席で、バイデン大統領は、アメリカ国内の状況をも含め、民主主義が危機に瀕している現状に率直な危機感を表明した上で、民主主義の立て直しに向けて共に行動しようと述べた[3]。そして、名指しこそしなかったものの、中国やロシアなどを念頭に、専制主義国家のパワーが増強しつつある状況に懸念を示し、民主主義と専制主義との闘いに向け、参加した国や地域の結束と、経済や安全保障など幅広い分野での協力を呼びかけた。その後、ロシアのウクライナ侵攻を受けて、中ロをはじめとする専制主義との闘いを呼びかける声は、少なくとも日本やEU、オーストラリアなどではいっそう説得力をもち、広く受容されているかのように見受けられる。いやこれもむしろ、国際世論のヘゲモニーをめぐる闘争に勝利するべく、アメリカが、戦術として二項対立的言説の波及を演出していると言った方が正確だろうか。

しかし、そもそも中国が「アメリカの望む方向に」民主化しうるなどと考えるならば、それは独りよがりであり、中国の状況に対する無理解を露呈しているか、ないしは近代化論の亡霊に取り憑かれているとしか言いようがない。中国共産党は少なくとも、一党支配体制を改めて自由競争選挙を実施するつもりはない。また、三権分立を実施するつもりもないし、それを求める下からの動きが生ずる兆候もない。

まずは虚心坦懐に、「民主化」に対する中国共産党の見解を分析してみよう。

2　中国共産党の応答

(1) アメリカの民主状況に対する痛烈な批判

先述のアメリカを中心とする動きに対し、中国共産党は、「民主主義サミット」の開催を数日後に控えた一二月四日、一二〇以上の国や地域から専門家などを招いて、北京で「民主——全人類の共通の価値」というタイトルの国際フォーラムを開催した。同フォーラムで基調講演を行った黄坤明（中国共産党中央宣伝部部長）は、次のように述べた。「民主は全人類の共通の価値である」。しかし、「民主には画一的なモデルは無い。各国は相互に尊重しながら、大同小異の精神で、交流を通して学びあい、分裂ではなく団結を促進し、対抗ではなく協力を進め、混乱や動乱を招くよりも国民の福祉の増進を図るべきである」と[4]。

また、フォーラムの開催に合わせて、国務院新聞弁公室は「中国の民主」と題する白書を、翌日には外交部が「アメリカの民主状況」と題する報告書を公表した。

「アメリカの民主状況」は、アメリカの民主が抱える問題を批判的に論じたものである。それによると、アメリカの民主は、金権政治、少数のエリートによる権力の独占、党利党略に基づく拒否権の濫用とそれにともなう政治の膠着、選挙制度の歪みなどを導く制度上の問題を抱えている。また、その運用においては、国会議事堂での暴乱に至る政局の混乱、根深い人種差別、コロナ対策の失敗、貧富の格差の拡大、表現の自由の形骸化などの問題が顕在化している。結果として、今や、アメリカ国民自身が自国の民主主義に対する信頼を失っている状況にあり、アメリカは世界の民主主義の灯台にはなり得ない。それにも関わらず、アメリカは、カラー革命などを通じて、アメリカの考える「民主」を強引に他国に輸出したり、アメリカが「非民主」的だと考える国々をターゲットに、国際ルールを無視した闇雲な制裁を課したりして、世界に混乱をもたらしている[5]。以上のように、アメリカの民主に対する中国の批判は痛烈である。

(2) 中国共産党の標榜する「民主」のかたち

それでは中国共産党は、どのような民主を標榜しているのだろうか。

白書「中国の民主」は、中国共産党の推し進める「人民民主」について、対外的に説明したものである。そこには、次のように記述されている。中国共産党第一八回全国代表大会（第一八回党大会、二〇一二年一一月）以降、党は、中国の民主政治の発展に寄与する規律について認識を深め、「全過程の人民民主」という重要な理念を提起し推進してきた。その結果、民主の価値と理念は、過去にも増して科学的かつ効果的な制度配置を有するようになり、具体的で現実的な実践へと発展を遂げた。「全過程の人民民主」とは、過程の民主と結果の民主、手続き的民主と実質的民主、直接民主と間接民主、人民民主と国家意志の統一をすべて実現した、最も広範囲で、真正かつ効果的な社会主義民主主義である、と[6]。いつもながらの自賛ぶりである。

筆者の見るところ、この白書に示された中国の「人民民主」には、次の三つの特徴がある。第一に、「民主のためには独裁が必要だ」という点が随所に強調されていることである。そもそも中華人民共和国憲法に謳われた人民民主独裁とは、人民の前衛政党である共産党が制約を受けずに権力を行使することにより、結果的に人民の利益が実現するのだという理論である。前衛政党の無謬性を前提に一党独裁体制を正当化する理論だと言ってよいだろう。「白書」は、そのような共産党の無謬性を前面に打ち出している訳ではないが、社会主義体制やその政権の転覆を企てたり、国家や公共の安全に危害を及ぼしたりするような各種の犯罪行為を法に基づいて取り締まり、法の尊厳と法に基づく秩序を維持し、国家と人民の利益を守るためには、独裁という側面が不可欠なのだと論じている。「白書」によれば、民主と独裁は相矛盾するものではない。独裁的にごく少数を取り締まるのは、大多数の国民を守り、民主を実現するためなのだ。

独裁の必要性を強調する中国共産党の思考の背景には、中国が常に「西側」勢力による「和平演変（武力によらず、平和的手段によって体制を転覆させること）」の攻勢を受け、体制の危機に直面しているのだという認識がある。このような認識は、共産党政権が知識人や学生による民主化運動にさらされた一九八〇年代以降一貫して党指導者の間に共有されてきたものであるが、習近平政権期に入っていっそう強まっているように思われる。習政権発足当初の二〇一三年六月に、中国人民解放軍、中国社会科学院、中国現代国際関係研究院によって制作された教育宣伝映画『較量無声』には、「和平演変」に対する習近平政権の危機意識が集約されている。同映画によれば、アメリカは、戦後一貫して覇権を追求し、NGOや財団、インターネットを通じて戦略的に各国の内部に「西側」の代理人を育成し、彼らを通じて中東欧・中央アジア諸国のカラー革命、「アラブの春」からオキュパイ・セントラルまでを引き越こしてきた。アメリカの次なるターゲットは中国本土にある。こうした危機意識に基づき、習政権は、二〇一三年五月に「現在のイデオロギー領域の状況に関する通達」を発布し、党の権力を転覆させる七つの危険な思潮――①「西側」の憲政民主、②「普遍的価値」、③公民社会（civil society）、④新自由主義、⑤「メディアの自由」など「西側」のメディア観、⑥歴史的「虚無主義」の宣揚、⑦改革開放への疑念――がインターネット等を通じて国内に流入しないよう、思想・言論統制とイデオロギー工作の強化を呼びかけた[7]。このような露骨な思想・言論統制は、本来は民主とは相容れないものであるが、習政権は、「西側」が体制の転覆を目論んでいる以上、思想・言論統制をも含め、独裁的権力の行使によって反体制的行為を取り締まらねばならないとする。これが、「民主」を謳いながら「独裁」の必要を強調する習政権の論理である。

共産党政権の標榜する「人民民主」の第二の特徴は、民主の要素として、統治の効率性を重視するという点にある。これはすなわち、国民の生存権と発展権を保障してこそ「民主」たり得るという、中国共産党の成果主義的志向を示している。「良い民主とは、必ずや良い統治を実現し、国家の発展を促進するものである」という「白書」の一節には、こうした考えが表れている。

その背後には、中国共産党が執政党として国家の発展と国民の福祉を増進してきたという自負があるだろう。「白書」は次のように述べる。中国は、欧米先進国が何百年もかけて進めた工業化の過程を数十年で終え、社会の劇的な変化を経験しながらも、発展途上国が近代化の過程で陥りやすい社会の混乱を回避し、急速な経済発展と社会の長期的安定という奇跡を成し遂げた。今や一三億人以上が基礎医療保険に、一〇億人以上が基礎年金保険に加入し、「小康」社会（ややゆとりのある社会）が全面的に建設され、一四億以上の人口が絶対的貧困から脱却し、「共同富裕」へと向かいつつある。国民の生存権、発展権、健康権は十分に保障され、経済、政治、文化、社会、環境などの面の権利は絶えず発展している。歴史的に見れば、個人の思想の表現や移動も自由になり、それによって何億もの人々の間にイノベーションへの活力がみなぎっている、と。また、経済発展、福祉の増進、イノベーションに象徴される統治の効率性の高さは、党の意思、国家の意思、人民の意思が一つに融合されているが故に可能になっているのだと論じ、一党支配体制を正当化する。

第三の特徴は、法や制度による権力の抑制と秩序ある国民の参加を掲げている点にある。法や制度による権力の抑制について、「白書」は次のように記述する。権力を制度のカゴの中に入れる。規則に基づく党の統治、法律に基づく国家統治を持続的に推進し、法により権力を設定し、規制し、抑制し、監督し、権力が陽光の下で行使されるようにするのだ、と。実際に、習近平政権の下では、規律ある党・政府の建設、規律ある市場の構築、国際的な規範形成における影響力の確保などを目的に、法や規則による統治が推進されてきた[8]。法治の方針は、二〇一四年一〇月の党中央委員会全体会議の主なアジェンダとなり[9]、二〇一七年秋の中国共産党第一九回全国代表大会（第一九回党大会）では、「法による国家統治」が「四つの全面性」と括られる目標群の一つとなった[10]。二〇二一年一月には「法治中国建設計画（二〇二〇～二〇二五）」が公表された[11]。同時に、各行政レベルの諸機関を対象に、党の規律検査委員会による徹底した汚職・腐敗の摘発が断行された。無論、党の領導の絶対性が強調され、権力の分立が認められていない状況において、法治にしても、党の組織による汚職摘発にしても、それがどこまで有効に機能し、水平的アカウンタビリティを保証するものになりうるのかについては疑問の余地が残る。しかし、習政権が、独裁という側面を肯定しながらも、同時に権力を法により統御することの重要性を強く認識していることは確かである。

他方、秩序ある国民の参加に関する、「白書」の記述は薄い。「白書」が国民の政治参加のチャネルとして列挙しているのは、人民代表大会制度、政治協商制度、愛国的統一戦線、民族区域自治制度、基層の自治制度などである。これらの制度を通じて国民は、「選挙権及び被選挙権、行政に関する『知る権利』、参加し、表現し、監督する権利を享受し」、「言論、出版、集会、結社、デモ、示威及び信仰の自由を享受している」と自賛する。しかし実際には、人民代表大会代表や政治協商会議委員の代表性には疑問符をつけざるを得ない。唯一住民の直接選挙が行われる県レベル以下の人民代表選挙についても、党委員会が統括する選挙委員会が最終候補者の選定段階で介入し、競争性は失われる。民族区域自治制度や、村民委員会・社区居民委員会による農村・都市居住区の住民自治制度についても、党の介入や画一的な行政の伸長により「自治」の形骸化が指摘されている。また、先述の「現在のイデオロギー領域の状況に関する通達」に象徴される一連の政策を見ても、今日の中国において、言論の自由、結社の自由、信仰の自由など各種の自由が認められているとは断じて言えない。総じて、国民の政治参加へのチャネルは極めて限定的なものだと言わざるを得ない。

民意を吸い上げる制度的チャネルの不足については、おそらく習近平政権も、一定程度自覚しているのであろう。今年（二〇二二年）三月の第一三期全国人民代表大会第五回会議で採択された修正「中華人民共和国地方各級人民代表大会・地方各級人民政府組織法」（二〇二二年三月一二日施行）は、地方や基層レベルにおいて、民意を吸い上げ、アカウンタビリティを高めるための改革の見取り図を示すものであった。今回の修正では、総則に「地方各級人民代表大会、県レベル以上の地方各級人民代表大会常務委員会および地方各級人民政府は、人民を中心とし、全過程における人民民主を堅持し、終始一貫して人民と緊密なつながりを維持し、人民の意見や建議を傾聴し、人民に奉仕し、人民に責任を負い、人民の監督を受ける」ということが加筆された。その上で、郷・鎮・街道といった政府の末端機構については、重要な案件の政策決定に住民を参加させるなど、民意を集約する機能を強化する方針が示された。また、地方各レベルの人民代表に対しては、政府・司法機関に対する監督機能、民意の掌握機能を果たすよう求めた。加えて統治体制におけるアカウンタビリティの向上という面については、人民代表が選挙母体に対して自らの職務履行状況を報告することが定められた[12]。これらの改革方針がどこまで実施に至るかは現時点では不明である。だが少なくとも、習政権は、地方や基層レベルにおいて民意を吸い上げ、民意に応答するチャネルを拡充しなければならないと認識しているようである。それが結果的には、社会の安定と統治の効率化をもたらし、一党支配体制のレジリエンスを高めると考えるからである。

（3）世界へのアピール――多様な民主形態の共存する世界

「アメリカの民主状況」、「中国の民主」のいずれも、そこに貫かれている主張は、各国の民主のありようは、それぞれの国の歴史的文化的伝統に根ざしているのだから、異なって然るべきであり、相互に尊重し、学び合うべきであり、特定のモデルを他国に押し付けるのは唯我独尊であり誤りである、ということである。「白書」は次のように述べる。中国は中国の「民主モデル」を輸出しようとはしないし、外部勢力が中国の体制モデルを変えようとするいかなる試みも受け入れることはない。中国としては、各国が民主の方法を自ら選択することを断固として支持し、「民主」を口実に他国の内政に干渉する外部勢力に反対する、と。

こうした主張は決して新しいものではない。「西側」思想の流入に対し防御の姿勢で臨んできた習政権であるが、とりわけ二〇一七年以降、自らの統治体制への自信を前面に打ち出すようになった。二〇一九年一〇月の中国共産党中央委員会全体会議で採択された「中国の特色ある社会主義制度を堅持し改善し、国家の統治体系および統治能力の現代化を推進する若干の重大問題に関する中共中央の決定」も、中国の特色ある社会主義の道に自信をもって、「西側」と異なる独自の国家統治のあり方を追求することを改めて明記したものであった[13]。「白書」に打ち出された主張は、こうした流れの中に位置づけられるものである。

3　中国共産党の統治と中国の民意

では、中国の国民は、中国共産党の統治のあり方を、どのように受けとめているのだろうか。

(1) 現状を受容する国民心理

これについては客観的なデータが無いため、現地の学者仲間を通じて感覚を掴むよりほかないが、おそらく国民の多くは、「西側」諸国による「和平演変」やテロから中国を守り、よりいっそう強く豊かな国を実現するためには、安定と団結が必要であり、そのためには「一定程度」自由が制限されてもやむを得ないという思いを共有している。新疆や香港の問題に対する国民の関心も総じて低く、中国という強大国家の中で経済発展の恩恵を享受すればよいではないかという論理がまかり通っている。

また、習近平政権の下で、法や規則による党・政府組織の引き締めが断行され、反腐敗キャンペーンにより大物（トラ）から小物（ハエ）に至るまで、多くの汚職幹部が摘発され、処罰されたことで、多くの国民は溜飲を下げたであろう。コロナ禍への政府の対応についても、情報の隠蔽による初動の遅れこそネットユーザーたちの怒りを招いたとはいえ、その後トップダウン方式で、居住区・住宅単位に細分化された網羅的管理体制が敷かれ、大々的な検査の実施や自国製ワクチンの大規模接種、健康コード・アプリの導入により感染拡大の防止が成功していた最初の二年間は、概して国民の支持を得ていたと言って良い。

確かに国民の政治参加のチャネルは限られているものの、それに対する国民の問題意識は決して高いとは言えない。人民論壇問巻（アンケート）調査中心（センター）が二〇一六年五月から六月にかけて実施した全国調査（有効サンプル数：四四五八、回収率九一・二%）を見てみよう。「公共政策の制定に参加する機会は少なく、拡充する必要があると思う」という命題について「完全に／比較的符合する」と回答したものは六〇・五%、「普通」が二五・三%、「あまり／まったく符合しない」は一四・二%であった。また、「政府部門や関係機関が何らかの事項について民意を求めてくれれば、私は積極的に自分の考えを表明する」については、「完全に符合する／符合する」が五五・九%、「普通」が二八・七%、「あまり符合しない／まったく符合しない」が一五・四%であった[14]。以上の統計結果からは、理想としては、民意を表出するチャネルや機会の拡大を求めている国民の姿が窺える。

他方で、形骸化が指摘される選挙について、「公開選挙に実質的意味はなく、形式に過ぎない」という命題に「非常に符合する／比較的符合する」と回答したものは三四・七%、普通が三〇・七%、「あまり符合しない／まったく符合しない」が三四・七%であり、意見は割れた。政府関係者の違法行為についても、「もし政府部門やその他の職員に違法行為や汚職行為があるとわかったら私は関係部門に検挙し、摘発する」という命題に対し「完全に符合する／比較的符合する」と回答したものは三六・五%、「普通」が三五・五%、「あまり符合しない／まったく符合しない」は二七・九%であった[15]。これらのデータからは、既存の制度を批判したり、幹部を訴えたりすることに対しては躊躇を覚え、現状に迎合しようとする国民が六割～七割を占めていることがわかる。国民の大勢は、直接自分の身に不利益が降りかかってこない限り、多少不自由があっても統治の現状を受け容れる。体制に歯向かい、弾圧の対象となり、全てを失うような見合わないことはしない。

(2) 散発的な集団抗議活動とその限界

他方、国民は、身近な幹部や政府の失政や汚職によって、直接自らが損害を被るような事態に対しては、声を上げる。それは、上記アンケート調査において、「もし(村)幹部／指導者が皆に損害を与えるようなことをしたならば、私は断固として反対する」について「完全に符合する／比較的符合する」が五二・三%、「普通」が二九・九%、「あまり符合しない／まったく符合しない」が一七・九%であったことからもわかる[16]。実際に、この一～二ヶ月に報じられたニュースを見ても、失政や汚職に対する人々の不満がインターネットを介して結びつき、集団抗議運動へと発展するケースは後を絶たない。

ゼロコロナ政策下での都市封鎖の強引極まるやり方に対しては、大規模な封鎖が行われた上海で市民による小規模な暴動が起こったと報じられたが、北京大学や天津大学でも、キャンパスに閉じ込められた学生達による自発的な集団抗議運動が生じた。河南省鄭州市では、地元の複数の村鎮銀行による違法な資金集めと預金(総額四〇〇億元=約八〇〇〇億円)引き出し停止措置に対し、利用者による取り付け騒ぎが抗議運動へと発展した。さらに、地方政府当局が、六月に予定されていた抗議運動に参加させないよう、新型コロナ対策用の健康コードアプリを悪用して利用者一三一七人に行動制限をかけたことが判明し、人々の不満が高まるなか、市幹部五名が処分されるに至った。河北省唐山市では、飲食店で反社会勢力による女性客に対する暴力事件が生じ、地元警察の対応に不満を募らせた人々が、警察と反社会勢力との癒着、過去の唐山市の腐敗や不正行為について、次々と実名・顔出しで告発した。

不条理や不公正に対し、人々の怒りはしばしば集団抗議運動となって噴出する。今後、経済の低迷や失業問題、バブル崩壊などにより自らの生活が脅かされるような事態が生ずれば、中国各地で大規模な抗議運動が起きる可能性も否定できない。しかし、これらの運動が、個別の事案を超えて反政府運動ないしは民主化運動へと発展する可能性は少ないだろう。なぜなら、多くの国民は、個別の問題の不条理を訴え、その解決を叫んだとしても、体制の崩壊による混乱までは求めていないからである。無論、そこに、政府による情報統制や取り締まりによる抑制が働いていることは否めないが、いずれにせよ多くの国民の期待値と政府の対応が、「体制維持」の範囲内で均衡している限り、反体制運動が沸き起こる状況は想定しにくい。

4　中国共産党のリスク管理能力

このように、現状を見る限り、中国共産党の一党支配体制に激震が走るような下からの民主化への動きは想定しにくい。では、国民の期待値と政府の対応の均衡は、どのような時に崩壊するのだろうか。ここから先は思考実験的な議論となるが、それはおそらく、共産党指導部内に亀裂が生じる時であろう。そしてその亀裂に軍や武装警察（武警）、さらには国家機密を掌握する公安や、情報の流れを統括する各部門が巻き込まれた時、体制は危機に瀕する。そのような認識を持っているからこそ、習近平政権は、この一〇年間、急速にこれらの部門に対する指導力の強化を図ってきた。

習近平政権が発足直後から取り組んだのが軍の改革である。指揮命令系統の弛緩や軍内の規律の低下を克服するため、習近平は、反腐敗キャンペーンの中で、軍内で一大利権ネットワークを築いていた大物幹部――谷俊山、徐才厚、郭伯雄、房峰輝、張陽ら――を処分した。さらに、習自身が主席を務める党中央軍事委員会の指導力を強めるため、陸海空軍の一体的運用のための統合作戦指揮機構の新設、四総部（総参謀部、総政治部、総装備部、総後勤部）の解体・一五部局への再編、七軍区の再編と五戦区制の導入など、軍の組織や指揮命令系統の刷新を図った。国内の治安を担当する武警についても、国務院と中央軍事委員会の二重領導体制に置いていたが、二〇一八年より中央軍事委員会の領導に一本化した[17]。

また、胡錦濤政権期に周永康（中央政治局常務委員・中央政法委員会書記）の下で一大勢力をなし、党指導部の団結を脅かしかねない存在となっていた党の政法系統の諸機関とりわけ公安機関に対しても、大規模な組織の刷新を断行した。まず、周永康自身を刑事訴追の末、二〇一五年六月、無期懲役に処すると同時に、後任に政治局委員である孟建柱、中国共産党第一九回全国代表大会（第一九回党大会）以降は同様に政治局員である郭声琨を就任させることにより、政法委員会の組織としての降格を図った。また、二〇一九年一月には「中国共産党政法工作条例」を発布し、政法工作に対する党の絶対的領導を同条例の随所に明記した[18]。さらに、中央・地方の政法系統から周永康に連なる人脈や、習近平政権に忠実でない政法幹部を徹底的に排除し、腹心を要職に抜擢した。中央の政法系統の幹部だけを見ても、二〇一六年から二〇二〇年の五年間に、李東生（公安部副部長）、孟宏偉（国際刑事警察機構総裁）、孫力軍（公安部副部長）、孟慶豊（公安部副部長）、鄧恢林（元中央政法委員会弁公室主任、重慶市公安局局長）ら現職幹部が立て続けに摘発されたり、処分を受けたりした。その結果、政法系統の主要ポストは、習近平の浙江省時代の部下で、秘書長として中央政法委員会の業務を取り仕切る陳一新、習近平の福建省時代の部下で二〇二一年一一月より公安部党委員会書記として中央政法委員会委員に加わった王小洪をはじめ、習近平に忠実な者によって占められることとなった（王は二〇二二年六月時点で、公安部部長への起用が決まった）。

さらに、デジタル化時代を迎え、政治的リソースとしての情報の価値が高まる中、情報管理についても党中央による一元的な統括体制の構築を進めてきた。習政権は、発足間も無く中央サイバーセキュリティ情報化領導小組（主任：習近平、副主任：李克強・王滬寧）を発足させた。また、二〇一八年二月の党の中央委員会全体会議にて採択された「党と国家の機構改革深化方案」では、同領導小組を中央サイバーセキュリティ情報化委員会に格上げするとともに、国家コンピューターネットワーク・情報安全管理センターの管理を、国務院下の工業・情報化部から同委員会弁公室へと移管する決定をし[19]、同弁公室主任に習近平の福建省時代の部下で中央宣伝部副部長ある庄栄文を登用した。このように、国家の安全上重要な部署は、党中央の直轄となり、習近平と彼の腹心によって掌握されていったのである。このような状況が成立している限りにおいては、党指導部内の亀裂が反政府的な民主化運動と連動して体制を揺るがすことはないだろう。

5　日本はどうするべきか

以上のように、中国において、一党支配体制は、民主云々よりも豊かさを追求し、国家の安定と発展のためには強権もやむなしと考える国民心理に支えられている。大方の国民は、自らの生活が脅かされる事態に直面すればインターネット上で怒りをぶつけ、時に直接行動に出るが、これらはいずれも個別の事案を問題としたものであり、体制の民主化を目指すものではない。無論、知識人の一部や、マイノリティの間には、思想・言論統制や強権の濫用について不満が高まりつつあるが、彼らの行動も、軍・公安・情報を掌握した政権の前に力を持ち得ない。他方で中国共産党は、民意を吸い上げ、アカウンタビリティを強化することにより、基層や地方レベルで民衆の不満に対応できるような態勢の構築を目指している。まさしく独裁と民主のバランスを取ることにより、体制のレジリエンスを高めようとしているのである。中国が一党支配体制を放棄するのは、こうしたバランスが失調するほどの失政や内乱が生じた時だと思われる。

そして国際社会に目を投じれば、民主の多様性をアピールし、特定のモデルの押し付けに反対する中国の主張が、自由競争選挙や権力の分立と相容れない統治形態を有する多くの国々にとって、受け入れやすいものであることは事実である。中国もまた、いわゆるグローバルサウスの国々からの支持の拡大を目指し、戦略的に価値外交を展開しているのである。

少なくとも現時点において、日本は、中国で一党支配体制が多くの国民の支持の下に維持されるということを前提にして、失われた外交力を回復しなければならない。「価値観を共にする国」との連携ばかりに尽力し、中国との多面的外交を蔑ろにするならば、結果的に日本の国益は損なわれ、グローバルな秩序形成における発言力をも失うことになるだろう。

（1）例えばT・キャロサーは、二〇〇二年の論考で、「体制移行」モデルに基づく研究について、実態との乖離、選挙に対する過度の重視、社会的・文化的伝統や慣習の軽視などの面から批判を展開した。Thomas Carothers, "The End of the Transition Paradigm", *Journal of Democracy*, Vol. 13, No.1, January 2002

（2）ポンペイオ国務長官は二〇二〇年七月二三日、ニクソン大統領図書館で演説し、「無分別な関与（エンゲージメント）という古いパラダイムは失敗した。我々は続けるべきではない」と述べた。"Secretary Michael R. Pompeo Remarks at the Richard Nixon Presidential Library and Museum：'Communist China and the Free World's Future"（https://sv.usembassy.gov/secretary-michael-r-pompeo-remarks-at-the-richard-nixon-presidential-library-and-museum-communist-china-and-the-free-worlds-future/）

（3）"Remarks By President Biden At The Summit For Democracy Opening Session"（https://www.whitehouse.gov/briefing-room/speeches-remarks/2021/12/09/remarks-by-president-biden-at-the-summit-for-democracy-opening-session/）

（4）「黄坤明：堅持和発展全過程人民民主」（https://www.nppa.gov.cn/nppa/contents/719/102172.shtml）

（5）中国外交部「美国的民主情況」二〇二一年一二月五日（https://www.fmprc.gov.cn/web/zyxw/202112/t20211205_10462534.shtml）

（6）「『中国的民主』白皮書（全文）」（http://www.scio.gov.cn/zfbps/32832/Document/1717206/1717206.htm）

（7）Chris Buckley, "China Takes Aim at Western Ideas", The New York Times, Aug. 19, 2013,（https://www.nytimes.com/2013/08/20/world/asia/chinas-new-leadership-takes-hard-line-in-secret-memo.html?_r=0）

（8）詳細は小嶋華津子「習近平政権と『法治』」『国際問題』六四〇号、二〇一五年四月、小嶋華津子「習近平政権と『法治』」『二一世紀政策研究所新書九三シンポジウム中国共産党一〇〇年と習近平体制』（http://www.21ppi.org/pocket/pdf/93.pdf）、小嶋華津子「現実的な対中戦略構築事業ワーキングペーパー vol. 6 中国の法治建設と対外関係」（https://www.spf.org/iina/articles/kazuko-kojima_01.html）などを参照のこと。

（9）「法による国家統治を全面的に推進する若干の重大問題に関する中共中央の決定（中共中央関於全面推進依法治国若干重大問題的決定）」（中国共産党第一八期中央委員会第四回全体会議、二〇一四年一〇月、http://www.gov.cn/zhengce/2014-10/28/content_2771946.htm）

（10）中国共産党第一九回全国代表大会では、「四つの全面性（小康社会の全面的建設、改革の全面的深化、全面的な法による国家統治、全面的で厳格な党内統治）が党規約に明記された。

（11）「中共中央印発『法治中国建設計劃（二〇二〇―二〇二五年）』」（http://www.gov.cn/zhengce/2021-01/10/content_5578659.htm）

（12）「中華人民共和国地方各級人民代表大会和地方各級人民政府組織法」（http://www.gov.cn/xinwen/2022-03/12/content_5678642.htm）

（13）「（受権発布）中共中央関於堅持和完善中国特色社会主義制度推進国家治理体系和治理能力現代化若干重大問題的決定」（http://www.xinhuanet.com/2019-11/05/c_1125195786.htm）

（14）人民論壇問巻調査中心「中国公衆的政治参与観念調査報告（二〇一六）」『国家治理週刊』第二三期、二〇一六年六月、一九～三一頁。

（15）同上、三〇～三三頁。

（16）同上、三一頁。

（17）「中共中央決定調整中国人民武装警察部隊領導指揮体制」（新華網 http://www.xinhuanet.com/politics/2017-12/27/c_1122175909.htm）

（18）「中共中央印発『中国共産党政法工作条例』」（人民網 http://dangjian.people.com.cn/n1/2019/0121/c117092-30579948.html）

（19）「中共中央印発『深化党和国家機構改革方案』」（http://www.gov.cn/zhengce/2018-03/21/content_5276191.htm#1）

8 人民解放軍は暴走しないのか

八塚正晃

（やつづか　まさあき）
防衛研究所地域研究部中国研究室主任研究官
専門は中国政治外交、国際安全保障論
著書に『よくわかる現代中国政治』（分担執筆、ミネルヴァ書房）などがある。

はじめに

現代の国民国家において軍隊が暴走することはめずらしくない。典型的な軍隊の暴走として軍事クーデターがあるが、世界中でしばしば起きている（Powell & Thyne 2011）。アジアではタイ（二〇一四年）やミャンマー（二〇二〇年）でも軍事クーデターによって軍事政権へと転換したが、アフリカでも二〇二一年にギニアやマリなどの国家で数多くのクーデターが起きた。こうした状況について、アントニオ・グテーレス（Antonio Guterres）事務局長は二〇二一年九月の国連総会で「軍事クーデターが戻ってきた」と言及した。

それでは世界最大の二〇〇万以上の軍人を抱える人民解放軍が、中国指導部のコントロールを離れて暴走する事態はありうるのだろうか。現代中国（中華人民共和国）の歴史を振り返ってみると、少なくとも未遂の軍事クーデター（林彪事件）を挙げることができる。[1] また、軍事クーデターが内に向いた軍の暴走とすれば、外に向かう軍隊の暴走も想定できよう。すなわち、軍が政治指導者の意図を離れて独自の判断で他国（あるいは他国の軍隊）に対して挑発行動や軍事作戦を実施することである。これも後述するように現代中国で事例がないわけではないものの、その可能性は否定できない。それでは、どのような条件で起こりうるのだろうか。あるいは、現代の中国で軍の暴走はどのようにして抑えられている（ように見える）のだろうか。

本稿は、以上の問題意識を念頭に、人民解放軍は暴走しないのか、という問いを検討してみたい。軍隊の暴走の可能性は、文民政権が軍隊を有効に統制しているか否か、すなわち、シビリアン・コントロール（文民統制）のあり方が重要な要素となる。中国の場合、人民解放軍は党の軍隊であるため、しばしば党軍関係の観点から軍に対する「党支配」（party control）の実態に対する研究がなされてきた。このことを踏まえて、以下ではより具体的な二つの問いを設定したい。一つは、中国共産党は人民解放軍の暴走を防止するために、いかなる政治制度を作り上げてきたのか、という問題である。特に、現代中国の歴史的事例を交えつつ、党と軍隊、政府と軍隊との関係を制度的に捉えることで、中国共産党が軍の暴走を抑えている基本的なメカニズムとその課題を理解したい。いま一つは、習近平政権が進めている軍建設の方針は党軍関係にどのような影響を与えうるのか、という点である。具体的には習近平政権の軍改革や将来戦構想を党軍関係の観点から検討することを通じて、習近平政権が抱える人民解放軍の統制に関する問題について考えたい。

1　党と軍隊、政府と軍隊との関係はどのようなものか

(1) 軍に対する党支配

中華人民共和国建国以降の中国では、その社会の大きな変容の歴史にもかかわらず、軍事クーデターにせよ軍の独自作戦行動にせよ大規模な軍の暴走は起きず、中国共産党政権の安定性は概ね維持されてきた。この理由は中国の軍を取り巻く政治制度に求められる。毛里（二〇一二）は、現代中国における権力の安定的持続は共産党・国家（議会・政府・司法機関）・解放軍の「三位一体体制」によるものと指摘する。

まずは、人民解放軍が中国共産党の軍隊（党軍）であることがどのように維持されているかを見たい。中国共産党中央指導部は常に「党の軍に対する絶対指導原則」という原則を強調するとともに、人民解放軍も自らに対する党の優位性を確認してきた（防衛研究所 二〇一二）。軍の指揮権についても、現行憲法（一九八二年）で人民解放軍の指導機関である中央軍事委員会（以下、中央軍委）が全国の武装力を領導する（第九三条）と規定されるが、その中央軍委は党中央委員会によって選出される。さらに、中央軍委のトップである主席は党総書記が兼務しており、最終的な指揮権は党総書記が握っている。

党の指導原則という理念を体現するのが党による軍内での政治工作である。この政治工作を貫徹するために人民解放軍内部に設けられた組織・制度が、①党組織（党委員会、基層党委員会、党支部）、②政治工作機関、③政治将校制度である。現状公表されている二〇〇三年の「政治工作条例」は、軍の一定規模以上の部隊には、党組織（第八条）や、政治委員（あるいは政治指導委員）及び政治（工作）機関を置くこと（第九条）を求め、その政治工作の具体的な内容として、思想教育、党組織建設、人材育成、軍の利益代表、規律検査、カウンターインテリジェンス、軍事裁判、宣伝工作、科学文化教育などを挙げる[2]。政治将校は軍事指揮官（司令員）と同格に位置づけられ、「二元統帥」構造とも言われる（川島 一九八九）。政治将校は通常、軍内の党組織の書記を務めて政治工作に当たる一方で、部隊の

作戦行動に関しても軍事指導官とともに署名することになっており、大きな影響力を有する（杉浦 二〇二二）。すなわち、これらの組織・制度による政治工作によって、党は自らの意思を軍に浸透させるとともに軍内の反党活動を監視する。なお、こうした政治将校による二元統帥構造は北朝鮮にも導入されたが、朝鮮労働党の党軍関係を分析した宮本（二〇一三）は、この政治将校の役割こそが、社会が貧困にある中でも北朝鮮で軍事クーデターがこれまで起きなかった要因と指摘する。

こうした軍に対する党の影響力の浸透は、軍隊内における党員比率にも表れている。一九八七年時点で人民解放軍約三五〇万人のうち、軍隊内党員は一三四万人おり、党員比率は三八％である（毛里 二〇二二）。中国全人口に占める中国共産党員の割合が六・七％（二〇二一年時点）であることを踏まえると軍における党員のプレゼンスはかなり高い。

また、党軍として重要な側面の一つに、党の統治を維持する治安機関としての役割がある。すなわち、中国共産党にとって人民解放軍は、共産党の一党支配に害を及ぼすかもしれない国内外の潜在的な対抗勢力に対する威嚇・恫喝の手段でもある（阿南 二〇一七）。これまで人民解放軍は、国防のみならず、一九六七年の文化大革命の造反派に対する軍事管制や一九八九年の学生の民主化運動に対する鎮圧（天安門事件）を担ってきており、「中国共産党の安全保障」の論理に従って行動する武装力であり続けた。

（2）政府に対する軍の影響力

それでは、中国政府の行政機関である国務院と人民解放軍の関係はいかなるものであろうか。党と軍の関係に比べると、政府と軍の関係は希薄である。国務院指導者は中央軍委のメンバーに入っておらず、また警察組織などの治安機関を管轄するものの軍に対する指揮権を持たず、軍に対する政府の影響力はほとんどないと言ってよい。

他方で、人民解放軍は、国務院において行政機関として国防部を置き、そのトップである国防部長を国務院の指導層（総理、副総理、国務委員、秘書長）一一名のメンバーに派遣することで行政府における意思決定において一定の影響力を行使する。図1で示すように、軍は文革期においては国防部長のみならず、中央軍委副主席や参謀長も国務院副総理や国務委員として指導層に入っており、比較的大きな影響力を有したが、改革開放期に国防部長のみとなった。

立法府である全国人民代表大会では地域代表とは別に人民解放軍も代表団を有している。この全国人民代表大会における解放軍の割合は、文化大革命の割合は一五％ほど占めたが、改革開放期以降に一〇％弱にまで低下した（図1）。軍事関連の法律の中でも軍の組織や行動を定める基本的法律については、軍が独自にそれを制定することはできず、全人代を通じる必要があるものの、現役の人民解放軍幹部が公的なチャネルで対外的に意見表明する重要な場になっている（防衛研究所 二〇一二）。

図1　政府における人民解放軍の占める割合（単位：％）

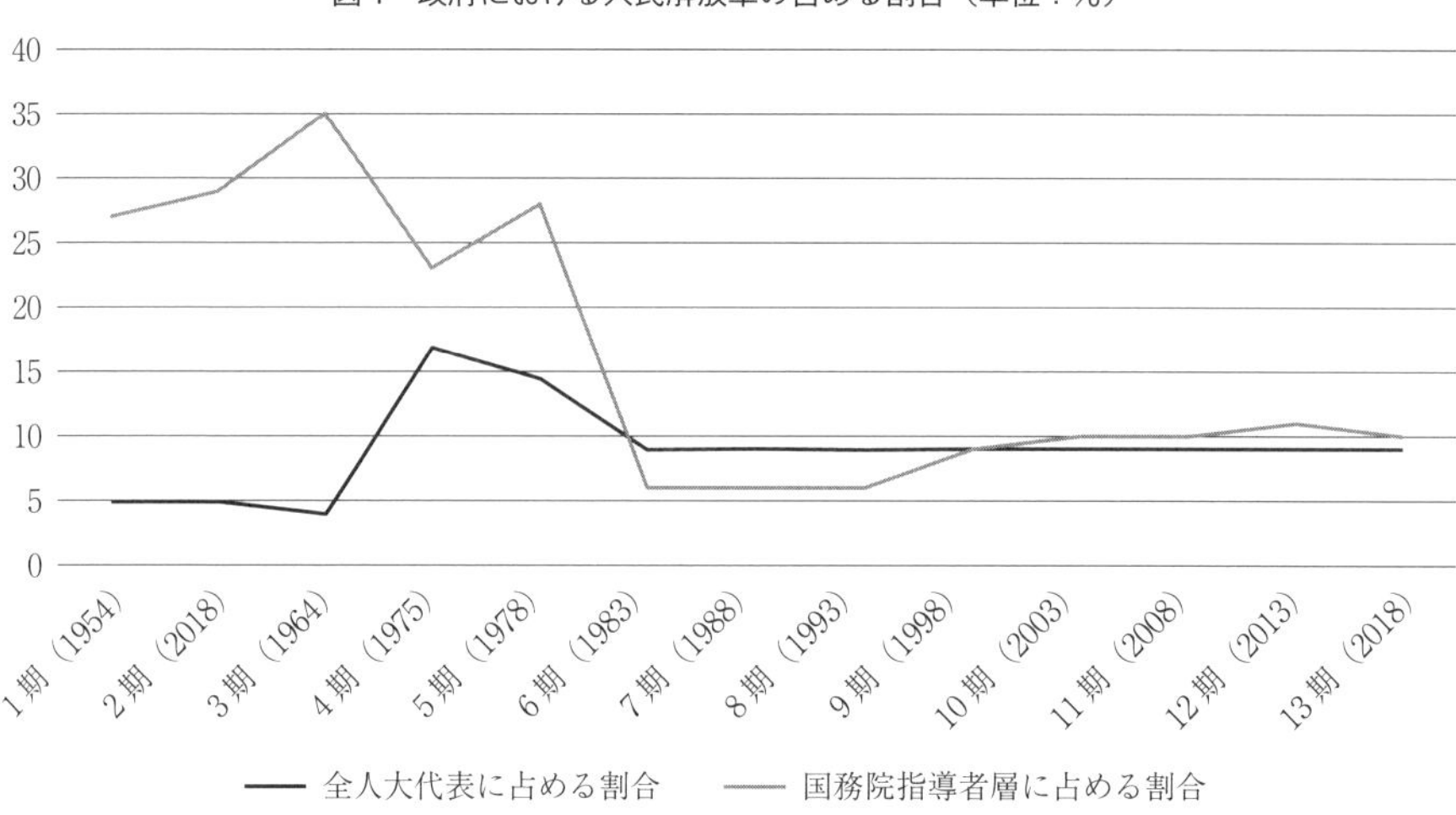

（出典）　鹿・高（2020）及び「歴届国務院領導機構」中華人民共和国中央人民政府HPのデータを基に筆者作成。

2　党に対する軍の影響力とクーデター未遂事件

これまで見たように、中国共産党は軍を支配するための制度を構築してきたが、これに対して人民解放軍は党に対して政治的影響力をどの程度有するのだろうか。中国共産党は、人民解放軍（もともとは紅軍）の軍事力を用いて国民党政権との内戦に勝利することで中華人民共和国を建国した。こうした経緯から、革命期から建国初期にかけて党指導者と軍指導者は緊密な関係にあるか、しばしばその境界は曖昧であった。多数の現役軍人が党中央指導部に入っていたために軍も党政治に対して影響力を有していた。両者は、政治・イデオロギー・革命目標・権力の独裁に対する認識を共有しており、こうした党と軍の関係はしばしば「共生関係」と形容される（Shambaugh 2002）。

こうした党と軍の共生関係は、執政党である中国共産党の独裁体制に対する軍の政治的支持が盤石であるため政治体制の転換を伴うような軍事クーデターは起きにくい一方で、指導者のみをシャッフルさせるクーデターであれば生起しうる[3]。具体的な政治的なシナリオとしては、党指導部の分裂が深刻になった場合に、一方の政治勢力に軍が動員される形で指導者のみの交代を図るクーデターである。

一九七一年九月に中央軍委副主席兼党副主席の林彪らによって毛沢東暗殺計画が練られたものの失敗したクーデター未遂（林彪事件）はこの例であろう。林彪事件は、一義的には毛沢東による粛清を恐れた林彪勢力による毛沢東暗殺計画であった

図2　党中央における人民解放軍の占める割合（単位：%）

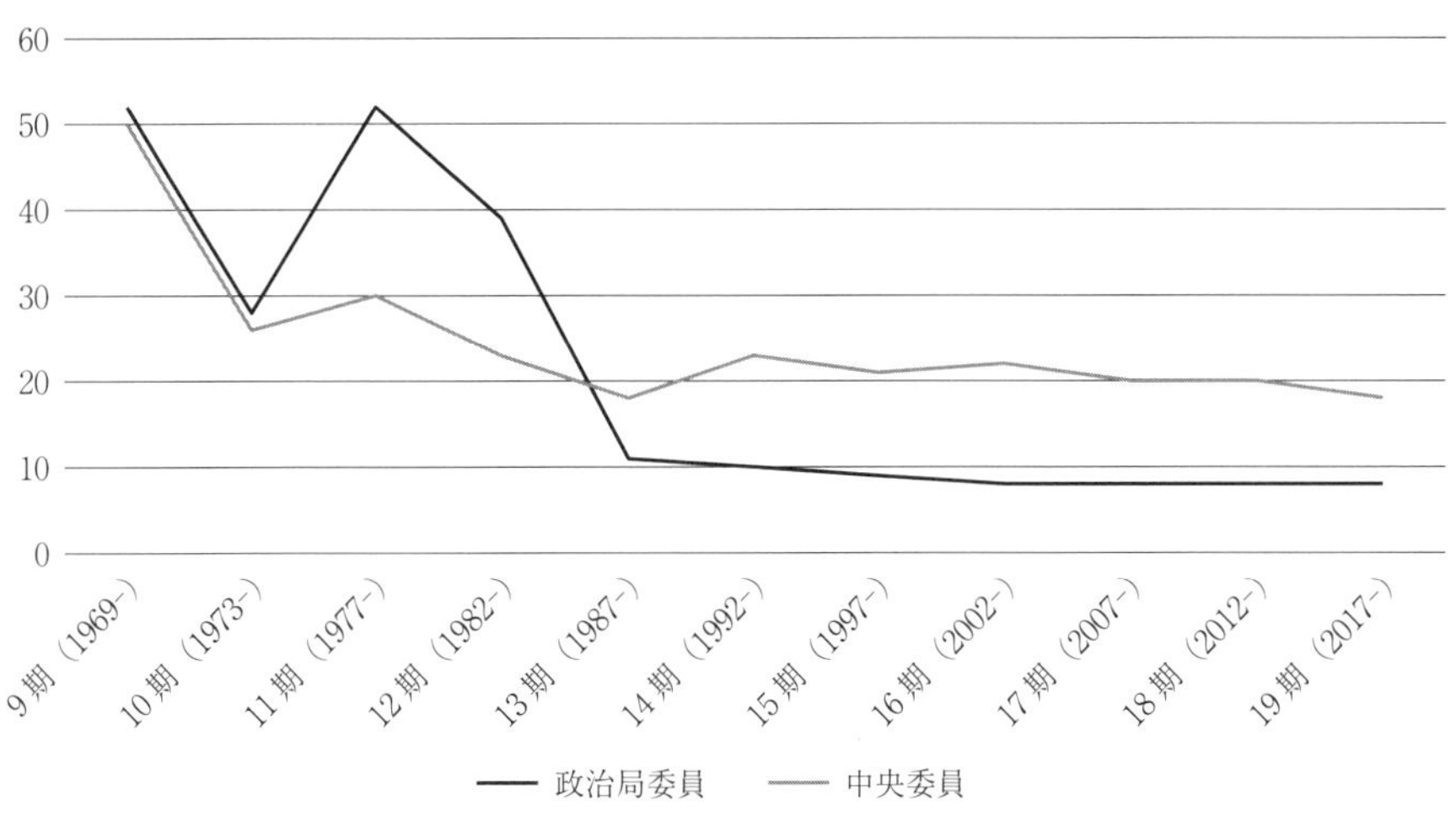

（出典）　防衛研究所（2012）及び「人民網」歴代中央委員会名簿を基に筆者作成。

が、この構造的要因は党軍関係に求められる。このクーデター未遂は、前記した党軍の共生関係において、党指導部の分裂が深刻化した中で毛沢東によって進められた軍部統治と軍勢力排除の政治的帰結と見ることができる。なお、毛沢東の軍に対する権威と権力は絶対的であり、文革期の軍部統治は、軍の動機ではなく毛沢東による選択であった（Joffe 2002；林 二〇一四）。

こうした政治危機を招いた毛沢東期の党軍関係の反省から、鄧小平は、党政治から軍の分離を進めた。一九八〇年代から一九九〇年代にかけて、党の指導者層における軍人の割合を削減することで軍の党政治への影響力の抑制が図られた。一九九七年に劉華清・中央軍委副主席が中国共産党中央委員会常務委員会を退いて以降、現在まで党の最高意思決定機関から現役軍人は排除されている。また、図2で示すように、文革期には党中央委員会や同政治局ともに半数を軍人が占めていたが、改革開放期にそれぞれ二〇％（約二〇〇名中四〇名程度）、一〇％（二五名のうち中中央軍委副主席が二名）程度にまで低下し、その水準を維持している。

他方で、安全保障問題などの特定のイシューについての党の最高政策決定に対する軍指導者の関与は確保されている。二〇一三年に国家安全保障政策に係る中国共産党の機構として中央国家安全委員会の設置が決定された。同委員会の名簿の詳細は公表されていないものの、少なくとも中央軍委副主席二名は参加していると見られる。また、その他にも中央サイバーセキュリティ・情報化委員会、中央外事工作委員会、中央台湾工作領導小組などの党中央に設置された政策調整機構には、中央軍委委員の軍指導者数名が構成員となっていると見られる。つまり、人民解放軍の日常的な党政治への介入を制限しつつ、利益代表や専門集団としての政治参加を担保することで、党指導部の政治的な対立の解決のために軍が動員されることを防いでいる。また、次に見るように人民解放軍の専門集団化を進めることで政治的な中立化を促した。

3　党軍の専門集団化をめぐる問題

鄧小平による軍人の政治権力の縮小の過程は、国防の近代化に向けた組織再編、専門人材の教育・訓練、装備の近代化など軍人の専門集団化と同時並行で進められた。それは軍を専門集団化することによって軍人が政治に介入する動機と能力と機会の極小化を図るハンチントンの客体的シビリアン・コントロール（objective civilian control）の確立であった（Huntington 1957）。他方で、軍の軍事専門化におけるジレンマは、専門化された強力な軍隊を建設することと、その軍隊が政権や社会秩序を脅かさない保証を同時に追求することにある。成熟した民主的な政治体制であれば、立法による監視、法の支配、報道の自由などの政治制度によってこうしたジレンマを緩和できるが、権威主義体制の場合は上記のような制度の脆弱性や社会規範の欠如によって、軍の専門集団化と統制のジレンマが先鋭化する。中国の場合、権威主義体制を維持する中国共産党による軍支配を維持しながら「専門集団化した党軍」を目指す必要がある（Joffe 1997）。

党軍という性格を維持したまま専門集団化を進めることは、情報の非対称性の観点から党軍関係に二つの変化をもたらした。第一に、改革開放期に軍の専門集団化と指導者の世代交代が進んだことで人民解放軍の自律性が促された。軍の専門集団化の流れの中で、軍人は専門的教育・訓練を経ながら昇進するため、軍指導者はそのキャリアの中で党指導者などとの交流の機会も少なくなる傾向にある。このため、党指導層においても文民政治家と現役軍人の間で認識や立場の分岐が強まる傾向にある（Kiselycznyk and Sanders 2010）。また、軍の各部隊レベルにおいても専門の細分化や党員比率の低下が顕著になるため、軍事に関する党の指導の浸透が困難となる。鄧小平は、軍における圧倒的な権威によって軍の専門集団化のために組織再編などの軍改革を断行したが、それに続く江沢民や胡錦濤は、鄧小平のような軍歴がなく軍指導者との人脈や軍事知識を有さず、軍における権威が低かった。こうした軍の専門化と世代交代は、党の指導に抵触しない軍隊建設などの実務分野で人民解放軍の自律性を高めた。とりわけ、四総部（総参謀部、総政治部、総後勤部、総装備部）がこうした軍の実務で多大な権限を持ち、国防予算の使徒、研究開発費、具体的な作戦ドクトリンの策定などについて、党指導者に対して十分な情報共有をしなかった（Sanders and Wuthnow 2019）。また、江沢民や胡錦濤は、政治指導者としての国防費への財政分配という制度的な権力に頼って軍への影響力を行使する他なかったため、改革開放期に軍事費をほぼ毎年一〇%以上増加させるとともに、人民解放軍のビジネスを許可したことで、軍は党の監視が行き届かない経済活動や予算外経費を獲得した。これは軍の腐敗の温床となった。

第二に、軍の専門集団化による情報の非対称性は、外に向かう軍の暴走にもつながりうる。党書記は、中央軍委で主席という最高ポストに就くものの、文民は主席一人であり、その他の委員は軍指導者によって占められる。そのため、文民指導者としての党総書記は、他の軍幹部の協力がなくては、専門的な軍事情報を把握できず、軍の行動への監視を行うことができない。例えば、二〇〇七年に中国人民解放軍は対衛星（ASAT）兵器の発射実験を行った。自国衛星の物理的破壊を伴ったこの発射実験は、史上最も多くの宇宙ゴミ（デブリ）を発生し、国際的に大きな批判を呼んだ。この実験実施については、軍事的には人民解放軍の宇宙作戦妨害能力を対外的に示す意味で重要であったが、明らかに実験による政治的なインパクトや国際社会からの反発は軽視されていた。このASAT実験については、国際的な批判に対して中国政府からの公式な説明が一二日間もなされなかったことから軍からの情報提供や説明が党や政府の指導者に対して十分になされていなかった可能性も指摘される（Mulvenon 2007）。

二〇一一年に人民解放軍は、ロバート・ゲーツ米国国防長官が訪中したタイミングで、当時最新のステルス戦闘機J-20の初試験飛行を実施した。ゲーツ国防長官が胡錦濤総書記との会談時に飛行演習について尋ねたところ、胡錦濤らは驚いた様子を見せたと言われる（Pomfret 2011）。こうしたことから、胡錦濤は中央軍委主席としてJ-20の試験飛行の概略について承知していたものの訓練日程など詳細情報を知らされないまま、人民解放軍が米国に対する牽制の意図を込めて米国国防長官の訪中に合わせて実施した可能性が高いと指摘される（Scobell 2011）。最新兵器の実験や軍事演習は対外的な威嚇や挑戦ともなりうるが、こうした軍事に係る専門情報の党指導者への情報共有は、軍の専門集団化が進むほど困難となる。また、こうした事件が起きても、とりわけ軍事情報については中国共産党体制の下では報道の自由がないため、軍隊内に行われることを除いて、事後的に公に検証されて制度的な見直しにつながることもない。

このように中国共産党は「党の軍に対する絶対的指導」原則を維持しているものの党軍関係の実態は変化している。人民解放軍が中国共産党体制に対して反旗を翻すことは依然として制度上、極めて困難であることは変わらないが、権威主義体制の「党軍」としての性格を維持したまま専門集団化を進めることは、明確な軍の暴走を発生させないまでも、党と軍の情報の非対称性を促して軍の行動に対する党の統制力を弛緩させている。

4　習近平による軍改革と党軍関係

習近平は政権の掌握して一年後の二〇一三年一一月に国防・軍隊改革の実行を発表した。これは、四総部制の解体、三〇万人の人員削減、軍区制から戦区制への指揮系統の再編、軍兵種の再編、反腐敗の徹底など軍の既得権益構造に切り込む広範囲かつ大規模な軍改革であった。この構想は二〇二〇年までの完了を掲げて進められた。

習近平が軍改革を断行した背景は様々に指摘されるが、党軍関係の観点で見れば、次の三点の相互に関係する背景が重要である。第一に、文民指導者としての中央軍委主席の軍における権威が形骸化していたことである。前記したように四総部の権限が大きいため、唯一の文民指導者である中央軍委主席の権威が低く、何をするにしても軍指導者トップである中央軍委副主席や四総部に頼らざるをえなかった。特に、総政治部が、規律検査、保全、法廷、検察など、軍の観察に関わる機能を内部組織としていたことは、軍に対する監視機能の欠如など様々な問題を生じさせていた（山口 二〇二二）。

こうした状況に対して、習近平は、四総部制を解体するとともに軍事に関する決定権限の中央軍委主席への集約を進めた。軍改革では四総部の多くの機能を七つの部、三つの委員会、五つの直属機関に分けて中央軍委直轄機関へと再編した。また、習近平は、二〇一七年一〇月第一九回党大会で中国共産党規約に「中央軍委主席責任制」を明記して自らの権威を強調するするとともに、大軍区（戦区）級幹部（上将・中将）や主要軍幹部の人事異動に介入し、上将任命を頻繁に行うことで中央軍委主席としての自らの権威向上を図った（杉浦 二〇二一）。また、二〇一三年に習近平自身がトップを務める中央国家安全小組（二〇一八年から委員会へ改組）を設置し、同組織メンバーに文民閣僚とともに軍指導者を入れることで、安全保障に係る党の意思決定における文民指導者と軍指導者の情報共有の枠組みを構築した。

第二に、軍の腐敗が蔓延していたことである。改革開放期に軍事費の大幅増強や解放軍のビジネス活動の許可が進められたことにより、軍紀が弛緩し、軍における買官行為、装備品の転売、地方政府や企業との癒着など軍における腐敗が深刻になっていた。江沢民期の一九九八年にも中国共産党中央の通達で軍の経済活動が禁止されていたが、多くの人民解放軍の企業は単に軍高官の親戚に引き継がれるのみで、その効果は限定的であった。また、買官行為が蔓延することで、軍における人事・教育において、専門性・能力・業績よりも人的関係や贈収賄によって昇進が左右されることとなり、戦争に勝利するために必要な能力を持つ幹部の昇進を妨げることにつながり、結果として人民解放軍の戦闘能力の向上を阻害することになる（山口 二〇二二）。

こうした状況を受けて、習近平は、前政権の軍指導者トップであった郭伯雄や徐才厚を規律違反で逮捕するとともに、二〇一八年末までに軍のビジネス活動の全面的に禁じた。習近平は、こうした軍改革を進めるのと並行して、軍の反腐敗を徹底的に進めることを宣言し、党と軍の指導部を多数逮捕するとともに腐敗の取り締まりを推進するための制度の強化も図った。軍改革の過程で、総政治部の一部門であった規律検査委員会を中央軍委規律検査委員会として独立させ、その規律検査委員会書記を中央軍委委員へと昇格させた。一八期中央軍委は一一名の中で政治将校が一名（総政治部主任）のみであったが、一九期中央軍委では七名に委員数を削減する一方で政治工作部主任に加えて規律検査委員会書記を入れたことによって軍指導部の中で政治将校の地位が相対的に高まった。こうした措置は、習近平が、反腐敗運動によって軍内の権力基盤の強化を継続するとともに、党の指導を強化することを示唆している。

第三に、党内団結の低下及び治安機関の分権状況である。胡錦濤政権から習近平政権へ権力移行がなされるタイミングで薄熙来や周永康ら党中央指導者やその家族に関するスキャンダルが明らかとなり、相次いで拘束・逮捕された。これら党指導者層に起きた事件は、党中央の腐敗と分断を露呈するものであった。江沢民政権以降に集団指導体制が進展した結果、胡錦濤政権末期においては党指導者層でも人脈の系列や政策志向の違いが顕在化して半ば派閥化していた。次期党中央指導者の一人と目された薄熙来は、中央政治局委員を務める一方で重慶市党書記として執政する重慶市において胡錦濤政権の政策方針とは異なる政治キャンペーンを展開していた。また、薄熙来に近いと見られていた周永康は、政治局常務委員会の中で最低の序列九位であったが政法委員会書記として情報、治安、司法、検察、公安など治安に係る幅広い権力を有していた。武警は中央軍委と国務院の二重指導体制にあったが、実質的に政法委員会書記が武警や人民警察を動かす権限を有していた。こうしたことから薄熙来の事案が明らかとなるタイミングでクーデターが囁かれるなど北京周辺は極度に緊迫した。これらは党指導部の分裂が体制の不安定化につながる可能性を示していた。

こうした状況に対して、胡錦濤政権から習近平政権へと権力移行がされる一八期党大会を期に政法委員会書記の地位を党中央政治局常務委員会委員から政治局委員へと降格させるとともに、二〇一八年に中央軍事員会と国務院の二重指揮下にあった武警を中央軍委の一元的指揮下に編入した。同時に武警に対する中央軍委の人事権も強化された。武装力の最終的な所在を中央軍委へ一元化することで、武警から公安系統や地方政府の影響力が排除された。

5　軍事の智能化と党軍関係

以上のように、習近平の軍改革では、文民指導者としての中央軍委主席の権力強化、政治工作と反腐敗による党の指導の強化、武警を含めた武装力の軍への集約が図られた。いずれも、体制の安定につながる制度的措置と言えるが、今後の中国共産党が習近平による軍改革によって軍の統制に課題がなくなったわけではない。

習近平政権は、今世紀中ごろまでに世界一流の軍隊となることを掲げており、将来戦である「智能化戦争」に対応するべく軍建設を進めている。智能化戦争とは「ＩｏＴシステムに基づき、インテリジェント（智能）化した武器装備とそれに対応した作戦方法を利用して、陸・海・空・宇宙・電磁・サイバー及び認知領域で展開する一体化戦争」と定義される（龐　二〇一九）。この智能化戦争にいち早く対応するために、人工知能（ＡＩ）・量子情報・ビッグデータ・クラウドコンピューティング・モノのインターネット（ＩｏＴ）など先端科学の軍事利用を加速させて「イノベーション型の人民軍隊」を建設する方針を掲げている。かかる方針の背景には、科学技術を核心とした軍事力の強化が米軍に対する人民解放軍の軍事的な劣勢を覆す鍵となるとの認識がある（八塚　二〇二一）。

だが、こうした人民解放軍のさらなる専門集団化は、習近平政権に軍の統制に係る問題を突きつけるだろう。智能化戦争が本格化する過程で、①軍事作戦の専門性が高まり、②作戦テンポが加速し、③ＡＩが作戦の意思決定の補助・代替していくという（八塚　二〇二〇）。このうち三点目について、どこまで軍事作戦の無人化や汎用型ＡＩへの作戦行動の決定権限の委譲を進めるべきかについて人民解放軍の中でも議論に幅がある。すなわち、汎用型ＡＩに可能な限り作戦権限を委譲して軍事作戦能力を向上させるか、それとも作戦テンポを遅らせたり誤判断を甘受してでも、倫理的な間違いをしない人の判断を指揮命令のループに介在させておくべきか、というある種のジレンマに最適解を見出すことが求められる。

こうした問題は軍事作戦の無人化を進めようとする軍事先進国がおしなべて直面するものであるが、中国の場合は軍事の智能化の趨勢の中で、いかに党の支配を堅持するかという古くて新しい問題が加わる。すなわち、軍事の智能化に伴う戦争形態が変容する中で軍事作戦における政治将校の役割が改めて問われることになる（Kania 2017）。党軍である人民解放軍では軍事指揮官だけでなく、政治将校も軍事作戦の判断に関与することが求められているが、軍事作戦がさらに専門化し、作戦テンポが加速する中で、政治性を介在させるべきであろうか。習近平政権は党の指導をより強固にするために政治将校の役割を重視している。たしかに、軍事の智能化が進めば、より少数の軍人がより強力な智能化兵器を扱うことになると考えられており、こうした軍人が中国共産党の指導に従わなければ党の支配に深刻な脅威を及ぼす可能性がある。こうした問題について、ＡＩを活用して適格性・思想傾向の検査、政治試験を実施して深層意識まで軍人の政治思想を点検することを提起する声もある（呂　二〇一九）。だが、こうした厳しい思想検査や政治教育を課すことは、優秀な人材の民間への流出を招くほか軍人の専門性の向上を犠牲にすることになり、やはり軍事力強化の方針を犠牲にしてしまうだろう。中国共産党は、党軍に不可欠な政治性と智能化戦争に必要となる軍事の専門化の間に生じる矛盾にいかに対処していくのだろうか。習近平政権は今後も党の指導の貫徹と軍事専門化の難しい関係に向き合わざるをえないだろう。

おわりに

本稿で検討してきことを整理しつつ冒頭の問題意識を振り返ってみたい。中国共産党指導部は、軍に対する党の絶対的指導の原則の下で、政治工作の制度・機関を通じ党の影響力を保持してきた。文革期には軍の政治関与拡大と党中央の分裂が極まった際に林彪事件のようなクーデター未遂事件が起きたが、改革開放期において党指導部は、人民解放軍の政治介入を抑制する一方で利益代表や専門集団としての政治参加を担保し、軍の専門集団化を進めることで軍の政治的中立化を促した。また、習近平以降に、再び、中央軍委主席の権威向上、党の政治工作機能の強化、準軍事組織の軍への統合などを進めることによって、党支配をさらに強めて軍の暴走の芽を摘んでいる。これらを踏まえると、人民解放軍が中国共産党支配を覆すような暴走をすることは制度的に極めて困難である。中国共産党指導部の分裂が深刻になったり、新たな政治勢力が現れたりというような、政治的なあるいは社会的な大変動がない限り、人民解放軍が暴走する可能性はかなり低い。

　他方で、権威主義体制の「党軍」としての性格を維持したまま専門集団化することで、人民解放軍の行動に対する党の監視が弛緩するケースも見られる。人民解放軍が行う軍事演習や最新兵器の実験が、党指導者層や文民閣僚に共有されないまま、他国への挑発やメッセージとなることもありうる。また、習近平政権は、今世紀半ばまでに世界一流の軍隊を作るという政治目標の下で、新興技術の軍事利用を進めて軍事の智能化を加速させようとしているが、こうした人民解放軍の建設の方針は、党軍としての政治性と軍事組織としての専門性の間の矛盾を先鋭化する可能性を秘めている。

---

(1)　他のクーデター未遂事件として高崗・饒漱石事件が挙げられるかもしれないが、高らの明確なクーデター目的に関する根拠が希薄であり、毛沢東による党内分裂を防ぐために利用された権力闘争であったとの見方が説得的である。（高橋 二〇二一）

(2)　中国共産党は二〇二一年二月に「軍隊政治工作条例」を改訂したが、二〇二二年六月現在でも内容は公表されていない。二〇〇三年の「中国人民解放军政治工作条例」についてはインターネット上で閲覧可能。

(3)　フランツ（二〇二一）によれば、冷戦終結以降、権威主義体制下のすべてのクーデターの約五分の一（一八%）が指導者のみをシャッフルさせるクーデターであると言う。

参考文献

阿南友亮（二〇一七）『中国はなぜ軍拡を続けるのか』新潮社。

林載桓（二〇一四）『人民解放軍と中国政治――文化大革命から鄧小平へ』名古屋大学出版会。

川島弘三（一九八九）『中国党軍関係の研究（上巻）』慶應通信。

杉浦康之（二〇二一）『中国安全保障レポート二〇二二』防衛研究所。

高橋伸夫（二〇二一）『中国共産党の歴史』慶應義塾大学出版会。

フランツ・エリカ（二〇二一）『権威主義――独裁政治の歴史と変貌』白水社。

宮本悟（二〇一三）『北朝鮮ではなぜ軍事クーデターが起きないのか？――政軍関係論で読み解く軍隊統制と対軍事支援』潮書房光人社。

毛里和子（二〇二一）『現代中国 内政と外交』名古屋大学出版会。

防衛研究所編（二〇一二）『中国安全保障レポート二〇一二年』防衛研究所。

八塚正晃（二〇二〇）「人民解放軍の智能化戦争――中国の軍事戦略をめぐる議論」『安全保障戦略研究』第一巻第二号、一五―三四頁。

八塚正晃（二〇二一）「イノベーション型の人民軍隊を目指す中国の政策と課題」（NIDSコメンタリー第一六六号）二〇二一年五月二〇日。

山口信治編（二〇二三）『中国安全保障レポート二〇二三』防衛研究所。

Joffe, Ellis (1997), "Party-Army Relations in China," Shambaugh, David and Yang H. Richard eds, *China's Military in Transition*, Oxford: Oxford University Press.

Joffe, Ellis (2002), "The Chinese Army in Domestic Politics: Factor and Phases," Li, Nan ed. *Chinese Civil-Military Relations: The Transformation of the People's Liberation Army*, London: Routledge.

Kania, Elsa B. (2017) "Battlefield Singularity: Artificial Intelligence, Military Revolution, and China's Future Military Power," Center for an New American Security, November 2017.

Kiselycznyk, Michael and Sanders, Phillip C. (2010), "Civil-Military Relations in China: Assessing the PLA's Role in Elite Politics," China Strategic Perspectives, National Defense University.

Huntington, Samuel P. (1957), *The Soldier and the State: the Theory and Politics of Civil-Military Relations,* Cambridge: Belknap Press of Harvard University Press.

Ji, You (2016), *China's Military Transoformation,* Polity Press: Cambridge.

Mulvenon, James C. (2007), "Rogue Warriors? A Puzzled Look at the Chinese ASAT Test," *China Leadership Monitor,* Vol. 20 Winter.

Pomfret, John (2011) "Chinese military tests fighter jet ahead of Hu's meeting with Gates,"*The Washington Post,* February 26.

Powell, Jonathan M. and Thyne, Clayton L. (2011), "Global Instances of Coup from 1950 to 2010: A New Dataset," Journal of Peace Research 48, no.2.

Saunders, Philip C. and Wuthnow, Joel (2019), "Large and in Charge: Civil-Military Relations under Xi Jinping," *Chairman Xi Remakes the PLA*, National Defense University Press, pp. 519-555.

Scobell, Andrew (2011), "The J-20 Episode and Civil-Military Relations in China," Testimony Before the U. S. -China Economic and Security Review Commission, Washington, DC, March 10.

Shambaugh, David (2002), *Moderninzing China's Military: Progress, Problems and Prospects*, Berkeley: University of California Press.

鹿暁天、高民政（二〇二〇）「軍隊全国人代代表人数比例与結構敵変化特点」『人大研究』第七期、一二―一七頁。

龐宏亮（二〇一八）『二一世紀戦争演変与構想　智能化戦争』上海社会科学院出版社。

呂少徳（二〇一九）「加強軍事智能化時代的軍隊政治工作」中国社会科学網、二〇一九年一一月二一日。

呉明曦（二〇二〇）『智能化戦争――ＡＩ軍事暢想』国防工業出版社。

III 中国はどう世界で振る舞うのか

第Ⅲ部では中国と世界との関係、対外政策を扱う。全体の問いは「中国はどう世界で振る舞うのか」である。中国の対外認識や対外政策は、第Ⅰ部や第Ⅱ部で扱った中国国内の政治や経済に根ざしている。第9章の倉田徹・熊倉潤「中国では『人権』をどのように考えているのか」は、西側先進国の価値観と中国国内とのそれが大きく食い違う人権問題を取り上げる。新疆ウイグル自治区や香港をめぐる中国政府の諸政策は、中国国内では強く支持されているように見える。倉田と熊倉は、中国の人権理解が基本的に生存権、発展権を基礎としていることを前提とした上で、香港、新疆ウイグル自治区を事例として考察を加える。また、中国では結局少数意見を抑圧する多数決の論理が強く、それが人権問題への対処の背景にあるといったなど、中国の人権問題における重要な論点を提示している。第10章の山口信治「中国の目指す覇権と国際秩序とはなにか」は、中国自身がすでに大国となったことを前提として、中国自身の考える覇権や国際秩序について考察する。実のところ中国は「覇権」国になる気はない、という。中国のいう「覇権」国はまさに覇道を追求する国だからだ。しかし実態として、米中は覇権競争を行っている。中国は先進国の主導する秩序を批判しながら、途上国や新興国の側に立って新たな国際秩序を創出しようとする。しかし、領土問題などで強硬な姿勢が見られ、コロナ問題も相まって、世界の中国認識は悪化するなどし、中国の目指す自画像、国際秩序と実態との間には乖離が見られる、という。その中国の対外政策の焦点の一つである台湾問題を扱う、第11章の福田円「習近平は台湾を『統一』できるのか」は、なぜ習近平政権にとって台湾統一が求められ、それはどのように行われようとしているのかを考察する。習近平政権にとって台湾統一は2049年の中華民族の偉大なる復興の夢に重なる重要な目標だ。だが、武力侵攻すれば経済発展などに大きく影響するために、武力を使わずに、「一つの中国」原則や融合発展、また台湾への浸透政策を強化して、台湾統一を促すという戦略を持つ。しかし、その戦略の実現は極めて困難であり、最終的に武力に依存する可能性があると見立てる。第12章の川島真「日本は中国とどう付き合うべきか」は、国内政治、経済、世界の国際秩序、東アジアの国際秩序、国民感情という五つの側面から日中関係がこの50年間でいかに変化したのかを考察する。それによれば、この50年間であまりに大きな変化があったことを踏まえれば、1972年当時の原則や出発点は大切なものの、「現実」に即した関係構築が重要だとのことである。(川島　真)

9　中国では「人権」をどのように考えているのか
――「少数派」と周辺地域への帰順の強制

倉田　徹
（くらた　とおる）
立教大学法学部教授
専門は現代中国・香港政治。著書に『中国返還後の香港――「小さな冷戦」と一国二制度の展開』（名古屋大学出版会）『香港政治危機――圧力と抵抗の二〇一〇年代』（東京大学出版会）などがある。

熊倉　潤
（くまくら　じゅん）
法政大学法学部准教授
専門は中国、旧ソ連の民族政策。著書に『民族自決と民族団結――ソ連と中国の民族エリート』（東京大学出版会）、『新疆ウイグル自治区――中国共産党支配の70年』（中央公論新社）などがある。

1　中国政府と人権

（1）中国政府の公式見解

中国の人権問題が論じられて久しい。第二次世界大戦後に内戦を経て革命政権として成立した共産党政権は、その当初に「反革命鎮圧」と称して大量の人命を奪ったのみならず、毛沢東時代には繰り返される巨大な政治運動に人々を巻き込み、多くの犠牲者を出した。ソ連が崩壊し、東欧諸国が民主化する契機となった冷戦末期において、中国は学生や市民の民主化運動を軍事弾圧する一九八九年の天安門事件を発生させ、世界から多くの非難を浴びた。その後中国はめざましい経済成長を実現し、欧米諸国はその結果として中国が自由化・民主化を進めることを期待したが、むしろ中国は自身の一党支配の体制に自信を深め、民主化を拒んだ。近年は習近平一強体制の下、市民の言論や運動に対する様々な圧力が強められており、人権侵害が指摘される事例は枚挙にいとまがない。

昨今とりわけ目立つのは、中国の周辺部にあたる地域での人権状況の問題である。新疆ウイグル自治区では、ウイグル族に対する監視と迫害の事例が多く報告されており、欧米諸国などからは強制収容やジェノサイドといった、極めて強い言葉での中国政府に対する非難が向けられている。一方香港では、二〇二〇年に中央政府が「香港国家安全維持法（国安法）」を一方的に制定し、「一国二制度」の下で維持されてきた政治活動や言論活動等の自由が急速に萎縮している。

問題は、こうした状況にもかかわらず、中国の多数派の人々が中央政府を強く支持しているように見えることである。無論、中国には日本や諸外国、ひいてはロシアですら行われているような政治指導者の支持率調査は存在しないから、中国人の真の民意状況を理解することは極めて難しい。しかし、ネット上などでは政権を強く支持する言説があふれており、しばしば「仮に中国で民主的な選挙があったとしても、確実に共産党が政権をとれる」と言われるように、現政権に対する国民的な強い支持が存在していることは恐らく疑いない。

中国政府は前述のような国際的に非難される劣悪な人権状況をどのように正当化し、いかにして国民を納得させているのか。実は、中国政府は人権という概念を否定するわけではない。例えば、二〇二一年六月二四日、中国共産党成立一〇〇周年の年に合わせて国務院新聞弁公室が発表した白書は「中国共産党の人権尊重・保障の偉大な実践」と題している[1]。中国は中国なりに、彼らの理解に基づいて「人権」を尊重してきたという主張である。なお、「白書」を発表した国務院新聞弁公室自体が、天安門事件後の中国に対する国際的非難の高まりを受けて、「中国流の正義」の発信基地として一九九一年一月に開設されたという経緯を持つ。人権問題への対応が同弁公室にとって極めて重要な課題であり、中国政府・共産党が初めて公式に「人権」という語を認めた一九九一年一一月の「中国の人権状況」白書を皮切りに、人権全般や、女性・児童・少数民族・宗教信仰・労働・社会保障などの各論的な「人権白書」も含め、多くの白書を発表しているという[2]。

それでは中国では「人権」をどのように考えているのか。二〇二一年版「白書」の全文を詳述する紙幅はないが、その特徴を挙げるとすれば、第一に、人権とナショナリズムを結合する意識が顕著である。アヘン戦争以来の近代の侵略の下で、中国人民の人権は蹂躙された。「白書」は、内憂外患に直面した一〇〇年前の「中華民族」が、中国共産党の領導の下で革命を成し遂げ、人民を最優先とする政治が実現したと主張する。また、中国の人権保障が、中国の独自性に基づいてなされていることも強調している。「白書」は「中国が人権の尊重・保障・発展を実現する上で、そのまま適用できる出来合いの枠組みは存在しない。自国の現実から出発して、自身の道を歩まねばならない」とし、中国共産党が人権の普遍性の原則と自国の現実を結びつけることを堅持したため、国情に合った人権発展の道を歩み、人権文明の多様性を豊かにし、発展させることができたと述べている。

第二に、人民の生活改善を、人権保障の成果として強調している。例えば、一九五三年以来中国が制定してきた五カ年計画が、人権を尊重・保障するものとして挙げられている。「経済・社会と文化の権利、特に仕事の権利、基本的生活水準の権利、社会保障の権利、健康の権利、教育を受ける権利、文化の権利、環境の権利、財産の権利などを保障することは、全ての人の生存と発展に関わる」からである。「白書」では中国経済の発展や、コロナ対策への注力までが人権問題における成果として語られている。

これらを合わせると、人権についての中国の主張が見えてくる。すなわち、中国には中国のやり方があり、現に共産党政権は国の発展を通じて人民の「生存権」を大いに保障してきたというのである。中国の人権について研究する憲法学者の石塚迅は、「人権白書」において描かれている「人権」は、①人権に対する主権の優位、②「生存権」最優先および「発展権」重視、③「共産党の指導」の堅持という顕著な特徴を持ち、西欧的な人権観とは発想を異にすると述べる[3]。

(2) 人権侵害への海外からの批判

しかし、中国の人権状況に対しては、欧米諸国を中心に、政府や国際NGOから厳しい指摘が相次いでいる。

民主主義国家でない中国において、言論や政治参加の権利が侵害されていることはよく指摘される。例えば、米国のNGOであるフリーダム・ハウスは二〇二二年版「世界の自由」調査で、中国の自由を一〇〇点満点中九点と厳しく評価している。言論や報道等の自由に関わる「市民的自由」のカテゴリーでは一一点、投票権や被選挙権などの「政治的権利」に至ってはマイナス二点と、惨憺たる評価である（ちなみに日本は「市民的自由」四〇点、「政治的権利」五六点の合計九六点[4]）。フランスに本部を置く国境なき記者団の二〇二二年版「報道の自由指数」のランキングでは、中国は調査対象一八〇カ国・地域中一七五位と、ほぼ最下位に近い評価に沈んでいる[5]。アムネスティ日本のウェブサイトでは、「世界の人権問題」として一二のトピックスを特に紹介しているが、「死刑廃止」や「子どもの権利」などのテーマ別のトピックが大多数を占める中で、特に国名を挙げているのは「日本の難民・移民」と「中国の人権」の二つのみであり、人権擁護活動家への弾圧、表現の自由の規制、信教・信条の自由の侵害の事例などが列挙されている[6]。

中国の人権問題についての外国からの批判は、こうした「政治的」な人権の領域に留まらない。二〇二二年四月一二日、米国務省は人権報告書を発表した[7]。同報告書では、ロシア・北朝鮮・シリア・ミャンマーなどと並び、人権侵害が行われている国として中国を特に挙げ、「政府による恣意的または不法な殺害、政府による強制失踪、政府による拷問、過酷で生命を脅かすような刑務所や拘置所の状況、政府による恣意的な拘置、政治犯、国外の個人に対する政治的に動員された報復、独立した司法の欠如と司法・法制度に対する共産党の支配、広範かつ煩わしい技術による監視などのプライバシーに対する恣意的な干渉、容疑者の家族への処罰、ジャーナリスト、弁護士、作家、ブロガー、反体制派、請願者などとその家族に対する身体攻撃と刑事訴追などといった表現の自由とメディアに対する深刻な制限、サイトのブロックを含むインターネットの自由に対する深刻な制限、国内外の非政府組織に対する過剰な規制を規定する法律などによる平和的集会の自由と結社の自由に対する実質的な妨害、宗教の自由に対する厳しい制限と抑圧、移動の自由に対する実質的な制限、拷問や性的暴力を含む迫害を受ける恐れが大いにあるにもかかわらず、亡命希望者を北朝鮮へ強制送還していること、市民が自由で公正な選挙を通じて平和的に政府を選ぶことができないこと、政治参加の深刻な制限、政府の深刻な腐敗行為、強制不妊手術と強制中絶、強制労働を含む人身売買、マイノリティを標的とした暴力、労働者が自身の選択により組合を組織したり加入したりすることの禁止など労働権の厳しい制限、児童労働」についての信頼できる報告があるとしている。

人権に関するあらゆる問題を網羅したかのように見えるこの指摘が事実であるとすれば、中国では「欧米型」の人権理解の範囲の問題だけでなく、共産党政権が擁護してきたと主張する「生存権」や「発展権」においても、深刻な人権問題が生じていると思われる。中でも近年大きく論じられたのは、中国の周辺部に位置する新疆ウイグル自治区と香港特別行政区の人権侵害である。

2　新疆ウイグル自治区の人権

(1)「反テロ」の大義を掲げた抑圧

近年、新疆ウイグル自治区（以下、新疆）に住むウイグル人（族）、カザフ人（族）などいわゆる少数民族と呼ばれる人々の人権状況に、世界的な注目が集まっている(8)。二〇一七年頃から消息不明になる少数民族が続出し、最も多い時には、一〇〇万人以上の少数民族が「職業技能教育訓練センター」なる施設に収容されたと言われる。

中国はこうした大規模な収容をどのような政策理念で進めたのか。中国側の公式見解によれば、それは「テロ」を防ぐ戦い、すなわち「反テロ」という点から説明される。

この「テロ」という概念は一九九〇年代後半から新疆の抗議行動に対してあてはめられるようになった。その背景には、当時、アフガニスタンから旧ソ連・中央アジア地域にかけて、イスラーム原理主義勢力が台頭し、「テロ」に対する警戒が強まったことがある。また一九八九年を分水嶺に、それまで曲がりなりにも認められてきた抗議行動が事実上不可能となり、不満分子が自殺的な抵抗運動に身を投じたことがある。一九九〇年代を通じて、暗殺、爆発事件等が相次ぐようになり、これを時の江沢民政権は「テロ」と見なすようになったのである。

「テロ」とは政権によるレッテル貼りの面も多分にあるが、ともかく中国は十把一絡げに様々な抵抗運動を「テロ」と断定し、それに対する対応策を繰り出すようになる。習近平政権が大規模な収容を推進する前、一九九〇年代後半から二〇〇〇年代にかけて、江沢民政権とその後の胡錦濤政権は、「テロリスト」の摘発だけでなく、経済発展に重きを置いていた。経済発展を推し進めることで、人々の生活水準を底上げし、「テロ」が起こる要因をなくそうとしたのである。しかしこうした言わば経済発展至上主義は、二〇〇九年に発生したウルムチ騒乱後、行き詰まりの感が漂うようになる。漢人（漢族）の大衆は自分たちが「テロ」の被害者であるという意識を強め、政府が少数民族に対し根本的な対策をとらないことを公然と批判するようになった。

その後成立した習近平政権は、二〇一三年の天安門車両突入事件、一四年の昆明駅無差別殺傷事件を経て、世論のさらなる突き上げを受けた。同年春の習近平の新疆視察を経て、政権は

「反テロ人民戦争」を掲げ、「テロリスト」を断固摘発する構えを見せる。一五年に「反テロリズム法」が制定され、一六年に新疆ウイグル自治区の書記が交代すると、陳全国書記の下で「反テロ」の取り組みが加速する。政府職員等が少数民族の家庭に住み込む「親戚制度」が広められ、監視の目が家庭内にまで行き届くようになった。二〇一八年に『人民日報』が報じたところによれば、同年九月までに新疆全土で約一一〇万人以上の政府職員が約一六八万戸の「親戚」となったという[9]。

　こうした人海戦術で得られた情報をもとに、翌一七年には「過激派」等の嫌疑をかけられた多くの民衆が、職業訓練の名目で「職業技能教育訓練センター」などと呼ばれる施設に収容された。そこでは「脱過激化」の名の下に、宗教の影響を薄め、愛国主義を植え付ける思想改造が行われた。習近平の指示をはじめ、多くの政策文書に登場する表現を借りれば、全ての人々の心の奥底に「中華民族共同体意識」を鋳牢（鋳造、確立）することが徹底されたのである。

　アイデンティティの改造に関連して、収容者には中国語（漢語）教育が施された。二〇一九年六月に施設に招待されたBBCの記者が報じたところによれば、中国語学習の例文は「私は中国共産党を愛する」「私は中華人民共和国を愛する」「私は北京の天安門を愛する」というようなものであった[10]。

　施設に人々が収容された理由には、産児制限違反、宗教色が強い、信用がならないなど、些細な法律違反や具体性に欠くものが多くあったようである。そのため収容者数は非常に多くなり、一〇〇万人以上にのぼったと推測されている。「反テロ」の論理が、「テロリスト予備軍」の教育改造という政策に帰結し、多くの無辜の民を巻き込んで展開されたのである。

（2）「脱貧困」の論理と人権

　以上の大規模収容は、中国では「テロ」の撲滅、安定の確保という観点から、全く問題視されていない。それどころか、「反テロ」の論理だけでなく、次に述べる「脱貧困」の政策論理からも正当化され、肯定されている。「脱貧困」とは、二〇二〇年を期限に中国から貧困をなくすという目標の下、習近平政権の下で推進された就業支援、雇用創出などの諸政策である[11]。

　この政策自体は習近平時代に入る前から存在し、特に胡錦濤時代に、新疆でも様々な就業支援等が行われてきた。その意味では、前述の経済発展至上主義の流れを汲んでいるが、習近平時代に入り、二〇二〇年までの言わば「貧困ゼロ」目標達成に向け、「貧困県」などに認定された地域の地元政府に対する発破がけが進んだ。

　その結果現れたのが、職業訓練の名目で「職業技能教育訓練センター」に失業者などを送り込む政策であったと考えられる。過激な宗教思想になびくおそれのある失業者、青年層などに、「職業訓練」を施すことで、「脱貧困」と「脱過激化」の一挙両得を目指したのであろう。西側で「強制収容所」と一般に見なされている「職業技能教育訓練センター」が、「職業訓練」

を看板に掲げているのは、こうした「脱貧困」の政策論理に由来している。

「反テロ」と「脱貧困」の論理の融合は、習近平時代に入ってから始まったものではなく、中国に限ったものでもないかもしれない。しかし習近平時代の中国では、「テロ」の温床と目された貧困層に対し、様々な政策的アプローチが、より大規模かつより強制的に展開されることとなった。例えば、綿花畑での綿摘みへの動員、内地の工場への集団的移送といった就業支援がある。それから不妊手術の奨励といった産児制限がある。これらは欧米では一般に「強制労働」と「強制不妊」の問題と見なされている。亡命者の証言からは、本人の意向とは関係なく、政策に応じざるを得ない状況が指摘されており、当事者が皆、自主的に動員ないし不妊の処置に応じているとは、にわかに信じがたいからである。

一方、中国側は、失業者を遊ばせておくと「テロリスト」になってしまう、あるいは貧困世帯の子沢山が将来の「テロリスト」を生み出してしまうなどといった認識に立って、中国政府なりの「反テロ」「脱貧困」の論理を展開している。それゆえに欧米から「強制収容」「強制労働」「強制不妊」等々の非難がつきつけられると、中国側は「反テロ」「脱貧困」の観点から、自己正当化の態度をとった。中国の主張では、欧米のいう「強制」は、事実を捻じ曲げた悪意ある中傷ということになる。就業支援、産児制限などは、あくまで失業者、青年層、女性への支援策であって、感謝はされても非難される筋合いはないということになるからである。

「強制収容」「強制労働」「強制不妊」はどれも「強制」でなく、人権侵害にあたらないと主張するに際し、中国側は様々な関係者を動員して、自らの主張を補強している。例えば、ウイグル人の「職業技能教育訓練センター」の卒業生、綿花畑の農家、二児の母などが、中国の政策を礼賛し、現在の生活が幸せだと異口同音に主張している。同じ言葉を話す人々が次々に登場すること自体が、異論を許さぬ言論統制の存在を逆に示しているという発想はそこにはないようである。

二〇二一年一月一九日、アメリカのポンペオ国務長官は、中国がウイグル人はじめ新疆のムスリムを抑圧する過程で、「ジェノサイド」を犯したとする声明を発表した。その後発足したバイデン政権もこの見解を継承した。二月にはカナダの議会下院が、四月にはイギリスの議会下院が、中国による弾圧は「ジェノサイド」であると認定する動議を行った。欧米諸国が新疆の人権状況を「ジェノサイド」であると批判すると、中国側は「反テロ」と「脱貧困」によって「テロ」のない新疆社会を長期的に安定させることに何ら問題はなく、むしろ欧米の人権問題のほうが深刻であるとの反駁を展開するようになった。

国連人権理事会では、二〇一九年以来、新疆および後述する香港の人権問題をめぐり、中国批判と中国擁護の声明それぞれに賛同国が分かれる分断的な状況がたびたび生じている。しかし欧米側は、これまでいずれの声明合戦においても、多数派に立つことはできないでいる。数において勝るアジア、アフリカの途上国を中心に、中国への支持が広がったからである[12]。数の優位に勢いづいた中国は、黒人や先住民などをめぐる欧米の人権問題を指摘し、欧米と真っ向から対立する道を歩んでいる。中国は欧米から理解されることをもはや期待せず、自国の主張をますます一方的に展開するようになってきているように見える。

3　香港の人権

(1) 植民地期から「国安法」制定までの香港の人権
――返還前後の人権状況の改善

香港は、アヘン戦争という侵略戦争の結果イギリスが清国から強奪した植民地である。当然のごとく、イギリス統治初期の香港の人権状況は劣悪で、悲惨な生活環境、疫病の蔓延、苛酷な人種差別、貧弱な社会福祉、腐敗した官吏、抵抗運動の弾圧などの例は多々あり、そうした問題の一部は現在までも形を変えて残存する香港の「宿痾」のようなものにもなっている。西欧や日本など列強の近代中国における所業は、中国が「白書」で指摘しているとおり、確かに人権蹂躙にほかならない。

それにもかかわらず、英領植民地期の香港は常に中国大陸からの移民・難民を引きつけ続けた。特に第二次世界大戦後には難民が殺到し、大都会へと発展した。その理由は皮肉なことに、香港がいくら多くの問題を抱えていても、中国大陸と比較すれば相対的に良好な人権状況にあったからである。

イギリスの統治開始直後からある程度一貫していたのが経済・社会の自由であった。香港政庁は低コストでの統治を志向し、小さな政府と低税率、商業・貿易の自由を常に保障した。香港では共産党政権下の中国のように、地主や資本家であるという理由で政権から命を狙われる心配はなかったし、運と実力があれば徒手空拳から身を起こせる権利もチャンスも存在していた。

政治的にも、香港は大規模な粛清が行われた戦後の大陸や台湾と比べれば、自由で安定した状況にあった。香港ではイギリスにとって潜在的脅威となる共産党支持者は弾圧もされたが、それでも地下活動をある意味黙認され、国民党のシンパと並存する状態となった。これは香港政庁が、北京や台北の政権を刺激して干渉されることを避けるため、慎重に振る舞った結果である。こうした政権の不干渉の結果、放置された香港社会では言論や芸術もかなり自由に開花した。メディアが「香港情報」と称される独特の中国関連の情報を発信し、暴力や低俗性もタブーとしない自由な発想の香港映画が世界を席巻したのは、同時期の毛沢東の中国や、蔣介石の台湾では考えがたい自由であった。

英領香港は戦後著しい経済発展を実現するが、その過程で直面した問題は、イギリス当局に反省と政策転換を強いた。一九五〇年代以降、香港では住民の社会問題への不満が鬱積し、暴動が頻発した。一九六七年には中国の文化大革命の影響も受けた大規模な左派暴動が発生した。爆弾テロも起こした左派が市民の反感を買った機に乗じる形で、イギリスは警察力で暴動を鎮圧した（ちなみに、当時香港領事として駐在していた佐々淳行は、この暴動鎮圧に利用された催涙弾の威力を見て、日本の警察にも導入したと言う）が、イギリスは統治の強権性が暴動の一因とも判断し、画期的な統治方式の転換を行った。イギリスは一九七一年に初めての外交官出身の香港総督としてマレー・マクルホースを選任し、その下で一九七〇年代の香港では公共住宅の大増設、社会福祉の大幅拡大、義務教育の導入、汚職の撲滅、労働者の保護などが進められ、社会の様相は大きく変化した。従来香港政庁は、香港が「快適すぎる」と大陸からの移民を引き寄せると考え、住民福祉を抑える発想を持っていたが、左派暴動と、一九七〇年代の中国の国際社会復帰の勢いという中国の「ソフト・パワー」の伸長に直面したイギリスは、香港をより住みよい場所にすることで民意をつなぎ止めようとしたのである。

一九八二年からは香港の将来についての中英交渉が行われ、一九八四年、両国は一九九七年にイギリスが香港を返還することと、中国が返還後の香港で「一国二制度」方式の統治を導入し、現状の資本主義体制を少なくとも五〇年間維持して、香港人による高度の自治を行うことで合意した。返還過渡期には、イギリスは香港の人権状況の改善に注力した。一九八〇年代初頭から、それまで選挙がほぼ全く存在しなかった議会で漸進的な民主化を導入した。

一九八九年に北京で天安門事件が発生すると、香港市民の間に不安と動揺が広がった。それへの対応の一環としてイギリスは一九九一年に「人権法」を導入した。「国際人権規約」に則って香港の人権を守ることを趣旨とする同法は他の法律に優先するとされ、このため団体結成を規制する「社団条例」、デモや集会を制限する「公安条例」など、多数の法律が改正された。天安門事件を機に香港では民主派が形成されて市民の圧倒的支持を集め、一九九五年には議会である立法評議会の過半数の議席を得るに至った。この民主派が主導する議会において、一九九七年の返還までの間に、労働者保護などの新法が多数成立した。こうして、強権的・閉鎖的な植民地統治は、徐々に自由な市民社会と、選挙・政党などの仕組みを未熟ながら備える「半民主体制」へと変化していった。

一九九七年の返還で、香港は西欧型の人権規範を持たない中国共産党政権の統治下に入った。中国政府はかねてから「人権法」や急進的な民主化に反発しており、返還と同時に民主派がほぼ排除された非民主的な議会「臨時立法会」を設置して、「人権法」によって改正された多くの法律を以前の状態に戻す改正を断行した。香港の人権状況は一時的に後退した。しかし、「臨時立法会」は一年足らずで解散となり、民主派も議会に復帰した。返還後の「ミニ憲法」と称される「香港特別行政区基本法」の第三九条では、「国際人権A・B規約」とILO条約の一部は引き続き香港に適用するとしている。また、返還後も香港ではイギリスのコモン・ローに基づく独立した司法が実施されている。廣江倫子の研究によれば、返還前に中国はイギリスによる「人権法」導入に大いに反対したが、他方で返還以降、香港の裁判所は具体的な訴訟の解決にあたり、国際人権法・比較法に依拠して判断を下す傾向が強くなっていると言う[13]。

中国政府は「基本法」で普通選挙の導入を将来の目標と明記し、歩みは遅かったとは言え、イギリスが返還直前に開始した民主化を返還後も引き継いだ。また、少なくとも言論・報道・信教・集会・結社・デモなどの自由は、中国大陸と比較すればはるかに良好な状態を二〇二〇年までは維持していた。二〇一九年に発生した「逃亡犯条例」改正反対運動に端を発する大規模な抗議活動は世界的なニュースとなった。運動発生の背景には、二〇一四年の民主化運動「雨傘運動」の鎮圧や、抗議活動に関連した裁判での厳罰化の進行など、じわじわと進んできた自由の後退がある一方、少なくとも言えるのは、当時の香港にはまだ大規模な抗議活動を決行できるだけの自由は存在していたということである。

(2)「国安法」体制下での人権状況の急速な悪化

しかし、この巨大抗議活動を受けた中央政府の強力な対策により、目下香港の人権状況は急激かつ深刻な悪化の最中にある。

二〇二〇年五月、中国全国人民代表大会は、香港版の「国家安全法」を制定することを発表した。法案は全人代から全人代常務委員会で異例の速さで審議され、六月三〇日には「香港国家安全維持法（国安法）」として制定と同時に施行された。施行の瞬間まで条文を秘するという異常な方法で制定された同法は、曖昧な条文で恣意的に国家分裂・政権転覆・テロ活動・外国との結託の罪を問える内容となっている。同法施行後は激しい弾圧が開始された。中でも特に社会に大きな衝撃を与えたのは、二〇二一年一月の民主派五五人の一斉逮捕と、六月の民主派寄り新聞『蘋果日報』の弾圧である。前者は民主派が立法会議員選挙前に行った「予備選挙」を政権転覆罪に問うた。後者は過去の記事の内容が外国との結託の容疑をかけられた。いずれも裁判は遅れているものの、「国安法」は容疑者の保釈を厳しく制限する規定や、その財産を凍結する規定を含んでいるため、容疑をかけられただけで、議会で多数派の市民の支持を得てきた民主派は壊滅的打撃を受け、香港でも発行部数一、二を争う大手新聞であった『蘋果日報』は廃刊に追い込まれた。これらの事件が社会全体にもたらした萎縮効果は非常に大きい。抗議活動はコロナ禍も相俟ってほぼ姿を消した。民主派政党・政治団体のみならず、労組やメディアなどの多くの民主派寄り団体が、弾圧の結果解散に追い込まれたり、メンバーの安全を守るために自ら解散したりした。

政府の発表では、二〇二二年三月三一日までに「国安法」違反やその他の「国家の安全」に危害を加えたとの罪で逮捕された者は一七五人となっている。うち一一二人と企業五社が起訴され、結審したのは八人であるが、全員有罪となっている。このほか、二〇一九年の抗議活動に関係した逮捕者は二〇二二年二月二八日時点で一万二二七七人、うち二八〇四人が起訴され、一一七二人に有罪判決が下っていると言う。[14] 現時点で政府が手を緩める気配はなく、今後はネット規制、クラウドファンディング規制、「フェイクニュース」規制などがさらに検討されてゆくと予想される。

しかし、香港では「国安法」が制定された一方、先述の「人権法」や「基本法」が人権を擁護する規定を持っているし、コモン・ローに基づく司法の独立は維持されてきた。「国安法」ができたからと言って、「人権法」や「基本法」が廃されたわけではない。それでもなぜ、少なくとも日本などの自由民主主義国家では確実に合法であり、「国安法」制定以前の香港でも罪にならなかったような言論活動や政治活動を容疑に、有罪判決が下されてしまうようになったのか。

その鍵は、人権保障に例外を設けるような「国安法」の条文にある。「国安法」は第四条で、「国際人権規約」にもある言論・報道・出版の自由、結社・集会・デモ行進・デモの自由を尊重するとしている。しかし第二条には、「香港特別行政区の法的地位に関する香港特別行政区基本法第一条及び第一二条の規定は、香港特別行政区の基本的条項である。香港特別行政区のいかなる機構、組織及び個人も権利及び自由を行使するにあたり、香港特別行政区基本法第一条及び第一二条の規定に反してはならない」[15]との内容がある。「基本法」第一条は、香港を中華人民共和国の不可分の一部であると規定する。同第一二条は、香港を中央政府が直轄する地方行政区であると定義している。これらに反することとはすなわち「香港独立」である。言い換えれば、「香港独立」の主張については、権利も自由も行使を許されないということになる。「国家の安全」を人権に優先させる規定で、人権保障の条文が空文化しているのである。

政権側の「香港独立」の定義は曖昧で、主権独立の国家を築くことに限定されない。香港の将来について住民投票をすることを主張した「自決派」の主張も、「香港独立」と同質の思想と見なされている。過去には中国の法学者が、香港の選挙制度改定の是非をもし香港人が自分で決定するようにしたら「独立と同じ」[16]と述べたこともある。二〇一九年の抗議活動は、中国大陸においては「香港独立派」の仕業とのレッテルが貼られている。「例外」的に人権保護の対象外とされる可能性は、現実においては政権に批判的な様々な活動に広くおよぶ。

また、「国安法」と既存の香港法が矛盾する場合は「国安法」が優先すると規定され（第六二条）、「国安法」は「人権法」を含む全ての香港法に優越する。「基本法」と「国安法」の優劣関係についての明確な規定はないが、すでに出た判例によれば、「国安法」は香港の裁判所による違憲審査の対象とならない。このため廣江倫子は、香港法には実質的に「国安法」と「基本法」という二つの憲法が併存する状況になったと指摘する。香港法の中に、全く異質の「国安法」が規定する領域が出現し、そこはコモン・ローや国際人権法から中国法にすっぽりと置き換わった形になっていると言う。[17] その結果、「国家の安全」に関わると原告側が主張する裁判では、「国安法」違反以外の容疑の事件でも、行政長官が指定した裁判官が事件を担当したり、保釈が容易に認められなかったり、「国安法」の基準が採用された裁判が行われるようになっている。「中国式」司法や「中国式」人権概念が支配する領域は、徐々に、しかし歯止めなく拡大されているように見える。香港の法制度は、英米法の伝統を色濃く残したものから、「中国式」の司法へと変容しつつある。

4　「中国式」人権概念の問題点

以上のように、中国は独自の人権概念を主張しているが、中国大陸での民主活動家・弁護士・宗教等への迫害、そして本稿が取り上げてきた新疆ウイグル自治区と香港での事態は、明白かつ深刻な人権侵害と評せざるを得ない。中国政府が人民の「生存権」や「発展権」の状況改善をいかに主張しようとも、こうした人権侵害を正当化する論理とはなり得ない。「生存権」や「発展権」を保障することは、自由権や社会権を保障することと本来両立し得るからである。経済成長は人権弾圧を必然的に伴うものでもなく、また、経済面での実績は人権弾圧を正当化する理由にもなり得ない。そもそも、中国においては、経済成長を目指す開発の過程で、個人の財産権や環境権を脅かすような事態が生じていることも指摘されている。

それでも、本稿冒頭で述べたとおり、中国国民の政権に対する支持は強固にも見える。おそらくその理由は、多数派の力を背景にした少数派に対する抑圧という形になっているからであろう。中国政府は経済成長の実現によって多くの国民の人心を買うことに成功している。また、近年多数派の中国人は「中華民族」ナショナリズムに絡め取られ、政権が奨励する「愛国心」をたぎらせている。そうした人々は、「異見人士」と言われる、人権活動家・民主活動家などの政権に批判的な人々や、新疆や香港などの周縁部からの異議申し立てを、「外国勢力との結託」や「テロ」などと論断する政権側の言論と調子を合わせる。現在の中国の多数派から見て、新疆で収監されたウイグル人は「テロリスト」であり、香港の抗議活動参加者は「米国に扇動された暴徒」である。多数派はこれらの人々に激しい敵意を燃やし、弾圧を支持する。人権弾圧は、多数派からは事実上他人事ととらえられ、弾圧される人々の苦痛が幅広い共感を呼んでいるとは言いがたい。

「少数」の異議申し立てへの抑圧を正当化するのが、中国共産党に独特の論理である。毛沢東は一九五七年の講話で、中国国民を中国共産党政権にとって敵対的でない「人民」と、「人民の敵」に分ける論理を展開した[18]。そこでは、人民に対しては民主主義を適用する一方、敵を抑圧するためには独裁を用いるとした。反革命分子を逮捕して裁くこと、地主階級や官僚ブルジョアジーに選挙権や言論の自由を与えないことなどはこの論理で正当化されると同時に、国外の敵の転覆活動・侵略を防ぐためにも独裁を用いるとしている。労働者階級およびその指導の下にある人民が独裁を行うとされるこの人民民主主義独裁は、現在も社会主義の道、共産党の指導、マルクス・レーニン主義と毛沢東思想・鄧小平理論とともに、中国憲法前文においても中国が堅持すべき四つの基本原則の一つに数えられている。

つまり、中国では政権が「敵」視する者に対しては人権の保障はないというのが原則となっている。これ自体、基本的人権を全ての人に保障する人権概念からはかなりかけ離れたものであるが、さらに大きな問題は、誰が「敵」なのか、その定義が曖昧な点である。毛沢東は、人民と敵の線引きはそれぞれの国家および時代によって違いがあるとする。抗日戦争当時は日本帝国主義・漢奸（漢民族の裏切り者）・親日派が敵であり、解放戦争（国共内戦）時にはアメリカ帝国主義とその手先、官僚ブルジョアジー・地主階級・国民党反動派が敵、社会主義建設の時代には社会主義革命に反抗し、これを敵視して破壊する社会集団・勢力が敵とされた。事実上、政権は自身の都合によって、その時々の敵を定めることができる。新疆の収容所は「敵」に強制労働を科して「改造」する発想の、香港「国安法」の人権擁護に例外を定める規定は「敵」に権利を与えない発想の、延長線上にあると理解できる。

「少数派」に対する攻撃は、人民民主主義独裁の体制において、人民と政権の一種の共犯関係の下で続けられている。民主主義体制の欠陥とされる「多数者の専制」は、非民主的な現在の中国の体制において、より苛烈に実行されているように見える。これは民族や思想などの面における国内の多様性を圧殺するショーヴィニズムにもつながり、ウイグル人の信仰や文化や、特別行政区である香港の大陸との異質性も、急速に縮小しているように見える。「少数派」の権利が軽視されていることは、中国の人権保障の根本的欠陥と言わざるを得ない。

※本稿は小見出しの1、4は倉田徹と熊倉潤の共著、2は熊倉潤、3は倉田徹が執筆した。

（1）「中国共産党尊重和保障人権的偉大実践」、中華人民共和国中央人民政府ウェブサイト（http://www.gov.cn/zhengce/2021-06/24/content_5620505.htm、二〇二二年五月四日閲覧）。
（2）石塚迅『現代中国と立憲主義』東方書店、二〇一九年、二一―七頁。
（3）石塚迅、前掲書、七―八頁。
（4）Freedom House, Countries and Territories, https://freedomhouse.org/countries/freedom-world/scores (accessed May 10, 2022).
（5）Rportes without borders, Index, https://rsf.org/en/index (accessed May 10, 2022).
（6）「人権について学ぶ」アムネスティ日本ウェブサイト（https://www.amnesty.or.jp/human-rights/index.html、二〇二二年五月一〇日閲覧）。
（7）U. S. Department of State, 2021 Country Reports on Human Rights Practices, April 12, 2022, https://www.state.gov/reports/2021-country-reports-on-human-rights-practices/
（8）新疆に関する本節の記述は、より詳細には、熊倉潤『新疆ウイグル自治区：中国共産党支配の七〇年』（中央公論新社、二〇二二年）第五、六章を参照。
（9）人民網「新疆百万干部職工与各族群衆結対認親」二〇一八年一一月七日（http://gongyi.people.com.cn/n1/2018/1107/c151132-30386143.html、二〇二二年六月一日閲覧）。
（10）BBC News, "Inside China's 'thought transformation' camps," 17 June 2019. https://www.bbc.com/news/av/world-asia-china-48667221 (accessed June 1, 2022).
（11）新疆における「脱貧困」の論理と就業政策に関しては、以下が詳しい。

中華人民共和国国務院新聞弁公室「《新疆的労働就業保障》白皮書（全文）」（二〇二〇年九月一七日 http://www.scio.gov.cn/zfbps/ndhf/42312/Document/1687708/1687708.htm、二〇二二年六月一日閲覧）。

(12) 熊倉潤「新疆、香港の人権をめぐる共同声明と中国」日本国際問題研究所、二〇二一年八月。（https://www.jiia.or.jp/column/china-fy2021-01.html、二〇二二年六月一日閲覧）。

(13) 廣江倫子『香港基本法解釈権の研究』信山社、二〇一八年。

(14)「立法會問題第十四條（書面答覆）」香港立法會、二〇二二年四月二七日、一頁（https://www.legco.gov.hk/yr2022/chinese/counmtg/floor/cm20220427-confirm-ec.pdf、二〇二二年五月三〇日閲覧）。

(15) 邦訳は鈴木賢明治大学教授による（「中華人民共和国香港特別行政区国家安全保全法（仮訳）」、明治大学現代中国研究所ウェブサイト、http://www.isc.meiji.ac.jp/~china/report/2020/images/20200713.pdf、二〇二二年五月三〇日閲覧）。

(16)『星島日報』二〇〇三年一二月六日。

(17) 廣江倫子「香港国家安全維持法と香港基本法」倉田徹・小栗宏太編『香港と「中国化」：受容・摩擦・抵抗の構造』明石書店、二〇二二年、一〇五―一〇六頁。

(18) 毛沢東、狭間直樹訳「人民内部の矛盾を正しく処理する問題について」小野川秀美責任編集『世界の名著六四　孫文　毛沢東』、中央公論社、一九六九年、四九三―五四〇頁。

10 中国の目指す覇権と国際秩序とはなにか

山口信治

（やまぐち　しんじ）
防衛研究所地域研究部中国研究室主任研究官
専門は中国政治・安全保障、中国現代史
著書に『毛沢東の強国化戦略一九四九―一九七六』（慶應義塾大学出版会）などがある。

「もしも中国がいつの日か変節し、超大国となり、さらに世界の覇権を握り、他国を威圧したり侵略し、搾取したら、世界の人民は中国を『社会帝国主義』と呼び、中国の行いを暴き、これに反対し、中国人民とともにこれを打倒すべきです」。

これは、一九七四年四月六日、副首相だった鄧小平が、ニューヨークの国連本部における国連総会で行った演説の一節である。

それから五〇年近くが経過し、中国はこの当時とは比べ物にならないほど大国となった。その国内総生産（GDP）は二〇一〇年に日本を抜き去り、二〇二〇年時点で米国の約七割まで成長している。また人工知能など新興技術開発において、中国は世界のトップグループに入っており、これらを生かしたテック企業の活躍も目覚ましい。軍事力について見ても、中国の軍事費は米国に次いで世界第二位となり、急速に増強されている。このように中国の国力はまぎれもなく大国の水準に達している。

問題は、すでに大国となり、さらに近い将来超大国になる可能性を持つ中国が、その国力を使って何をするのかということだ。中国はこれまで作り上げられてきた国際秩序を支える存在となるのだろうか。それとも中国は、米国に代わって覇権国となり、米国中心の国際秩序にとって代わり、中国中心の国際秩序を作り上げるのだろうか。これは二一世紀の国際政治の焦点となる問題である。

中国は、大国になるにつれて、南シナ海や東シナ海における強硬姿勢や、台湾に対する圧力の強化、米中対立の深まりなど、それまでよりも強硬な対外政策をとる場面が増えてきた。

そのような状況で中国は冒頭で紹介した鄧小平の言葉を翻し、世界の覇権を目指すのではないかという疑念が高まっている。アリソンは、新興国と覇権国の争いが戦争に結びつくという「ツキジデスの罠」は米中の関係にも当てはまる可能性が高いと指摘した（アリソン 二〇一七）。

そこで本稿では、実際のところ中国がどのような対外的な目標を持っているのか、それは米国にとって代わって覇権国となることを目指しているのか、中国はどのような世界を目指しているのか、どのようにそれらの目標を追求しているのか、さらに中国は世界からのどのようなイメージで認識されているのかといった問題を扱う。

1　中国は米国にとって代わる覇権国となることを目指しているのか

(1) 中国にとっての「覇権」国とは

中国は覇権国となることを目指しているのだろうか。それに答えるために、まず指摘しなければならないのは、中国にとって「覇権」という言葉が持つイメージは、国際関係論で言うところの覇権（ヘジェモン Hegemon）とは異なるということだ。国際関係論で言う覇権（ヘジェモン）は、良いとか悪いというニュアンスを持たない価値中立的な言葉である。軍事・経済・政治において抜きん出た実力を持つ国家は、他の国家に優越した地位を占め、自国に有利な国際的なルールや制度を構築し、それを運営する。他の国家は、このような国際的ルールや制度によって利益を享受し、またそれに正当性を認めることで受け入れることになる。

他方、中国にとって「覇権」という言葉は、非常にネガティブな含意を持つ。古代中国の春秋時代の「覇」は、それほどネガティブな意味ではなく、最も力を持ち諸侯をリードする盟主というほどの意味合いだった。しかしその後、孟子が「王道と覇道」という対比でもって、モラル上の善悪という要素を持ち込んでから、「覇」という言葉は横暴、圧迫、統制、侵略といった含意を持つようになっていった（王日華 二〇〇九）。現代中国においてもしばしば覇権という言葉はこのようなネガティブな意味を持って発せられている。

中国はしばしば「覇権主義」への批判を展開するが、これは米国など大国の横暴なやり方に対してモラル上の観点から批判するという構図になっている。一九七三年八月に開催された中国共産党第一〇回全国代表大会において採択された党規約には途上国と連携し、「米ソ二大超大国の覇権主義に反対する」という文言が記されている。これは米国やソ連の横暴な「覇権主義」に対して、途上国とともにこれに反対するという中国の公的立場を示している。冒頭の鄧小平の演説は、まさにこうした意味で使われていた。また中国の指導者は、繰り返し中国の台頭が覇権主義につながらないことを強調してきた。

これが意味するのは、中国が反対しているのは、強権的で抑圧的な態度なのであって、超大国が国際政治をリードすること自体ではないということだ。そうであるならば、中国が超大国となり、国際政治を左右し、国際秩序を担うようになっても、それが中国的な意味で正しいやり方でなされるならば「覇権主義」ではないということになる。よって、国際関係論で言うところの価値中立的な覇権（ヘジェモン）を中国が目指すことは十分にあり得るだろう。

(2) 中国と米国覇権下の国際秩序

中国は覇権国とどのように向き合ってきたのだろうか。特に冷戦後、米国が唯一の超大国となり、覇権が確立する中で、中国はこれにどのように対応してきたのだろうか。覇権国である米国にどのように向き合うかが、中国の対外政策にとって中心的課題であり続けた。ただし、ここで注意すべきなのは、中国は米国に対抗する長期的戦略を一貫して追求してきたわけではないことである。中国にとって、米国にどのように対応するかがその戦略思考の中心にあり続けてきたことは確かであるにしても、それにどのように対応するかについては、変化を見せてきたことも事実である。

大まかな流れとしては、中国は唯一の超大国・米国とそれが主導する国際秩序に対して、自国の利益になる部分については協力・参加し、そうでない部分については慎重姿勢を見せるという選択的態度をとってきた。しかし米中対立が深まるにしたがって、次第に米国中心の同盟ネットワークやリベラルな価値といった側面に対して、中国は次第により対抗的となってきた。その結果、米中対立は覇権をめぐる競争となりつつある。

①冷戦終結——米国の一極覇権にどう対応するのか

冷戦は共産主義陣営の敗北に終わった。勝者となった米国ではイデオロギーをめぐる争いが歴史の中心となってきた時代は、リベラル・デモクラシーの勝利とともに過去のものとなり、「歴史の終わり」が来たとする議論もあらわれた。米国は、自由や民主・人権といった普遍的価値を世界中に広めることで、安定的なリベラルな国際秩序を構築しようとした。これは残された共産党一党支配体制の中国にとって大きな問題であった。

こうした米国の覇権を支えているのは、その圧倒的軍事力と同盟ネットワークであった。一九九一年の湾岸戦争や一九九五―一九九六年の第三次台湾海峡危機、一九九九年のコソボ空爆は、米国の強力な軍事力を見せつける出来事だった。また冷戦期に成立した米国の同盟ネットワークは、冷戦後も役割を変えながら残存・強化されており、これは中国から見て大きな脅威であった。

そのために、まず重要なのは、圧倒的な力を持つ超大国・米国に直接対抗せず、その標的にされることなく、力を蓄えることだった。鄧小平はこの政策を「韜光養晦（とうこうようかい）」と呼んだ。中国が反米国家の先頭に立って米国と対決するのではなく、これに是々非々の姿勢で臨むというのが、外交政策の基本原則となった。

中国共産党の生存のためには経済発展が欠かせず、そしてそのためには経済の改革開放を継続することが必要だった。中国は世界貿易機関（WTO）への加盟を目指し、これを二〇〇一年に実現させた。急速に世界経済のグローバル化が進む中で、安価な労働力と安定的な投資環境を提供することで、世界経済の発展と直接つながり、次第に世界の工場としての地位を確立していった。

他方で、長期的あるいは潜在的な安全保障上の米国の脅威に対抗し、台湾統一をはじめとする目標を追求するために、人民解放軍の近代化は欠かせなかった。このため一九九〇年代末期から中国は軍事力の近代化に着手し、国防費は毎年一〇％以上の高い伸び率を見せ続けた。

②米中協力と韜光養晦をめぐる論争

二〇〇〇年代に入ると、中国は毎年二桁の経済成長率をたたき出し、高度経済成長に成功した。次第に総合的国力が増大する中で、常に内外で問われてきたのが、成長し、台頭した中国は、そのパワーを使って何を達成しようとするのかということであった。

米国のブッシュ（子）政権は、中国に対して「責任ある利益共有者」となることを望み、それまでの単なる参加から、国際秩序を支える上で相応の責任を果たしていくことを求めた。米国は、中国を敵視するのではなく、これと積極的に関わり、国際社会に包摂することで、中国が将来大国となっても、国際秩序に挑戦するのではなく、これを支える勢力にすることができると考えていた（佐橋 二〇二一、山口 二〇二一b）。この「関与政策」は一九九〇年代から二〇一〇年代後半まで続く米国の対中政策の基調となった。

二〇〇八年から二〇〇九年にかけて起きた世界金融危機に際して、中国は四兆元の景気対策を打ち出し、危機を比較的うまく乗り切ることに成功した。先進国の経済成長が軒並み停滞する中で、中国の存在感は大きく増した。新たに誕生した米国オバマ政権は、中国との協調によってグローバルガバナンスを担っていこうと考えていた。米国内では今後は米中G２が国際政治の中心となるとの観測も生まれていた。

しかし、そのパワーの増大の中で、中国自身も転換期を迎えつつあった。

中国はそのパワーが増大したことで、自国の利益をより直接的に追求できるようになってきた。それを受けて「韜光養晦」の外交方針をいつまで続けるのかという問題をめぐり、中国国内では論争が生じていた。それまで安定的な国際環境のために抑制してきた利益の追求を、より積極的に実施できるのではないかという機運が国内で生まれた（Doshi 2021）。

特にこれが顕著となったのが、海洋における権益の主張である。中国は、南シナ海の島嶼部における領有権の主張を一九七〇年代から始めていたが、二〇〇二年にASEAN諸国との間で行動宣言を採択し、状況を一応安定化させた。しかしこうした抑制的姿勢に対する国内の反発は次第に高まりつつあった。二〇〇七年以降、中国は南シナ海における姿勢を強硬化させ、他国の資源採掘行動や米国の調査船の活動を妨害するなど、周辺諸国との摩擦を増大させていった。

ただし、中国はこのような周辺における強硬姿勢にもかかわらず、米国との協調関係を継続できると信じていたように見える。胡錦濤政権末期、中国は米国に対して「米中新型大国関係」を構築することを提起した。新型大国関係は、①衝突せず、対抗せず、②（核心的利益の）相互尊重、③ウィンウィン関係の三つの原則からなり、これらを守ることで米中はツキジデスの罠（新興国家と覇権国家の間に起こる戦争）に陥って衝突することなく、安定的で協力的な関係を維持できるというのである。この中で問題となったのが②の核心的利益の相互尊重であった。中国はこの項目で、政治体制や台湾問題、香港、チベット、ウイグル自治区などの問題について、米国が手を出さないことを保証させようとしていた。それだけでなく、中国が核心的利益と位置づけるものの中には、中国が領有権を主張する島嶼部も含まれていた。これを米国が認めるとなると、南シナ海や東シナ海における中国の主張を米国が受け入れることになる。米オバマ政権はこれを次第に警戒し、米中新型大国関係を受け入れなかった。

③関与政策の終焉と米中対立

二〇一七年のトランプ政権の成立当初、中国は取引による何らかの妥協ができるのではないかと考え、期待を抱いた。しかし、トランプ政権は二〇一七年末より対中強硬姿勢を明らかにし、貿易戦争を皮切りに、テック企業に対する制裁など技術において対中圧力を強化した。また米国は台湾との関係を強化し、中国の人権問題について批判を強めた。さらに新型コロナウィルスのパンデミックが広がる中で、米国の対中イメージは大きく悪化した。米国は、対中関与によって中国の変質を促すという関与政策は失敗であったとして、その終焉を宣言した（佐橋 二〇二一）。

二〇二一年に成立したバイデン政権は、トランプ政権の対中強硬姿勢を引き継ぎつつ、これをより体系的に実施しようとしている。中国は、バイデン政権に対して新型大国関係という言葉は用いないものの、その原則である「衝突せず対抗せず、相互に尊重し、協力とウィンウィンという原則」に戻るよう促した。

しかし現実には米中の対立は深まり、中国は米国に対する警戒を高めていった。中国は前政権に引き続きバイデン政権も、台湾に対する関与を強化し、従来よりも高官の訪問を実現させているほか、出先機関の在台湾米国協会を利用してさまざまな協力アジェンダを進めていることにいら立ちを強めている。現在では中国は新型大国関係という言葉を使わなくなっている。

（3）中国の自信と不安

では中国はなぜより積極的、強硬に自国の利益追求を行うようになったのか。ここでは主に二つの要因が重要だったと指摘したい。

一つにはパワーバランスの急速な変化である。中国は国力の急速な増大の中で、自国の力への自信を高めた。その一方で、米国は、イラク戦争やアフガニスタン戦争において力を浪費した結果、グローバルに軍事的介入を行う意思が低下してきた。さらに、二〇一六年および二〇二〇年の米大統領選挙をめぐる混乱や、新型コロナウィルス感染症危機に対する対応の失敗から、米国型の政治システムが行き詰っていると感じられるようになった。

このため、中国は国際政治に「一〇〇年見られなかったような大変化」が生じていると考えるようになった。それによれば、こうした大変化がもたらすのは、米欧中心の国際秩序の衰退と、より多極的な世界の到来だ。その中でも台頭著しい中国の存在感は非常に大きなものとなる。中国は自国の総合的国力に自信を深めるとともに、中国共産党の指導する政治体制がこうした台頭を可能にしたとアピールするようになっている(Doshi 2021)。

もう一つの要因は、中国の脅威認識の高まりである。中国は、米国をはじめとする西側諸国が、このような大変化に対抗するために、中国を軍事力や同盟ネットワークによって封じ込め、さらに内側から中国の政治体制を変化させようと企んでいると認識してきた。それによれば、米国は単独で中国を封じ込めるパワーや意思がないため、同盟国の役割を拡大させている。中国は、日米同盟の強化や日本の自由で開かれたインド太平洋構想、日米豪印のQUAD、米英豪のAUKUSを対中封じ込めの手段と捉えている。さらに中国では、米国が民主・人権などを「普遍的価値観」として中国に受け入れさせ、世界中でカラー革命を起こし、権威主義体制を打倒することで、覇権を維持・強化しているとの認識が非常に強い。

こうして、米中対立は、軍事、経済、技術、政治体制をめぐる広範な対立となっている。中国はいまや、米国に対抗するためには、米国を中心とした秩序の一部を大きく掘り崩し、これを弱め、これとは別の自国の生存と発展に有利な秩序を構築することが必要と認識するようになり始めている。

2　中国はどのような世界を目指しているのか

(1) 中国が重視する国際秩序の原則

それでは、中国はどのような世界を目指しているのだろうか。しばしば中国は中華思想に基づく自国中心の秩序を目指していると指摘されることがある。そして、論者によっては、伝統的な中華帝国の秩序は必ずしも強圧的ではなく、周辺にとっても利益のある包摂的な秩序であったとして高く評価し、さらに現代中国はそれを引き継ぐとの議論を展開している。

しかしこうした議論は、現実の中国の考え方や議論を反映していない。むしろ中国は、主権国家体系の頑固な支持者である。その目指す秩序は、必ずしも明確なビジョンを打ち出しているとは言えないもの、主権国家体系を基礎としたものとなることは疑いない。

まず、中国の国際秩序観の基礎を確認しよう。そこには次の三つの原則を認めることができる。

第一に、国際秩序において最も重要なのはパワーであり、現存の国際秩序は米国の覇権によって成り立っているという観点である。この見方によれば、現在の秩序は、米国の覇権に基づき、米国が利益を得るために設計されている（山口 二〇一六）。ただし現在の国際システムには「一〇〇年見られなかった大変化」が起きており、パワーバランスは急速に変化している。中国の台頭が早まっているのであれば、秩序の変化も早まることになるだろう。

第二に、現存の国際秩序には不合理・不公正な点があり、これを修正もしくは改革する必要があるとの認識である。これによれば、戦後国際秩序は欧米先進国の意思と利益に沿って作られ、覇権主義、強権政治と自由貿易を旗印にし、発展途上国に対する搾取を特徴とする。中国は自国を「発展途上の大国」と称してきた。これが意味するのは、中国は発展途上国であると同時にこれを代表する大国であり、西側中心の秩序に対して修正や改革を迫る中心的存在となるという自己認識である（川島 二〇二〇）。

第三に、リベラルな秩序への反対と主権国家体系の重視である。中国は、国連憲章第二条や平和共存五原則を国際秩序の基本文書と位置付けている。国連憲章第二条は主権平等、内政不干渉、紛争の平和的解決などの原則を示している。平和共存五原則とは、一九五〇年代にインドとの間で合意した①領土保全および主権の相互不干渉、②相互不侵略、③内政不干渉、④平等互恵、⑤平和的共存という原則のことである。中国はこれらを国際秩序の基礎と呼んできた（山口 二〇一六、川島 二〇二〇）。

これらが中国にとって重要な原則であるのは、主権の尊重や内政不干渉の重視をうたっているためである。これまで述べてきたように、中国は、米欧が民主主義や人権といった普遍的価値を掲げ、中国共産党が権力を独占する一党支配体制に対して揺さぶりをかけることを非常に忌み嫌ってきた。これら原則に依拠することは、こうした「干渉」に抵抗するための論拠となるのである。

中国は米国との覇権競争を展開し始めたとは言え、現存の国際秩序のすべてを否定しているわけではない。中国が挑戦しているのはこのうち、米国中心のリベラルな価値やそれを反映する国際的ルールとそれを支えるパワーの体系としての同盟ネットワークであると言える。これに対して中国の提示する秩序観は必ずしも明確ではないが、民主主義や人権などの価値をそれほど重視せず、経済発展や社会の安定を強調するものとなるだろう。

(2) 米欧中心の国際秩序に対するオルタナティブ

中国は、どのように米国中心の国際秩序に挑戦し、どのようなこれにとって代わるビジョンを打ち出しているのだろうか。ここでは一帯一路およびデジタル・シルクロード構想、そして国際的話語権の二つを取り上げる。

①一帯一路とデジタル・シルクロード構想

まず、一帯一路およびデジタル・シルクロード構想である。一帯一路とは、インフラ建設によりグローバルな相互連結性を高め、共同の経済発展を実現することを目標とする構想であるが、同時に政治、経済、軍事、ソフトパワーなどを包括するパッケージとなっており、正確な内容の確定は難しい（廣野編 二〇二一）。この構想は、経済のグローバル化を強化するものである一方で、中国の影響力の拡大につながるという見方や、「債務の罠」を作り出し、現地国の中国への過度の依存を作り出すとの見方がなされることがある。

デジタル・シルクロード構想は、そのデジタル版とも言うべきものであり、地上および海底の光ケーブル敷設やデータセンターの設置、スマートシティ建設、5Gネットワークの建設などを通じて、非欧米中心のデジタル・エコシステムを構築することを目指すものである。

デジタル・シルクロード構想の問題は、受益国のインフラを中国以外のインフラやプラットフォームに乗り換えることを困難とするデジタル・インフラのロックインと中国的な管理手法の推進による中国的な価値の拡散にあると言われている（持永 二〇二一）。

デジタル・インフラのロックインは、さまざまな側面で中国の影響力の増大につながり得る。例えばルール形成において、中国の定める標準が広まる可能性が指摘されている。すなわち、周辺国のデジタル経済化を中国企業が推進する結果、中国のルールや標準に合わせる国家が増え、データ主権という中国のアプローチ（データの収集や使用は国内法に従うべきという考え方）をまねる国家が増えるというのである。またサイバー領域のガバナンスをめぐって、これまで中国は、米国などのネットワークの自由という考え方に対して、ロシアと協力してサイバー主権を打ち出してこれに対抗してきた。デジタル・シルクロードによって中国の影響力が増大することは、中国的な主張への支持を広げることになるかもしれない。

さらに、これが各国の権威主義体制の強化につながるのではないかという議論がある。中国は必ずしも積極的に他国に対して自国の政治体制モデルを売り込んでいるとは言えない。しかし、デジタル・シルクロードの中で中国型のスマート監視システムを多くの権威主義体制が受容することで、体制が強化される可能性が指摘されている。もっとも、監視システムの導入自体は必ずしも権威主義体制に限定されたものではなく、またこうしたシステムの導入を進める国家の多くが、中国企業のみに依存するのではなく、さまざまな企業の技術を用いている（梶谷・高口 二〇一九）。よってこの点は今後の注目点と言えるだろう。

②国際的話語権の強化を目指して

もう一つが、「国際的話語権」の獲得のための努力である。「話語権」とは自国の観点やナラティブを内外に広め、これに反する観点を排除するような権力を指す。中国は国際的に自国の観点やナラティブを広めることを重視している（山口　二〇二二）。

中国にとって、情報と影響力をめぐる争いは、米欧とのイデオロギー上の安全と優位性をめぐるものである。中国は、米欧が人権や民主主義といった普遍的価値観を世界中に拡散し、中国のような権威主義国家を自国にとって望ましい体制に転換させようとしているという認識を持ってきた。中国は国内および国際的な「話語権」を強化することが、欧米との闘争において不可欠であると考えるようになっている。すなわち欧米の「誤った見方」を正すだけでなく、中国の観点、中国側のナラティブを内外に積極的に広めなければならない。

中国は、国際的話語権を高めるために、国際的な宣伝活動や統一戦線活動を強化してきた。その中で中国メディアのグローバルな発信が強化されるとともに、国際的統一戦線活動が強化され、海外の政界や教育界において中国の影響力拡大が見られるようになった。また、中国の外交官の過度に強硬な発言や態度が相次ぎ、「戦狼外交官」として注目を集めている。これも西側の「誤った議論」に対して反駁し、中国の主張の正しさを喧伝することを目的としており、こうした影響力工作の一環と見ることができる。

またこれと関連する議論として「制度的話語権」という概念がある。これは国際的制度やルールにおいて自国の立場や原則を取り入れさせ、発言力の増大を狙うものである。

例えば中国は、国連人権理事会における活動を活発化させ、人権概念の再定義に積極的な動きを見せている。最近では主動的に人権概念を中国流に再定義することを目指す提案を行うようになった。これら提案には、中国外交の公式概念である「人類運命共同体」という言葉が盛り込まれ、また国家ごとの事情を考慮することや、経済発展や安全が市民的・政治的自由に優先することを示唆するような内容となっており、従来の普遍的な人権概念とは異なる概念が示されている。

以上のように、中国は民主や人権を中心としたリベラルな価値やそれに基づくルールに対して変更を迫る動きを強めつつあると評価できるだろう。

（3）対外的な安全保障上の関与をどこまで行うのか

中国の秩序構築のうえで、その基礎となるハードなパワーをどのように行使するかが大きな問題となる。ここではパートナーシップ外交と対外的な介入をどこまで行うのかという問題を取り上げる。

①中国のパートナーシップ外交

中国は、これまで同盟に対して消極的な態度をとってきた。これは米国の同盟国を中国は冷戦時代の遺物として批判してきたことによる。また自身の経験として、冷戦期の中ソ同盟が思ったように機能せず、むしろ厳しい対立関係に至ってしまったことも影響している（山口　二〇二一a）。

それに代わって中国が推進してきたのがパートナーシップ外

交である。一九九三年以降、中国は戦略的パートナーシップを締結することで関係強化を始めた。さらに、さまざまな名称のパートナーシップを締結してきた。習近平政権は「グローバルなパートナーシップ・ネットワークの形成」をうたい、パートナーシップ外交の強化に努めてきた。二一世紀に入って中国はパートナーシップ関係の締結を急速に増やし、習近平政権期にはこれをアフリカや中東、オセアニアにまで拡充するとともに、体系化を進めてきた（李博 二〇二一）。

こうしたパートナーシップ外交は中国外交のグローバルな展開において重要であると考えられている。パートナーシップ外交は、同盟と異なり軍事を中心とせず、安全保障上の行動義務に拘束されないため、各国の戦略的自主性を損なわない。中国はパートナーシップ外交を通じて、ウィンウィン関係をアピールし、中国の平和裏の台頭を実現しようとしてきた（門洪華・劉笑陽 二〇一五）。

またこうした戦略的パートナーシップの締結は、一帯一路の推進と密接な関係にある。中国は、パートナーシップ外交を通じて、各地域内のライバル関係に関わりなく、地域内の重点となる国家を定め、これとの関係深化を目指すというアプローチをとっている（孫学峰・丁魯 二〇一七）。

ただし、パートナーシップ外交がどれほど同盟を代替できるか疑問点も多い。安全保障上の義務を伴わないパートナーシップは、同盟に比べて相対的に信頼性が低いと言える。中国は対外的なコミットメントに対する信頼性を継続して調達することに困難を感じることになるだろう。そしてこの点は、中国中心の秩序構築において大きなネックになりかねない。

②中国的な介入論

中国が大国化し、米国中心の秩序への挑戦を強める中で、一つの指標となるのが、他国への介入である。従来、中国は主権の尊重を重要原則として掲げ、内政不干渉を米国批判の中心に据えてきた。このため、中国は国連平和維持活動（ＰＫＯ）や海賊対処など、国連主導の平和維持活動という形での介入以外には慎重であった。

しかし中国のグローバルな影響力が拡大する中で、他国の内政問題が自国の利益に影響するようになり、これに対して何らかの関与ないし介入を行うインセンティブが増大している。内政不干渉を外交の原則として重視する中国にとって、この問題は敏感である。中国のパワーの台頭と海外利益の増大に伴い、自国の利益を守るために他国においてそのパワーを行使する必要が増しているものの、これは従来掲げてきた原則に抵触する可能性がある。

そこで最近では、中国は「中国の特色ある建設的介入」（王毅外相）を行うべきという議論があらわれている。これは現地政府の同意があること、自国のイデオロギーや政治体制の移植ではないことを強調することで、米欧の行う介入とは異なる介入が可能であるという議論である。

実際に対外的な中国の軍事的プレゼンスはゆっくりと増大す

る傾向にある。二〇一七年にはジブチにおいて初めての保障基地が設置された。そのほかにパキスタンやタジキスタンにおいてプレゼンスを拡大する動きが見られる（山口 二〇二一 c）。また二〇二二年五月には海軍艦艇の寄港などを含むソロモン諸島と中国の安全保障協定締結が明らかとなった。

3　中国は世界からどのように思われているのか

(1) 割れる中国イメージ

世界の中国に対するイメージは、国によって大きく異なっている。中国の近隣諸国のうち、領土や安全保障上の対立を持つ国の対中イメージは非常に悪い。例えばベトナム、フィリピン、インド、そして日本では中国に対する警戒感が非常に強く、悪いイメージが良いイメージを大きく上回っている。また現在では米欧の対中イメージも著しく悪化している。

日本について言えば、中国に対して非常に良いイメージを抱き、米国に対するのと同レベルの親近感を抱いていた時代もあった。国交正常化した一九七二年以降、日本ではパンダブームが起きたり、シルクロードがブームになるなど、一九八〇年代まで良いイメージが悪いイメージを大幅に上回っていた。それが悪化した第一のきっかけは一九八九年の天安門事件だった。天安門事件後、対中イメージは悪化し、以降良いイメージと悪いイメージが拮抗する状況が続いた。第二のきっかけとなったのが、二〇一〇年の尖閣諸島沖漁船衝突事件と二〇一二年の尖閣諸島の国有化をめぐる日中対立だった。日本の対中イメージはこれをきっかけに悪化し、そこから回復しないままとなっている。

他方で、中国に対して良いイメージを持つ国も多いことにも注意する必要がある。例えば中東やアフリカの発展途上国や新興国において、経済成長と安定を重視し、グローバルな経済活動を展開する中国のイメージは良い。例えばアフリカの三四か国における二〇一四―二〇一五年の調査では、中国の影響力を肯定する人の割合が平均で六割を超えていた（Lekorwe et. al. 2016）。特に民主や人権といった問題を米欧ほど重視しておらず、中国の国内体制の問題にそれほど批判的でない国家にとって、中国は発展モデルとして魅力的であるし、また西側のように厳しい条件をつけずに経済援助や投資を行ってくれる国家である。

(2) 悪化する中国イメージ

新型コロナウィルスによるパンデミックの発生を境にして、全般的に見て中国のイメージは各国において大きく下落した。これはパンデミックが中国から発生したということだけではなく、コロナ禍前後からの中国外交の強硬姿勢にも原因がある。中国の外交官や大使館、メディアは過度に強硬な姿勢でコロナ禍に関連する対中批判に反駁し、他国に責任を転嫁し、貶めるような発言を繰り返した。このことは中国イメージを大きく損なった。また香港の一国二制度が事実上放棄され、新疆ウイグル自治区におけるウイグル人などに対する抑圧が明らかになったことは、各国における対中イメージの大幅な悪化をもたらした。

アメリカでは、二〇一〇年頃まで、好感を持つ人が約半数を占めており、否定的な見方をする人を上回っていた。しかし、二〇一〇年代に入ると否定的な見方が半数を超え、肯定的な見方は四割以下となった。これが、米中対立が明らかになるにつれてさらにイメージが悪化し、コロナ禍によって否定的な見方が圧倒的に多くなった。二〇二〇年以降では否定的見解が七―八割を占めるようになっている。

オーストラリアでは、二〇一七年頃までそれほど悪い対中イメージはなかった。これはオーストラリアが中国と深い経済的依存関係にあり、しかも大きな外交的問題を抱えていなかったことによる。しかし、二〇一八年から二〇二〇年の間に対中イメージは一挙に悪化した。二〇一七年には三二%だった否定的イメージが、二〇二〇年には八一%に跳ね上がった。これはコロナ禍の影響が大きいとは言え、中国の政治的影響力への警戒感が二〇一八―一九年に高まったこともその基盤となっていた。中国は経済的関係の深まりの中で、オーストラリア政界に影響を及ぼすための活動を行っていたと見られ、これがオーストラリアの警戒感を高めることになったのである。

ただし、米欧などで対中イメージが大幅に悪化する一方で、良好な対中イメージを維持している国もそれなりに多い。例えばアフリカにおける二〇二一年の調査では、中国の影響力を肯定的に評価する割合が引き続き六割を超えている（Sanny and Selormey 2021）。

このように、世界の中国に対するイメージはコロナ禍の結果、さらに分化する傾向にあると言えるだろう。

（3）中国の自己イメージ

最後に、中国の自己イメージはどうなっているのだろうか。中国で世論調査を行うのは難しいため、まとまった調査は少なく、時系列による比較ができない。

しかし、中国の自己イメージは、国際的な評価の上昇を強調する傾向にあり、世界に好かれているという認識が強いと思われる。カーターセンターとＲＩＷＩが行った調査では、中国は国際的にどのような印象を持たれているかとの質問に対して、七八%が好意的に見られていると回答した（The Carter Center and RIWI 2021）。

中欧アジア研究所による中国の世論調査によれば、「米国世論は中国を否定的に評価している」と回答した割合が七割を超えたが、欧州諸国の世論動向については、半数以上が肯定的に評価されていると返答した（Turcsányi et. al. 2022）。実際には欧州において中国イメージは悪化しているものの、中国の自己イメージには反映されていない。

これは大まかに見て悪化傾向にある国際的な中国イメージとは著しい対照を見せており、示唆的である。しばしばなぜ中国は国際的イメージを悪くするような行動をとるのかという疑問がよく問われてきたが、おそらく中国では政府や世論の多数は、自国の行動や言動がその国際的イメージを悪化させていると考えていない。特に新興国で比較的良好なイメージを保っていることから、こうした認識が是正される可能性もそれほど高くないだろう。

おわりに

冒頭で紹介した鄧小平の発言にもかかわらず、中国は米国との覇権をめぐる競争を始めつつある。中国にとって、「覇権主義を目指さない」とは強圧的、強権的、一方的なものを目指さないという意味であった。現実の中国は、より価値中立的な意味での覇権（ヘジェモン）を目指しつつある。

それは、米国の覇権が中国の台頭にとって障害となると考えられているためである。中国にとって現在の国際秩序は、米国の覇権の下で成り立っており、そのうち民主主義や人権の重視に見られるリベラルな価値やそれを反映したルールに対して中国は反発している。また中国から見て米国覇権の強権的姿勢を示す同盟ネットワークによる包囲の脅威も変化させるべき米国主導の秩序の特性である。

中国は、国際的なルールや制度に自国の観点を反映させることを重視しており、サイバーや情報通信など新領域でのルール形成において積極的に動いている。また国連人権理事会での動きに見られるように、従来の制度内で自国の観点を発信することに注力している。他方で対外的な関与・介入についてはもう少し慎重な姿勢をとっているものの、対外的軍事プレゼンスの拡大など変化の兆候はある。

問題は、中国のパワーが増大すればするほど、中国の現実の対外的な行動や態度はより強圧的、強権的となってきたことであろう。特に米中対立が深まる中で、中国外交は地域の小国に対する細やかな配慮を欠いた粗いものとなっている。二〇二二年に南太平洋島嶼国との間の安全保障協定を強圧的姿勢で拙速に進めようとした結果、合意を得られずに失敗したのはそうした傾向を示す事例である。

このような中国外交の積極化と強硬化の中で、各国の間で中国に対するイメージの分化が進んでいる。すなわち日米欧などの西側諸国において、新型コロナ禍をきっかけとして対中イメージは著しく悪化したが、新興国の間では高い評価が続いている。我々はしばしば中国は自身の行動の結果、国際的孤立が深まっていると認識することがあるが、これは我々の認知バイアスである可能性が高い。しかし同時に、中国もまた大きな認知バイアスを持っている。中国の自己イメージは非常に高く、中国イメージが悪化する状況とのかい離が大きくなっている。このようなイメージのギャップは、覇権をめぐる競争を悪化させる可能性がある。

最後に、それではこうした覇権をめぐる競争は、アリソンが予測したように戦争に至るのだろうか。可能性としては、これを否定することはできない。仮に米中間で覇権をめぐる戦争が起きるとするならば、それは台湾海峡など海洋部におけるものとなり、周辺諸国は巨大な影響を受けるだろう。ただしそれ以上に現実的でかつ目前で激しくなっているのは、国際的なルール設定をめぐる競争である（山口 二〇一八）。国際的なルールや制度を維持・強化する努力こそが、さらなるグローバルな秩序の流動化を防ぎ、覇権をめぐる競争が大戦争に至るのを防ぐうえで重要である。

参考文献

グレアム・アリソン（二〇一七）『米中戦争前夜――新旧大国を衝突させる歴史の法則と回避のシナリオ』藤原朝子訳、ダイアモンド社。

梶谷懐・高口康太（二〇一九）『幸福な監視国家・中国』NHK出版。

川島真（二〇二〇）「習近平政権下の外交・世界秩序観と援助――胡錦濤政権期との比較を踏まえて」川島真・遠藤貢・高原明生・松田康博編著『中国の外交戦略と世界秩序――理念・政策・現地の視線』昭和堂。

佐橋亮（二〇二一）『米中対立――アメリカの戦略転換と分断される世界』中央公論新社。

廣野美和編（二〇二一）『一帯一路は何をもたらしたのか――中国問題と投資のジレンマ』勁草書房。

持永大（二〇二二）『デジタルシルクロード――情報通信の地政学』日本経済新聞出版社。

山口信治（二〇一六）「中国の国際秩序認識の基礎と変化」『防衛研究所紀要』第一八巻第二号。

山口信治（二〇一八）「中国の国際秩序観――選択的受容からルール設定をめぐる競争へ――」『国際安全保障』第四五巻第四号。

山口信治（二〇二一a）『毛沢東の強国化戦略1949–1976』慶應義塾大学出版会。

山口信治（二〇二一b）「米国の対中認識の変化――中国の政治体制・イデオロギーに対する認識を中心に」『国際安全保障』第四九巻第二号。

山口信治（二〇二一c）「中国の軍事外交」渡部恒雄・西田一平太編『防衛外交とは何か――平時における軍事力の役割』勁草書房。

山口信治（二〇二二）「中国・習近平政権のイデオロギーをめぐる闘争――和平演変・カラー革命への対抗と国際的話語権」『ROLES REPORT』(No. 17).

Rush Doshi (2021), *Long Game: China's Grand Strategy to Displace American Order*, New York: Oxford University Press.

Mogopodi Lekorwe, Anyway Chingwete, Mina Okuru, and Romaric Samson (2016), "China's Growing Presence in Africa Wins largely Positive Popular Reviews," Afrobarometer Dispatch No. 122, October 24, 2016.

Josephine Appiah-Nyamekye Sanny and Edem Selormey (2021), "Africans Welcome China's Influence but Maintain Democratic Aspirations," Afrobarometer Dispatch No. 489, November 15, 2021.

The Carter Center and RIWI (2021) "The Pulse: Chinese Public Opinion," US China Perception Monitor, November 17, 2021.

Richard Q. Turcsányi, Klára Dubravčíková, Kristína Kironská, Tao Wang, James Iocovozzi, Peter Gries, Veronika Vaseková, and Andrew Chubb (2022), *Chinese Views of the World at the Time of the Russia-Ukraine War: Evidence from a March 2022 Public Opinion Survey*, Olomouc and Bratislava: Palacky University Olomouc and Central European Institute for Asian Studies.

李博一（二〇二二）「中国伙伴外交的变化」『戦略決策研究』二〇二二年第三期。

門洪華・劉笑陽（二〇一五）「中国夥伴関係戦略評估與展望」『世界経済與政治』二〇一五年第二期。

孫学峰・丁魯（二〇一七）「夥伴国類型與中国伙伴関係昇級」『世界経済與政治』二〇一七年第二期。

王日華（二〇〇九）「古代中国的政治覇権論」『国際政治科学』二〇〇九年第三期。

11 習近平は台湾を「統一」できるのか
――対台湾政策の理念・政策・課題

福田　円

（ふくだ　まどか）
法政大学法学部教授
専門は東アジア国際政治、現代中国・台湾論
著書に『中国外交と台湾――「一つの中国」原則の起源』（慶應義塾大学出版会）、共編著に『入門講義　戦後国際政治史』（慶應義塾大学出版会）などがある。

はじめに

台湾海峡において軍事紛争が勃発する可能性が危惧されている。習近平政権が台湾周辺の海空域における中国人民解放軍の活動を活発化させ、それに合わせて「台湾統一」への抱負や、「台湾独立」への警告を頻繁に発信しているためである。二〇二二年八月には、ペロシ米下院議長の台湾訪問に対する報復として、解放軍は台湾を取り囲むような区域で「特別軍事演習」を行った。中国はこの演習が米国や台湾に対する威嚇であることを事前に公表していたが、演習の内容は台湾周辺を封鎖し、米軍の来援を阻む能力を誇示するような内容であった(1)。そのため、習近平が将来的に台湾に軍事侵攻を行う可能性に対する、関係諸国の懸念はさらに高まった。

習近平政権にとって「台湾統一」はなぜ必要なのか。「統一」のために中国が武力行使に踏み切ることはあるのだろうか。それが難しいとすれば、一体どのような方法で「統一」を達成するつもりなのだろうか。本稿では、中国の歴代政権との比較のなかで、習近平の対台湾政策における理念、政策、課題の特徴を論じることを通じて、前記の問題について考えてみたい。

1　「台湾統一」の重要性――理念

(1) 中国共産党にとっての「台湾統一」

中国において、人々が「屈辱の近代史」を克服して「豊かで強い」国家をつくり、「中国の夢」を叶えるに際して、台湾は欠くことのできない領土だと考えられている。なぜなら、中国共産党にとって、台湾は「屈辱の近代史」のなかで日本に「奪われた」地であり、また中国内戦で戦った国民党に撤退を許したまま「解放」できていない地でもあり、さらには米国の「介

入」によって長期にわたり統合が困難となってしまった地でもあるからだ。中華人民共和国の成立から今日に至るまで、中国共産党は台湾の「解放」、後には「統一」を重要な国家目標として掲げてきた。現行の中華人民共和国憲法の序文も、「台湾は中華人民共和国の神聖な領土の一部である。祖国統一の大業を完成させることは、台湾同胞も含む全中国人民の神聖なる責務である」と謳っている(2)。

毛沢東時代の「台湾解放」政策は、国共内戦からの延長という性格が強く、「文攻武嚇（文書による攻撃と武力による威嚇）」によって国民党に投降を促すことを基調としていた。文化大革命が終結し、「改革開放」へと移行する時期に、鄧小平が実権を握った共産党は、台湾に対して「平和統一」という新たな方針を採るようになった。この背景には、一九七〇年代に国際社会での外交闘争において、中国は国連への復帰や日本や米国など西側主要国との外交関係樹立を果たし、台湾を孤立させたという認識があった。共産党は台湾の国民党政権に対して、後に「三通」と総称される通郵、通商、通航や、里帰りや観光などの人的交流を提案し、これらの経済文化交流を前提とした統一交渉を呼びかけた。そして、「統一」の後、台湾は「特別行政区として高度の自治権を享有し、軍隊を保有することができる」と、「一国二制度」の構想を打ち出した。

ところが、台湾は中国との経済交流を徐々に解禁したものの、政治的交渉には慎重であり続けた。一九九〇年代以降は民主化の影響を受けて、人々のアイデンティティや社会の「台湾化」が急速に進み、中国との「統一」を望む者は減少し、台湾に先行して香港とマカオに適用された「一国二制度」に対しても冷ややかであった。これに対して、中国では共産党一党体制の下で経済発展が進み、国力が増大するに伴って、「統一」への期待は高まった。こうした乖離を埋めるために、江沢民政権は原則論を主張し、一九九五年から九六年にかけて第三次台湾海峡危機を起こしたような軍事威嚇も辞さず、台湾の民意をますます「統一」から遠ざけた。それにもかかわらず、江沢民は国内において、「祖国統一の大業」を「愛国主義」、ひいては「中華民族の偉大なる復興」と結びつけた。その後、胡錦濤は原則論をトーンダウンさせ、経済的な利益誘導によって台湾の民意や選挙政治に働きかけるアプローチを採ったが、それも成功しなかった。

(2) 習近平の「統一促進」

習近平の対台湾工作における独自性は、二〇一七年の第一九回党大会での政治報告、および二〇一九年一月の「台湾同胞に告げる書」四〇周年座談会で提示された五項目（以下「習五点」）において、「新時代の対台湾工作」としてある程度体系化された(3)。そして、二〇二二年の第二〇回党大会では、習近平の対台湾政策は「新時代の党が台湾問題を解決する総合的方策」（新時代党解決台湾問題的総体方略、以下「総合的方策」）としてさらに体系化される見通しである。

「総合的方策」への言及は、一九期六中全会の「歴史決議」

における「習近平同志は台湾工作において一連の重要な理念、重大な政策主張を提起し、新時代の党が台湾問題を解決する総合的方策を形成した」という一節のなかでなされた。「総合的方策」の具体的内容は、現時点では明らかにされていないが、上記のような経緯から、中国、台湾を中心とする多くの専門家が、それは過去一〇年間の習近平の対台湾政策をさらに体系化するものだろうと考えている。

例えば、中国における中台関係研究の権威である王英津人民大学教授は、「総合的方策」は以下の一二点を含むものとなるだろうと論じている(4)。

1. 党の領導を根本とし、国家統一の大業における党の集中的な領導を堅持する。
2. 人民を中心とし、国家の完全統一を望む中華子女と両岸同胞の主流民意を体現する。
3. 「両岸一家親（一つの家族）」「運命共同体」「心と魂を通い合わせる」「中国の夢を共に叶える」などの新理念によって先導する。
4. 「一つの中国」原則を基礎とし、中台統一の出発点とする。
5. 「一国二制度」を統一の枠組みとし、統一後の統治方法とする。
6. 政治対立を終結し政権統一を目標とし、分裂国家との相違を維持する。
7. 民族の偉大なる復興を最終目標とし、その過程で台湾問題を解決する。
8. 融合発展を推進力とし、多くの台湾同胞を国家発展の大局に融合する。
9. 交渉するが、武力使用の放棄を承諾しないことを手段とし、戦争準備を怠らない。
10. 「台湾独立」と外部の干渉に反対することを要務とする。
11. 国家の実力を後ろ盾とし、「台湾独立」や外部の干渉に抗する。
12. 法治を保障とし、統一とその後の統一に必要な法律体系を整える。

これらのうち第八点以降は第一から七点を達成するための手段を論じている側面が強いため、政策を取り扱う次節で詳述したい(5)。ここでは、第一点から七点に見られる習近平政権の理念的な特徴を、三つに分けて論じる。

第一に、習近平は「国家の完全統一」は「中華子女」や「両岸同胞」の主流民意だという前提に立って、「両岸一家親」「両岸運命共同体」「心と魂を通い合わせる」「中国の夢を共に叶える」などナショナリスティックな新理念を打ち出している。中国の対台湾政策における台湾住民の捉え方は、長らく「中国人民」に対する「台湾同胞」であったが(6)、江沢民時代に両者を「中華民族」に包摂する場合も出てきた。習近平はそれをさらに発展させ、「中国の夢を共に叶える」対象として台湾を見ている。また、台湾との融合と中国自身の発展は相互に関係し合い、共に「中華民族の偉大なる復興」に向かうプロセスだと位置付けている。

第二に、習近平は胡錦濤よりも「一つの中国」原則や「一国二制度」などの原則的立場に対するこだわりが強く、台湾側の原則受け入れを対話の目的ではなく、出発点としている。それは、習近平が「九二年コンセンサス」に関する解釈の幅を狭め、「台湾版一国二制度」の適用を改めて掲げている点に端的に現れている。「習五点」は「九二年コンセンサス」を「海峡両岸が共に一つの中国に属し、国家の統一を求めて共に努力する」ものだと定義したが、これは台湾では民進党はもちろん、国民党の主流派すら同意しかねる解釈であった。しかし、習近平は立場を曖昧にして台湾の政党政治に働きかけることよりも、原則的立場に同意できる相手とのみ交渉することを選んでいる。

第三に、こうした原則的立場に立ち戻る一方で、習近平政権は台湾との経済交流を継続し、「統一」への梃子にしようとしている。しかし、その方法は胡錦濤政権期とは大きく異なり、一方的で強制力を伴う可能性の高いものが多い。そのキーワードは「融合発展」であり、台湾の個人や企業、ないしは特定の地域との経済交流は、中国全体の発展戦略の中に組み込まれている。そして、第一点で示したようなナショナリスティックな認識を前提として、中国と交流しようとする台湾の個人や集団には、「家族」や「運命共同体」の一員として、「中国の夢」や「中華民族の偉大なる復興」を共に叶えることが求められるのである。

このような習近平政権の対台湾政策の背景には、胡錦濤政権期の対台湾政策に対する否定的な評価があると推測できる。胡錦濤政権の対台湾政策の主軸は、国民党を通じた経済交流によって広範な「台湾同胞」を取り込み、台湾政治を中国との「統一」の方向へ動かそうとするものであったが、その意図に反して、人々の「台湾人意識」はますます高まった[7]。また、経済的な利益誘導によって台湾の選挙政治に間接的に影響を及ぼす手法についても、影響力の及ぶ範囲に限界がある、利益誘導の仲介者を監視することが難しいなどの問題が生じた[8]。そのため、習近平は台湾の民意や選挙政治とは関係なく、一方的かつ主観的に「統一促進」を成り立たせる方策を模索しているのだと考えられる[9]。

2　「台湾統一」の手段とその可能性――政策

(1) 軍事活動の活発化

習近平政権は胡錦濤政権に比べて、台湾に対する武力行使の選択肢を強調する傾向が強い。対台湾政策の基調は「平和統一」であるとしつつも、「武力使用の放棄は承諾しない」と明言する。江沢民も同様の文言を用いていたが、胡錦濤は「反国家分裂法」のなかでさえも、「非平和的方式その他必要な措置」を講じる可能性を示すにとどめ、「武力使用」には言及しなかった。ところが、習近平政権は「武力使用の不放棄」を強調しながら、台湾周辺での軍事演習や示威活動を繰り返している。

二〇一六年秋以降の台湾周辺での解放軍の活動を振り返ると、二〇一八年初夏までに、中国軍機が台湾を囲むように飛行する動きを繰り返すようになり、空母遼寧号が台湾海峡を複数回通過した。その後、二〇一九年、二〇二〇年にこのような活動は増加し、活動海空域は台湾の南西部に収斂した。加えて、軍機が台湾海峡の中間線を越える事案も複数回見られた。その後、解放軍の活動は、二〇二一年にかつてないほどの頻度と規模を見せた。中国軍機の台湾防空識別圏への侵入は一年間で二三〇回以上に上り、軍機の延数は九六〇以上と、前年の二・五倍を上回った。

これらの軍事活動は、中国に「台湾独立」を想起させる台湾の政治動向や米台関係の強化と連動する傾向が強く、政治的な警告の意味があると考えられている。それに加えて、警戒にあたる台湾軍の力を消耗させる、軍や社会の抵抗意欲を削ぐ、出動回数増により解放軍の実力を強化するなど、複数の目的を同時に追求するものだとも見られる。

中国からの政治軍事的な威嚇に直面して、台湾では中国からの「グレーゾーン作戦」に対する脅威認識が高まっている。二〇二一年一一月に発表された台湾の国防報告書は、「グレーゾーン作戦」の脅威について解説する項目を新たに設け、中国軍機の防空識別圏侵入のほか、中国からのサイバー攻撃や情報戦などの実態を紹介した。その後、二〇二二年二月五日に台湾の離島のなかで最北端に位置する東引島に中国の民間輸送機Y-12が接近、同一二日には東沙島の領空にJ-16などの軍機が接近した。これらの行動は、二〇一二年一二月に尖閣諸島上空で中国機が採った行動に似ているという指摘もあり、ロシアのウクライナ侵攻とも相まって、「グレーゾーン作戦」に対する警戒はますます高まった。

二〇二二年八月の「特別軍事演習」は、中国が二〇一六年以降漸進的に進めてきた軍事示威を一気に加速させたものだと捉えることができる。演習の内容は、台湾東部の海域への弾道ミサイル試射、台湾海峡中間線を越える区域への長距離ロケット砲の試射、台湾北部と南部の複数区域における海空軍統合演習に大別された。また、演習終了後も台湾海峡中間線を越える軍機の活動や、金門島などの離島への民用ドローン侵入は常態化した。そして、こうした軍事活動と並行して、中国は台湾にサイバー攻撃や情報工作を仕掛けたり、後述する「頑固な台湾独立分子」への新たな懲罰を発表したりした。つまり、現時点での中国の台湾海峡における軍事活動は、本格的な軍事侵攻の兆候というよりも、威嚇や漸進的な現状変更を意図した「グレーゾーン作戦」の側面が強いと言える。

(2)「一つの中国」原則の強化

軍事的な威嚇と並び、「台湾独立」を防ぎ、統一を促進する前提であり、重要な手段だと位置付けられるのが、国際社会における「一つの中国」原則の維持と強化である。これについても、胡錦濤政権は台湾社会へ「善意」を示すために外交闘争を控えていたが、習近平政権はサントメ・プリンシペ（二〇一六年）、パナマ（二〇一七年）、ドミニカ共和国、ブルキナ・ファソ、エルサルバドル（二〇一八年）、ソロモン諸島、キリバス（二〇一九年）、ニカラグア（二〇二一年）に攻勢をかけて外交関係の樹立へと至り、台湾が外交関係を持つ国を一四か国にまで減少させた。また、世界保健機構総会（WHA）や国際民間航空機関（ICAO）などへの台湾のオブザーバー参加も認めなくなった。さらに、中国は台湾が外交関係を持たない国の代表処の名称、国際NGOのメンバーシップなどにも変更を求めている。[10]

中国政府から民間企業に対する「一つの中国」原則に関する要求も活発化している。中国社会科学院が編集・出版する『中国インターネット法治発展報告』の二〇一八年版には、多国籍企業の「一つの中国」原則「遵守」状況に関する報告が掲載された。[11]それと前後して、例えば、中国・香港・台湾に展開するタピオカ・ミルクティー店は相次いで「中国は一つ」[12]や「一国二制度支持」など、政治的態度の表明を迫られた。国際的にも、二〇一八年は各国の航空会社、二〇一九年はより広範な多国籍企業が、台湾に関する表記を「中国台湾」や「中国台湾地区」へと改めるよう迫られた。[13]同年夏には、香港や台湾を商品やホームページ上で「国」として扱ったという理由で、ベルサーチやコーチなど国際的に有名なアパレル企業が相次いで謝罪と訂正を求められる事態も発生した。[14]

後述するように、特に二〇二〇年の新型コロナウイルス流行以降は、国際社会における台湾への評価が高まり、「一つの中国」原則を強要するような中国の外交行動が非難されることも増えている。欧米や日本の先進民主主義諸国のみならず、チェコやリトアニアなど、それまでは「一帯一路」を通じて中国と協力関係にあった諸国や、中国と古くから外交関係を有していた北欧諸国なども台湾に接近している。これらに対し、中国外交部はたびたび警告や抗議を行っているほか、リトアニアなどの小国には外交関係格下げなどの報復措置も採った。しかし、中国外交がより力を入れるのは、東南アジアや太平洋の一部諸国や中東、アフリカなどの友好国との「一つの中国」原則の強化である。実際、「特別軍事演習」を行った際にも、中国外交部の報道官は、「国際社会の一七〇あまりの諸国が中国の台湾問題における立場への支持を表明し、米国やそれを支持する少数の諸国と比べれば、圧倒的な優勢にある」ことを誇っていた。[15]

（3）「融合発展」の推進

軍事的威嚇や国際空間における「一つの中国」原則強化などを後ろ盾として、習近平政権が台湾に対して行う直接的な働きかけが、「融合発展」の推進である。これも習近平政権発足以降、少しずつ輪郭をあらわしてきたものが「習五点」のなかで明示され、政策としても具体化されつつある。「融合発展」を推し進めるための具体的な政策として、習近平政権が早期から模索しているのが、中国で就学、就業、創業する台湾市民に対して、中国の公民と同等の待遇を与える政策である。これに加えて、近年推進しようとしている政策に、福建省厦門と対岸に位置する金門島（台湾政府が統治）の統合がある。これらの政策から、習近平の対台湾統一戦線工作では、取り込む対象が台湾の全体から一部へと絞り込まれていることがわかる。二〇二一年一月に交付された「統一戦線工作条例」は、「台湾の愛国統一力量を発展させる」ことを謳っている[16]。この条例は二〇一五年の試行版を改訂したものであるが、「愛国統一力量を発展させる」という文言が「両岸関係の平和的発展」に代わって挿入されていることは、対台湾統一戦線工作の対象と重点の変化を読み取る上で興味深い。

「両岸経済の融合発展」は二〇一六年の第一三次五カ年計画に盛り込まれ、二〇一七年の第一九回党大会の政治報告では、「大陸で就学、創業、就業、生活する台湾同胞に大陸同胞と同等の待遇を提供する」ことが謳われた。その後、二〇一八年二月に三一項目、二〇一九年一一月に二六項目からなる「両岸経済文化交流協力を推進するための措置」（台湾での通称を「恵台」三一項目、同二六項目という）が打ち出された。これらはいずれも、中国に進出する台湾企業に対する優遇策と、中国で生活をする台湾市民に対する待遇改善策からなる。前者については、税制や特許などの措置のほか、台湾企業が「中国製造二〇二五」や「一帯一路」などに中国企業と同等の条件で参与できるとする。後者については、台湾の各種資格を中国での就業の際に承認するほか、生活上の様々な申請を中国公民と同等に行えるとする。これらに加えて、共産党は二〇二〇年三月にも一一項目の「措置」を発表し、コロナ禍で打撃を受けた台湾企業の中国での生産回復への支援を打ち出した。

二〇二一年三月の全国人民代表大会で採択された「第一四次五カ年計画および二〇三五年への長期目標」（以下、「長期目標」）には、「台湾同胞の福祉と、大陸において同等の待遇を受けられる制度と政策を保障する」ことが盛り込まれた。それに加えて、福建省と台湾の「融合発展」の「模範区」を設立し、「両岸で地理的に近接するか条件が合う地区の基本的な公共サービスを均等化、特恵化、効率化する」という方針も盛り込まれた[17]。そして二〇二一年一二月、福建省は厦門市を「融合発展」の「模範区」とし、対岸に位置する金門島への橋の建設、電気供給、金融協力など各種の「融合」を進めることを公表した[18]。厦門と金門の統合は、習近平の福建省時代からの持論であり、「習五点」でも「金門馬祖と福建沿海地区の通水、通電、通気（天然ガス）、通橋を実現する」という「小四通」を打ち出していた。ただし、これらのうち送水は二〇一八年に実現しているが、中台関係の変化や安全保障上の理由により、それ以外が実現する見通しは立っていない。

二〇二一年の後半以降、中国の対台湾工作には、取り込みの対象である「愛国統一力量」とその他の「台湾同胞」を厳格に区別し、とりわけ「台湾独立」と見なす勢力には厳しい制裁を加えようとする兆候が見て取れる。二〇二一年一一月、国務院台湾事務弁公室の報道官が蘇貞昌行政院長、游錫堃立法院長、呉釗燮外交部長の三名を「頑固な台湾独立分子」だと断じ、「その関連企業やパトロンが大陸で利益を上げることは許さない」と警告した[19]。それに続き、中国に進出しつつ民進党に政治献金を行っていた遠東集団という大企業が、中国の五つの省市の法執行機関に罰せられた[20]。さらに、二〇二一年八月の「特別軍事演習」後、国務院台湾事務弁公室は「頑固な台湾独立分子」に蕭美琴駐米代表など七名を加える旨を発表し、前年に指名した三名と合わせて具体的な制裁措置を示した[21]。今後、台湾の特定の個人や団体をターゲットにした制裁は、さらにエスカレートする可能性が高い。

(4)「法的統一」の推進

「融合発展」を支える手段として強化されつつあるのが、「統一」とその後の台湾統治に関わる法整備である。これは習近平政権による法治建設、とりわけ対外関係に関わる法治建設が強化される趨勢と軌を一にするものだと理解できる[22]。対台湾工作に関わる領域で注目されるのは、胡錦濤政権期の二〇〇五年に制定された「反国家分裂法」である。同法は第八条で「平和統一の可能性が完全に失われたとき、国は非平和的方式その他必要な措置を講じて、国家の主権と領土保全を守ることができる」と定めており、中国が台湾に対して「非平和的方式」用いる際の条件を示すと同時に、その後の中台間の経済交流促進の前提を提示する役割を果たした。しかし、近年の状況に鑑みて、「非平和的手段」ないしは「武力使用」の条件や内容をさらに詳細に規定する同法の改正、ないしは細則の制定が必要であるという議論が出てきている[23]。あるいは、そもそも「統一」のための「平和的手段」とは何なのかを規定する「国家統一法」や「統一促進法」などの新法を制定すべきだとの議論もある[24]。

ロシアのウクライナ侵攻後、習近平政権が戦争以外の軍事行動に関する規定である「軍隊非戦争軍事行動要綱」の施行版を公布したことにも注目が集まった。同法の全文は公開されていないが、六章五九条からなり、対テロ、治安維持、海上保安、災害救助など戦争ではない状況における軍隊の行動について定めるものであるという[25]。また、同時期に中国は台湾海峡を国際水域とは見なさないことを一方的に宣言した。近年の台湾周辺における軍事活動や演習、こうした宣言の発出と同「要綱」の関係について、台湾の国防安全研究院に所属する空軍上校は、将来的に中国が台湾海峡において戦争には至らないグレーゾーン事態を起こす際に、民兵のみならず軍隊を動かせるようにするための法的根拠になるのではないかと分析する[26]。

そのほかには、「台湾版一国二制度」がいかなるものなのかを具体化することを中心に、「統一」後の台湾へ適用する法制に関する議論も活発化している。台湾の中国研究者である王信賢政治大学東亜研究所所長（当時）は、「統一後」に関する議論の活発化について、それは共産党にとって既に「統一」が実践段階に入ったことを示す兆候だと指摘する。その上で、「統一後」に関する一方的な立法は、一方では台湾社会に対する宣伝や統一戦線工作の意味があり、台湾社会が「統一」に対して抵抗する意志を削ぐことを意図していると分析する。他方で、中国国内で「統一後」に関する立法を主張しているのは「平和統一」派であり、立法には「武力統一派」を納得させるという意味合いがあり得るとも分析する。[27]

3　台湾や国際社会から見る「一つの中国」——課題

(1)「一つの中国」から離れる台湾

習近平の対台湾工作は二〇一八年までは蔡英文政権の台湾に一定の影響を与え、「融合発展」に引き寄せられる個人や企業も増加しているように見えた。二〇一六年から二〇一八年までの間に台湾で行われた世論調査の結果を見ると、人々の台湾人意識は緩やかに低下した。渡辺剛はこの結果をさらに詳細に分析し、二〇一五年以降の「台湾人意識」の低下は、台湾社会を分断する中国のシャープパワーが効いた結果であると分析した。[28]また、二〇一七年、二〇一八年に『遠見雑誌』が行った世論調査では、特に若年層に中国での投資、就業、就学に前向きな回答が増加した。[29]そして、二〇一八年一一月の統一地方選挙では、中国との関係改善を訴える国民党の韓国兪高雄市長候補がフィーバーを起こし、蔡英文・民進党は大敗を喫した。

ところが、二〇一九年初めに習近平が「習五点」で「台湾版一国二制度」を打ち出し、香港にて逃亡犯条例を制定し、さらには香港での反対運動を弾圧すると、台湾の世論は大きく変化した。「習五点」演説の直後から「台湾版一国二制度」への断固とした反対を打ち出した蔡英文は、台湾市民の支持を徐々に取り戻し、二〇二〇年一月の総統選挙で再選を果たした。[30]その後、新型コロナウィルスの流行によって、中台間の溝はさらに深まった。中台関係においても、国際社会においても、疫病への対応よりも「一つの中国」原則を優先する中国政府に台湾社会は失望した。そして、対中関係上の困難を抱えつつも、台湾社会が団結してコロナウィルス流行初期の対応を成功させた経験は、人々が「台湾人意識」をさらに強める原動力となった。[31]

ロシアのウクライナ侵攻も、中台関係に少なからぬ影響を与えている。ロシアのウクライナ侵攻は、習近平が非合理的決定の下で台湾への軍事侵攻を発動する可能性を、台湾の人々に想起させた。また、先進民主主義諸国と足並みを揃えて、ロシアへの経済制裁やウクライナ支援を行うなかで、台湾においては「台湾と中国とは全く異なる」という意識がさらに強まった。その後、ペロシ訪台に対する中国の反応により、台湾の民意は中国からさらに離れた。中国の軍事演習後に台湾民意基金会が行った世論調査によれば、七八・三％の回答者が軍事演習は恐くなかったと答え、五五・二％が中国との統一を促進する効果は弱まったと答えた。そして、八一・六％が「一つの中国」原則に賛成しないとも答えた。[32]このように、台湾では「統一」を支持する民意がほぼ存在しなくなったことに加え、近年では「一つの中国」からも人々の感情が離れている。

(2)「一つの中国」政策を見直す国際社会

中国が「一つの中国」原則を維持・強化する上で重要な意味を持つのは、国際関係、とりわけ米国との関係である。米トランプ政権は、中国を「戦略的競争相手」と位置付けるなかで、台湾の戦略的な重要性を再評価し、歴代政権が採ってきた「一つの中国」政策を次第に形骸化させた。また、政権末期には、新型コロナウイルス流行をめぐり中国との対立を深め、「一つの中国」政策自体の見直しを示唆するような言動も繰り返した。二〇二一年一月に発足したバイデン政権は、「一つの中国」政策自体を否定しない姿勢を中国に対して示しつつも、同時に台湾への関与や支持を継続する姿勢を明確化した。また、台湾周辺における解放軍の活動に対する抑止行動、双方の実務機関を窓口とした関係強化、議会における台湾支援法案の制定など、トランプ政権期に加速した米台間の協力強化を基本的に継続している。

バイデン政権は米国単独での台湾への関与強化に加え、特に日本を中心とする同盟国や同志国と歩調を揃えて、中国による現状変更に対抗しようとしている。二〇二一年四月の日米共同声明は「台湾海峡の平和と安定の重要性」を確認し、「両岸問題の平和的解決を促す」というかたちで、一九六九年以来五二年ぶりに台湾海峡情勢に触れた(33)。それ以降、米韓首脳会談、G7首脳会談、米EU首脳会談などの共同声明において、日EU首脳協議、日豪「2＋2」など、米国が加わっていない場においても、立て続けに「台湾海峡の平和と安定の重要性」が確認された。さらに、コロナ禍のなかにあっても、米国をはじめ先進民主主義国要人の台湾訪問が相次ぎ、諸国は台湾との従来の関係を見直しつつある。

ロシアのウクライナ侵攻により、国際社会においても、中国の台湾侵攻に対する警戒がさらに高まった。中台双方の為政者は、ウクライナ情勢と台湾海峡情勢を同一視することにそれぞれ否定的である。とは言え、習近平政権はウクライナの戦況から、サイバー攻撃や「認知戦」を駆使したハイブリッド戦争を行ったとしても、軍事侵攻による目的達成は難しいという教訓を得たと推測される。また、軍事侵攻に対する批判が国際社会で急速に結束し、経済制裁へと展開したことや、ウクライナ軍が米国製の武器で善戦し、戦争を長期化させたことからも、習近平政権は学んだと思われる。その結果、同政権は台湾海峡においては「戦わずして勝つ」ことが上策であり、軍事作戦を行うにしても、その前提として台湾との「融合」をさらに進め、国際的な「一つの中国」原則をさらに強化しておかなければならないことを再確認したのではないだろうか。しかし、台湾や国際社会の趨勢はそれとは真逆の方向へと向かっていることこそが、習近平政権にとっての課題なのである。

おわりに

習近平政権は「台湾統一」を「中華民国の偉大なる復興」という「中国の夢」の重要な一部分として再定義し、そのためならば武力行使をも辞さない構えであるように見える。しかし、

「中国の夢」へと向かうプロセスにおいて、台湾との融合と中国自身の発展を結び付けている以上、「統一」のための武力行使はそれほど簡単ではない。なぜなら、もしも武力行使が失敗したら、ないしは武力行使によって多大な犠牲を出したら、中国自身の発展まで深い傷を負うことになるからである。だからこそ、習近平政権は戦争を回避し、一方的な現状変更による「統一促進」を模索し続けている。それが、台湾周辺の軍事示威や国際社会における「一つの中国」原則強化の意味であり、「融合発展」推進や「法的統一」が目指す先であろう。ところが、武力に頼らない現状変更は難しい。「一つの中国」は中国と台湾、ないしは国際社会の間で成り立つ間主観的な合意に過ぎず、香港とは異なり台湾に統治を及ぼせない共産党が「融合発展」推進や「法的統一」で台湾を統合できるのかは心許ない。そこに習近平政権が最終的には武力に頼ってしまう危険性が存在すると言えよう。日本を含む周辺諸国にとって、中国による現状変更を牽制し、武力行使に備えることも重要であるが、このような複雑な論理を踏まえた上で、中国が「統一」を急がず、武力行使を回避し続けるように働きかけることも重要ではないだろうか。

（1）「東部戦区将在台島周辺開展開一系列連合軍事行動（二〇二二年八月二日）」中華民国国防部（http://www.mod.gov.cn/topnews/2022-08/02/content_4917248.htm）。以下、URLはいずれも二〇二二年一〇月一日確認。

（2）「中華人民共和国憲法」中華人民共和国中央人民政府（http://www.gov.cn/guoqing/2018-03/22/content_5276318.htm）。

（3）「習近平：為実現民族偉大復興　推進祖国和平統一而共同奮闘」『人民日報』二〇一九年一月二日。

（4）「王英津：論新時代党解決台湾問題的総体方略」中国台湾網、二〇二二年三月一一日（http://www.taiwan.cn/plzhx/zhjzhl/zhjlw/202203/t20220311_12418748.htm）。

（5）劉結一国務院台湾事務弁公室主任が二〇二二年七月七日に『人民日報』上に発表した「総合的方策」に関する論文は、王教授が挙げた第一から七点を中心に論じており、具体的な手段である第八点以降についてはほとんど論じていない。党大会にて報告される「総合的方策」は、習近平の対台湾政策の理念に関する部分に重点を置く可能性もあると言えよう。

（6）「中華民族」論や「中華民族の偉大なる復興」のスローガンが出てきた背景については、江藤名保子「中国の公定ナショナリズムにおける反『西洋』のダイナミズム」『アジア研究』Vol. 61, No.4（二〇一五年）六八―七一頁に詳しい。

（7）胡錦濤政権期以来の中国共産党の対台湾政策と台湾アイデンティティの高まりの関係については、福田円「習近平政権と香港・台湾――『以商囲政』とアイデンティティのせめぎあい」中国研究所編『中国年鑑二〇一七』（明石書店、二〇一七年）四三―四八頁にて論じた。

（8）松本充豊「『両岸三党』政治とクライアンテリズム」川上桃子・松本はる香編『中台関係のダイナミズムと台湾――馬英九政権期の展開』（アジア経済研究所、二〇一九年）七三―七四頁。

（9）Xin Qiang, "Having Much in Common? Changes and Continuity in Beijing's Taiwan Policy, The Pacific Review (2020), DOI: 10.1080/09512748.2020.1773908.

（10）中華民国外交部「中国阻撓我国際空間事例」中華民国外交部HP（https://www.mofa.gov.tw/Content_List.aspx?n=442A97CFB4A0C56C）。

（11）外企遵守「一個中国原則」状況観察課題組「跨国企業遵守『一個中国』原則状況観察（二〇一八）」載李林ほか編『中国網路法治発展報告（二〇一八）』（社会科学文献出版社、二〇一八年）二四三―二六一頁。

（12）「一国両制茶飲業陥両難蔡呼陸收手」『連合報』二〇一九年八月一一日。

(13) 中華民国外交部「中国阻撓我国際空間事例」前掲。
(14) 「光道歉有用嗎?-」『人民日報』二〇一九年八月一二日。
(15) 「二〇二二年八月八日外交部発言人汪文斌主持例行記者会」中華人民共和国外交部HP（https://www.mfa.gov.cn/fyrbt_673021/jzhsl_673025/202208/t20220808_10737382.shtml）。
(16) 「中共中央印発中国共産党統一戦線工作条例」『人民日報』二〇二一年一月六日。
(17) 「大陸『十四五』規画提出打造両岸共同市場」『経済日報』二〇二一年三月六日。
(18) 「福建省委、省政府発文支持廈門建設高質量発展引領示範区」『福建日報』二〇二一年一二月二一日。
(19) 「国台弁：依法対蘇貞昌、游錫堃、呉釗燮等極少数『台独』頑固分子実施懲戒」国務院台湾事務弁公室（http://www.gwytb.gov.cn/xwdt/xwfb/wyly/202111/t20211105_12389168.htm）。
(20) 「国台弁：絶不允許支持『台独』、破壊両岸関係的人在大陸賺銭」国務院台湾事務弁公室（http://www.gwytb.gov.cn/xwdt/xwfb/wyly/202111/t20211122_12392201.htm）。
(21) 「中共中央台弁発言人受権宣布対列入清単的一批『台独』頑固分子等人員実施制裁」国務院台湾事務弁公室（http://www.gwytb.gov.cn/xwdt/zwyw/202208/t20220816_12462610.htm）。
(22) 対外的な法治建設については、小嶋華津子「中国の法治建設と対外関係」笹川財団平和財団国際情報ネットワーク分析IINA（https://www.spf.org/iina/articles/kazuko-kojima_01.html）を参照のこと。
(23) 例えば、彭韜「推動『反国家分裂法』細化立法勢在必行」台湾網（http://www.taihainet.com/news/twnews/twmzmj/2020-12-08/2456224.html）。
(24) 例えば、章念馳「中国的歴史使命与台湾問題」中国評論新聞網（http://bj.crntt.com/doc/1062/6/1/6/106261600.html?coluid=7&kindid=0&docid=106261600）。
(25) 「発布『軍隊非戦争軍事行動綱要（試行）』」『人民日報』二〇二二年六月一四日。
(26) 劉穎傑「中共発布『軍隊非戦争軍事行動綱要』的意図」国防安全研究院（https://indsr.org.tw/focus?uid=11&pid=379&typeid=23#_ftnref1）。
(27) 「両会前瞻／北京対台促融拋『共擬政策』」連合新聞網、二〇二一年三月三日（https://udn.com/news/story/7331/6136008）。
(28) 渡辺剛「抵抗する台湾『国民』アイデンティティ」『国際問題』第六四三号（二〇一五年七・八月）七—一六頁、同「中国シャープパワーと揺れる台湾アイデンティティ」『東亜』（二〇一八年六月号）三〇—三七頁。
(29) 林讓均「台灣民心一〇年消長挺台獨新低、支持統一創新高」『遠見雑誌』二〇一八年三月号、五〇—五四頁。
(30) 福田円「台湾総統選挙に波及した二つの誤算」『Ｗｅｄｇｅ』二〇一九年九月号、四四—四五頁、同「香港デモと台湾総統選挙の力学」『Janet・e-World』二〇一九年八月号。
(31) 福田円「米中『新冷戦』のなかで高まる台湾アイデンティティ」『東亜』（二〇二〇年一〇月号）二—九頁。
(32) 「台湾人対中国八月軍演的態度（二〇二二年八月一六日）」財団法人台湾民意基金会（https://www.tpof.org/兩岸關係/兩岸軍事/台灣人對中國八月軍演的態度（二〇二二年八月一六日）/）。
(33) 「日米首脳共同声明（二〇二一年四月一六日）」外務省HP（https://www.mofa.go.jp/mofaj/na/na1/us/page1_000948.html）。

12 日本は中国とどう付き合うべきか
——崩れゆく五要因と新たな関係構築の可能性

川島　真

（かわしま　しん）
東京大学大学院総合文化研究科教授
専門はアジア政治外交史
著書に『中国のフロンティア』（岩波書店）、『21世紀の「中華」』（中央公論新社）、『20世紀の東アジア史』（共編著、東京大学出版会）、『よくわかる現代中国政治』（共編著、ミネルヴァ書房）、『ウクライナ戦争と世界のゆくえ』（共著、東京大学出版会）など多数。

1　日中国交正常化五〇周年の難局

二〇二二年九月二九日、日中国交正常化五〇周年を迎える。今から五〇年前、日本政府はそれまで国交関係のあった中華民国（政府）との断交を決意し、中華人民共和国（政府）を、中国を代表する政府として認める決断をし、「国交正常化」に踏み切った。その背景には、中ソ対立や米中接近とともに、一九七一年に国際連合総会、安保理における中国の議席が中華民国（政府）から中華人民共和国（政府）に移ったことがあった。中華民国は国際連合を脱退していた。

当時、中華人民共和国は、日本と中華民国との一九五二年から二〇年にわたる正式な関係の存在を認めず、第二次世界大戦後の不正常な関係が一九七二年まで継続していたと主張し、日本側もそれを認めて、「日中国交正常化」という言葉が使われるようになった。それから五〇年経ったのである。

この五〇年を振り返れば、政治外交面では一九七二年の日中共同声明、一九七八年の日中平和友好条約、一九九八年の日中共同宣言、二〇〇八年の（「戦略的互恵関係」の包括的推進に関する）日中共同声明という四つの基本文書と、二〇一四年の四項目合意などが積み重ねられてきた。経済面でも、日本がODAで中国を支援する状態から、中国が日本にとっての最大の貿易相手になり、二〇一〇年には中国のGDPが日本のそれを上回ったが、それでも経済関係は極めて緊密になった。人的往来もこの五〇年間に極めて活発になり、日本国内の中国系住民は八〇万人以上に達する。

しかし、目下のところ日中関係は極めて厳しい状況に直面している。歴史認識問題や領土問題は依然として未解決とされ、台湾問題などもあり、さらには日本社会の対中感情は極めて悪く、八割前後が中国に対して親しみを感じていない状態にある[1]。二〇一〇年前後に尖閣諸島問題のために悪化した日中間の政治関係は、ようやく回復基調に乗ったものの、二〇二〇年四月に予定されていた習近平国家主席の訪日が新型肺炎のために延期され、ウクライナ戦争などにより米中間の「競争」が激化する中で、さらに不透明感を増している。

もし二〇二〇年四月に習近平国家主席の来日が実現していたら、また延期して実現したら、日中関係はどのような方向に向かったのだろうか。第五の政治文書についてもしばしば話題になるが、目下のところそうしたものが策定されるのか定かではない。それどころかこれまでの四文書の内容が実現されていないという問題もある。

日中関係がこのように行き先を喪失してしまっているのはなぜか。あるいは安定的で協調的な関係を築きにくくなっているのはなぜか。それは、これまでの日中関係を支えてきた、いわば基礎となってきたとも言えるいくつかの条件が次第に変容、あるいは崩れてきているからではないかと筆者は考える。その五点とは、(1) 米中関係を中心とする国際環境、(2) 台湾問題などの東アジアの国際関係、(3) 日中間の経済関係、(4) 日中双方の内政、(5) 日中双方の国民感情である。本稿では、これら五つの要因について、一九七二年からの五〇年間で何がどのように変化してきているのかを考察し、その上で日中関係の現在地とともに今後の関係性についても展望してみたい。

2　第一要因――米中関係を中心とする国際環境

日中関係を取り巻く国際環境も大きな変化を遂げてきた。一九七二年の日中国交正常化を実現させた背景には、前述のように国際連合の議席の変化があったが、その背景には第三世界の国々が国連総会などにおける発言権を増していたことがある。だが、日中国交正常化のもう一つの呼水となったキッシンジャー訪中、ニクソン大統領訪中に代表される米中接近は、中ソ対立の激化やベトナム戦争などがその背景にあった。

国交正常化してからの日中関係は、比較的安定した米中関係に支えられてきたと言える。アメリカは、中国に対してはエンゲージメント政策を採用し、中国を既存の世界秩序に組み込んでいくことを企図した。日本の中国への姿勢も基本的にこのエンゲージメント政策に連動していたと言える。しばしば「振り子」に喩えられるように、一九九〇年代までのアメリカの対中政策は強硬と柔軟を行き来する面があったが、それでも敵対的にはならなかった。それどころか、二〇〇一年の九・一一以降はアメリカが遂行する「テロとの戦い」の中で、中国はむしろアメリカのパートナーとして位置付けられた。それに対して中国もWTOに加盟するなどグローバル化と自由貿易体制の恩恵を受けて発展してきた。このような状況の中で、日米同盟は中国を次第に警戒するようになったとはいえ、現在ほどの強い対決姿勢は示さなかった。

しかし、二〇一〇年代半ばから後半にかけて米中関係が大きく悪化し、アメリカはエンゲージメント政策を事実上放棄した。その背景には、中国がアメリカとのいくつかの合意を反故にしたことや、二〇四九年に「中華民族の偉大なる復興の夢」を実現すると目標掲げるなど、アメリカとの対決姿勢を明確にしたことによる。米中は「衝突」こそ避けながらも互いに「競争」する関係へと舵を切ったのである。その「競争」には、軍事安全保障、先端技術、民主主義や人権、台湾問題などの地政学的問題などが含まれる。

また、アメリカはオバマ政権期から「世界の警察」たることを放棄し始めており、目下のところ同盟国と連携していくことを重視している。その際には、同盟国との間の相互性や、同盟国同士の関係性が重視される。日本における安保法制の整備や、日豪間の安保面での協力体制、クワッド、そして日本とNATOとの協力関係もこうした方針の下に行われている。無論、防衛費の増額もまた、アメリカから求められているところである。

オバマ政権の末期から顕著になったアメリカの対中認識、対中政策の転換は、トランプ政権になって明確にその輪郭を見せるようになった。前述のように、半中間では軍事安全保障、先端技術、民主主義や人権、台湾問題などの地政学的問題などにおいて「競争」が顕著となった。コロナ禍の下で、アメリカ社会の対中認識は一層悪化し、またトランプ政権末期になって政府高官の対中批判もさらに強まり、他方で中国は周辺での軍事活動を活発化させ、インドとは戦闘が発生し、台湾海峡周辺でも軍機が中間線に迫り、また台湾西南沖の上空に侵入して、台湾、そしてアメリカの警戒心が高まった。

中国政府は、二〇二一年に発足したバイデン政権が再び互いに核心的利益を尊重する「新型大国関係」を復活することに期待した。中国はオバマ政権との間では「新型大国関係」が実現できていたとみなしていたようであり、バイデンがそのオバマ政権で副大統領であったことなどから、その復活に期待したのだと思われる。しかし、バイデン政権は基本的にトランプ政権の対中政策を継承し、中国との「衝突」を避けながらも「競争」を継続し、気候変動などでは「協力」を模索するとしている。だが、ウクライナ戦争によって、米中間の「競争」はとりわけ軍事安全保障面で激化し、アメリカを中心とする先進国対中露などという陣営対立的な様相を見せ始めている。日本もまた「力による現状変更は認めない」などとして、ロシアとの平和条約締結交渉継続を犠牲にし、ロシアへの制裁などに加わるとともに、中国に対しても「力による現状変更」を行う国と位置付けている。中露を一括りにしている、と言えるだろう。

このように日中関係を取り巻く重要な要素としての米中関係は、この五〇年間で劇的に変化したと言える。このような状況の中でどのような日中関係を築くのか。岸田文雄政権は、中国との「協力」を模索するとしているが、目下その具体像は示されていない。[2] 少なくともバイデン政権同様に「衝突」を避けつつ、「競争」と「協力」とを併せ持つ関係性を築くということになるのだろうが、日本がアメリカと同じような関係を中国と築けるかどうかも未知数であるし、そもそも日本は中国の隣国であり、経済関係や人的往来も極めて活発だ。軍事面での衝突があった場合の惨禍も計り知れない。いかに「競争」しながらも「協力」し、隣国として「共存」するかが重要となろう。

3　第二要因――台湾問題などの東アジアの国際関係

一九七二年九月、日中国交正常化が実現したが、この時は冷戦下にあった。中華民国（台湾）は蒋介石率いる国民党の一党独裁下にあったし、韓国もまだ民主化していなかった。台湾海峡は一九五〇年代のような軍事衝突こそなかったが、儀礼的な軍事行動が見られており、緊張状態にあった。だが、当時の中華人民共和国の軍事力に鑑みれば、台湾解放は現実的には難しい状態にあった。

だが、冷戦の下でアメリカが中華人民共和国との関係改善を試み、日本が国交を正常化したこと、また国連を脱退したことで中華民国の国際的な地位は大きく損なわれることになった。しかし、同年の沖縄返還でも日米安保は維持され、日本と中華人民共和国との国交正常化がなされても、それは外交面での関係が日台（日華）間でなくなったことを意味するだけで、経済文化で関係性が維持された。それだけでなく、軍事安全保障面でも台湾は西側陣営に留まることになった。日中共同声明では、台湾について「中華人民共和国政府は、台湾が中華人民共和国の領土の不可分の一部であることを重ねて表明する。日本国政府は、この中華人民共和国政府の立場を十分理解し、尊重し、ポツダム宣言第八項に基づく立場を堅持する」[3]と記されたが、この「十分理解し、尊重」するという言葉には台湾が中国の一部であると完全に認めるわけではないことを示していたし、また一九六九年の佐藤栄作首相、ニクソン大統領による日米首脳会談においても、「大統領は、米国の中華民国に対する条約上の義務に言及し、米国はこれを遵守するものであると述べた。総理大臣は、台湾地域における平和と安全の維持も日本の安全にとつてきわめて重要な要素であると述べた」[4]とされるように台湾への関心が強く示されていた。このような位置付けは一九七九年に米中国交正常化がなされ、米華相互防衛条約が破棄され台湾から米軍が撤退しても変わらなかった。アメリカは国内法としての台湾関係法を制定して、台湾海峡の現状維持を継続させようとしたのである。

台湾海峡をめぐる状況が大きく変わったのは、一九八九年の冷戦の終結後、一九九〇年代初頭のことである。一九八〇年代後半以来、台湾は戒厳令を停止し民主化プロセスに入っていたが、一九九一年五月一日にもう一つの戒厳令とでも言えるものであった動員戡乱時期臨時条款を廃止し、「大陸反攻」政策を放棄した。また、一九九二年に中国側窓口機関である海峡両岸関係協会と台湾側の窓口機関である海峡交流基金会が、香港で協議を行い、互いに「一つの中国」を確認しあったとされている（九二年コンセンサス）。この「コンセンサス」に対する姿勢は国民党政権と後の民進党政権では異なるが、いずれにしても冷戦の終結を経ても台湾海峡の「対立」は維持されている。その「対立」の下で、一定程度それを平和的に管理し、両岸の交流を実施する体制が一九九〇年代に入ると整え始められたのであった。

しかし、一九九六年三月に台湾で最初の総統選挙が実施された際に中国が台湾海峡で演習を行い、かつ基隆沖、高雄沖にミサイルを打ったことは、「台湾海峡危機」とされ、日本でも中国脅威論の一つの根拠となった。また、選挙を通じて初代総統となった国民党の李登輝の二国論、二〇〇〇年に総統選挙で勝利した陳水扁総統の一辺一国などは、台湾独立に向けた動きだと中国に捉えられた。他方で、中国との交流に抑制的であった李登輝政権に対し、陳水扁政権は中国との交流を強化した面がある。直接的な通航、通商、通信を開放する小三通を実施し、両岸の経済関係は次第に密接になっていった。二〇〇八年に成立した国民党の馬英九政権は中国と良好な関係を保ちながら、日本との関係強化も図った。特に二〇一一年の東日本大震災に際して、台湾社会から日本に二五〇億円にも上る義援金が送られたことは、日本の世論に大きなインパクトを与え、それが時の民主党政権、そして二〇一二年に成立した第二次安倍晋三政権が台湾との関係を改善する上で大きな推進要因となった。実際、安倍政権は台湾との間でいわゆる漁業協定、租税協定などを締結し、二〇一七年一月には交流協会の名称を日本台湾交流協会に変更するなど、台湾との関係を一層緊密にした。これは、中国の立場を「十分理解し、尊重」するという範囲で行っているというのが日本政府の立場であり、特に二〇一六年五月までは台湾の政権が国民党の馬英九政権であったということもあり、習近平政権もまた取り立てて問題視しなかった。

他方、二〇一五年に実施した習近平—馬英九会談は、馬英九にとって決して「台湾統一」を目指したものではなかったが、それでも台湾の人々に中国と距離をとる民進党政権への期待を高める効果があったものと思われる。馬政権はその終盤になって沖の鳥島が島ではなく「岩」であり、ＥＥＺの起点とはならないと主張するなどし、それまで比較的良好であった日台関係はやや緊張することになった。

4　第三要因——日中間の経済関係

一九七二年九月二九日、日中国交正常化がなされた頃、日本はすでにＧＤＰで世界トップ3に入る位置にあり、中国との経済、技術面での差は明確であった。一九七九年に開始された、日本から中国へのＯＤＡは、賠償でこそなかったものの、政治家の多くは気持ちの面では賠償だとの意識を有していたものと思われる。中国も、一九七八年の鄧小平来日の際の言動に表れていたように日本側を「経済の師」としていた。無論、鄧小平は日本との関係では歴史も重要だとしていたが、それでも経済は日中関係を支える上での重要な要素だった。円借款は歴史認識問題をはじめ、日中間の懸案を解決する上での梃子になった。そして、このＯＤＡを中心に日中間の政界が結びつき、他方で日本の経済界も中国の要人との関係性を強めた。

一九八九年六月の天安門事件とその後の西側先進国による対

中経済制裁、中国自身の改革開放政策の中断などもあったが、日本は率先して対中ODAを再開したし、中には天安門事件後も中国から撤収などせずに経済活動を継続したパナソニックなどの日本企業もあり、中国側から称賛された。一九九〇年代半ばから日本で中国脅威論が強まり、また日本経済の低迷もあって日中関係には厳しい面もあったが、日本の対中投資は増加していったし、当時は日本が中国にとって最大の貿易相手であった。だが、二〇〇〇年に第四次円借款が終了すると、以後のODAのあり方について議論が生じた。その結果、以後の対中ODAは沿岸部のインフラではなく内陸部のインフラへ、また領域的には環境部門を重視することになった(5)。

二〇〇一年、中国はWTOに加盟した。中国は自由貿易枠組みに加わり、グローバル化の下で経済発展を目指していく姿勢を示した。そして、小泉純一郎政権期には日本にとっても中国が最大の貿易パートナーとなった。経済は日中間の「かすがい」となり、小泉政権期には「政冷経熱」と呼ばれるような状況となった。これは政経分離を前提としていた。経済発展を重視する中国側も、政治的に問題が生じても経済面での関係悪化を避けていたということであろう。その後、二〇〇八年までに日本の対中ODA（円借款、無償）は一段落した。その後、日中経済関係は規模の面でむしろ逆転することになった。二〇一〇年にはGDPの面で中国が世界第二位、日本は第三位となったのである。日本経済が低迷する中で中国経済は比較的順調に成長を続け、日本経済の対中依存度は増していくことになった。この点で日本の対中ODAは所期の目標を達成した。しかし、ODAには中国を既存の国際秩序に組み込むという別の意図もあったろう。この点、中国は経済貿易の面では、WTOはじめ秩序に組み込めた面もあるが、政治体制や軍事の面で中国は体制転換もしていないし、国際秩序に組み込まれたわけでもなかろう。

他方、このように一九九〇年代から今世紀初頭にかけて、日中間の経済面での相互依存は進み、貿易量も増大していったが、これは経済面での日本の中国に対する優位性が失われていくことを意味した。一九八〇年代には日本経済が中国経済に対して圧倒的に優位であり、だからこそ日本は中国の「経済の師」であり、だからこそ歴史認識問題と経済との間でのバランスが図られたが、「経済」は次第に歴史認識問題などを抑制する装置ではなくなっていった。だが、政治関係が悪化した小泉政権期においてでさえ、経済関係が緊密化して、「政冷経熱」などと言われたように、経済は日中関係を支える基礎となっていたのであった。

小泉政権下で悪化した日中関係であったが、二〇〇六年には関係改善が図られて戦略的互恵関係が構築され、二〇〇七年には温家宝総理が来日、二〇〇八年には胡錦濤主席が来日して日中共同声明が発せられ第四の政治文書となった。しかし、二〇〇四年の北京のサッカー場での暴動、二〇〇五年の反日デモなどによって日本国内で急速に対中感情が悪化し、その後もその傾向は止まらなかった。その中で、経済はまさに両国関係をつなぎ止める最後の拠り所になっていった。また、経済関係の性質も変わり、日本が最終組み立ての場で中国が部品を提供するという垂直的な関係ではなく、両者は水平的な関係となり、日本から部品を中国の最終組み立て場に輸出することも多く見られた。このことは、二〇一一年三月の東日本大震災に際して日本からの部品が中国に提供できなくなり、中国の一部の工場が稼働できなくなったことにも表れていた。

二〇一〇年代に入ると、日中間の経済格差は加速度的に広がり、二〇二〇年代には中国のGDPは日本の三倍となった。中国から日本への直接投資も見られるようになり、技術面でも中国が優位となる分野も現れた。二〇一二年に習近平政権が成立して以降、中国は一帯一路を唱えて世界各地でインフラ建設を進めた。当初日本はこれに必ずしも賛同していなかったものの、二〇一七年五月に一帯一路サミットフォーラム参加のため二階俊博自民党幹事長が総理親書を携えて訪中し、一帯一路に寄り添う姿勢を見せた。この段階では無条件で中国側に寄り添うような方向であったようだが、日本側で政策調整がなされ、同年六月日本経済新聞社が主催した「アジアの未来」の会議で講演した安倍総理は「開放性、透明性、経済性、財政健全性」の四点を中国との協力の条件として挙げた。中国側もそれを基本的に受け入れ、二〇一八年一〇月に安倍総理が訪中した際には、第一回第三国市場協力フォーラムが北京で開催され、日中間の第三国協力が模索された。

二〇一七年一月に成立したトランプ政権は、関税問題を中国に提起するだけでなく、先端技術のデカップリングに関する問題提起を行い、二〇二〇年には中国の華為技術（ファーウェイ）への半導体輸出規制に関する制度を策定した。また、二〇二〇年に新型肺炎の感染が拡大すると、マスク不足となり、医療製品や医療機器などについて国産化を進める必要性が認識された。日本では、経済産業省が「サプライチェーン対策のための国内投資促進事業費補助金」制度を設けたが、中国から先端産業の生産拠点を他所へ移動させるというわけではなく、主にマスクや医療産業の日本への生産拠点の移動に用いられた面がある(6)。

また、日中韓FTA交渉に進展が見られない中、二〇二二年一月RCEPが発効した。ここには日中韓のFTAが事実上含まれていたので、事実上最初の日中韓のFTAとなった。これによってさらに経済貿易関係が進展することが期待されている。

しかし、二〇二一年に成立したバイデン政権は中国との先端技術のデカップリング政策を継続し、また中国における双循環政策や新型肺炎への対策、そしてウクライナ戦争下での中露との「対立」などを受けて、日本では二〇二二年に経済安全保障推進法が国会で可決された。中国側もすでに輸出管理法などの経済安保関連法案を整備しつつある。目下のところ、経済安保がどのように両国の経済関係に影響するかは未知数である。

この五〇年の間、経済面で見た場合、日本と中国との経済的な地位は逆転するという大きな転換があった。一九八〇年代には経済が歴史認識問題などを抑制するバランサーともなっていたが、そうした機能は次第に失われた。だが、従来から日中間で「政経分離」が原則とされ、経済は両国関係の「かすがい」であり、二〇一〇年代末までそのよう状況は基本的に変わらなかった。しかし、経済と安全保障が密接に関連付けられつつある現在、果たして経済関係に依存する日中関係が維持できるのかが問われていると言えるだろう。

5　第四要因――日中双方の内政

日中双方の国内政治の状況もまた一九七二年九月と現在とでは大きく異なっている。一九七二年の国交正常化当時、日本国内はいわゆる五五年体制の下にあった。最大野党は社会党であり、その社会党や公明党は基本的に日中国交正常化推進派であり、与党自民党でも保守派（親台派）を除けば、国交正常化に肯定的だった。他方、中国では依然文化大革命中であったが、周恩来、そしてその後継者の鄧小平が対日関係を担い、さらに改革開放を主導することで、円借款を供与する日本との関係が一層緊密になった。

中国で鄧小平が政権を掌握したということは、「発展」が国家建設の主軸に据えられたことを意味する。だがそれは政治的な体制転換を意味しなかった。日本は中国を経済的に支援していたが、それは中国の民主化を望んでいた面もあろう。韓国や台湾が民主化へと舵を切る中で、一九八九年の天安門事件は中国なりに、「民主化」について一つの答えを出した事件でもあった。後述するように、日本社会の対中認識はこれによって大きく悪化した。

一九八九年の冷戦の終結は、東アジアにおいては必ずしも分断国家の統一を意味せず、一九七二年の台湾をめぐる日中の取り決めは維持された。また、尖閣諸島問題をめぐっては一九九〇年前後に民間の活動家の動きが活発になり、中国は一九九二年に領海法を制定した。そして、同じく一九九〇年前後には韓国で慰安婦が自らの経験を社会に公表するなど、慰安婦問題が新たな局面を迎えていた。自民党の宮澤喜一内閣の河野洋平官房長官談話などはそうした新たな動向に対応したものであった。中国からも戦争をめぐる民間賠償請求訴訟が日本に対してなされるようになった。他方、日本国内では五五年体制が崩れ、一九九三年には細川護熙内閣が成立した。一九九〇年代前半は、戦後五〇年ということもあり、日本側としては戦争問題に決着をつけたかった面があろう。また、戦争犯罪や歴史和解に関するグローバルな標準が次第に形成されつつあり、それが影響した面もあったであろう。細川首相も就任直後の記者会見で「太平洋戦争は侵略戦争であり、間違った戦争だった」と述べ、羽田孜首相は一五年戦争を侵略戦争とは見ないまでも、過去の侵略行為については反省し、謝罪するという姿勢をとった。そして、一九九五年の村山富市内閣は「村山談話」において、戦争と植民地支配に対して反省と謝罪という姿勢を示したのだった。[7]

村山政権は自民党・社会党・さきがけ三党の連立政権であっ

たが、それ以前の細川内閣、羽田内閣の時に自民党は野党に転落していたが、その際、自民党は保守化した面があった。他方、社会党が政権与党になり村山内閣が成立すると、社会党はそれまで反対していた日米安保条約や自衛隊の存在などを政権として受け入れることになった。その社会党は一九九三年の衆議院選挙、一九九五年の参議院選挙で大敗して大きく議席を減らし、一九九六年には社会民主党へと改称した。一九九六年に衆議院選挙で小選挙区比例代表制が採用されると、中選挙区で議席を得ていた社民党をはじめとする野党は極めて厳しい状況に追い込まれていくことになった。五五年体制は自民党の野党への一時的転落と一定程度の保守化とともに、最大野党であった社会党の衰退という現象を伴ないながら、大きく変容したのである。これによって憲法九条への姿勢を軸にした日本の保守と革新との対立も次第に見られなくなり、それが日中関係にも影響した。天安門事件によって対中認識が大きく悪化したことや、一九九六年の台湾海峡危機などで中国脅威論が広がったことなどが相まって、日本では日中友好運動が急速に衰退した。「日中友好」は次第に日中関係を支える言葉ではなくなっていったのである。

他方、冷戦が終結し、社会主義諸国がドミノ現象の下で体制転換を行い、さらにソ連が解体する中で、中国では共産党一党独裁を継続するために国民に対して改めて思想教育を徹底した。この時には中国共産党の革命性や豊かさも正当性の源であったが、特にナショナリズムが強調され、その政策は愛国主義教育運動などとして実施された。これは必ずしも日本だけを対象としたものではなかったが、抗日戦争や帝国主義諸国の侵略などを問題としていたために自ずから日本にも厳しいものとなったし、ましてやこの運動を実施しながら、日本側の「戦後五〇年」をめぐる歩み寄りに応じることは困難であった。一九九八年に来日した江沢民国家主席は、直前に来日した韓国の金大中大統領とは対照的に、歴史問題は簡単に終わらせられるものではないことを強調し、日本社会の反発を誘った。ただ、一九九〇年代は依然として一定程度日中関係を穏当に保つべきだとする意思が日本の社会にも政権にも存在していた面がある。しかし、今世紀に入ると情勢は大きく変化した。

二〇〇一年、自民党総裁選で郵政民営化を唱える小泉純一郎が日本遺族会などの支持を得て勝利し、小泉内閣が誕生した。小泉総理は初の戦後生まれの総理であり、自民党の因襲にとらわれない姿勢を示した。小泉政権の国内政治にはいくつかの特徴があった。第一に、官邸主導を明確にしたことである。これ以後、次第に予算と高級官僚人事について官邸が強く主導権を発揮するようになっていく。第二に、新自由主義的な政策が採用された。競争を重視し、セーフティーネットを緩める一方で、ナショナリズムを用いて国民の結束を図った面がある。日本遺族会の支持を得たからということもあるが、小泉総理は靖国神社への参拝を続け、保守層を取り込んでいった。このことは中国から強い反発を招いた。そして、日本に反発する中国での一連の事件が日本の対中感情をも悪化させていった。それは、瀋陽総領事館事件、北京サッカー場暴動事件などであった。最終的には、二〇〇五年前後に反日デモが発生して、日中関係は大きく悪化した。第三に、郵政民営化などを争点にしつつ、小選挙区制をうまく活用した選挙を行っていった点である。それだけに政治をめぐる争点が「わかりやすく」「単純に」なる傾向があった。第四に自民党の因襲を壊そうとしたことがあるが、小泉政権は特に旧田中派への反発を強め、田中派の影響力が顕著に見られた対中ODAについても問題視し、無償資金協力の新規供与を二〇〇六年、円借款の新規供与を二〇〇七年に停止したことである。これは当時大幅に悪化した日本の対中感情を踏まえていたが、結果的に日中間の政治家のパイプも細ることになった。第五に、外交面で小泉総理はアメリカのブッシュ大統領と良好な関係を築きつつ、北朝鮮拉致被害者問題で一定の「解決」を見るなど大きな成果を挙げたが、他方で国連安保理常任理事国入りに並々ならぬ意欲を見せた点である。このことは国連安保理常任理事国を第二次世界大戦の主要戦勝国と見る中国から強い反発を受けた。

中国では二〇〇二年に胡錦濤政権が誕生していた。胡錦濤政権は、江沢民期に拡大した格差や環境問題など急速な経済成長の悪果としての課題に取り組む姿勢を示し、「和諧社会」の実現に努めた。政権発足前後には、日本との歴史問題が依然未解決だとする「戦争（歴史）遺留問題」を強調する見解と馬立誠らの対日新思考とが対立したが、胡錦濤政権は小泉総理の靖国神社参拝という問題に直面し、対日関係の見直しなどはできなかった。また、対外政策の面でも胡錦濤政権は、主に先進国との関係において経済中心の対外協調路線を意味する「韜光養晦」を旨とし、二〇〇五年の胡錦濤の国連における「和諧世界演説」のように、中国の平和的な台頭、協調協力の重要性を訴えた。しかし、二〇〇六年から二〇〇九年にかけて中国国内では多くの論争が生じる。それは、経済発展に伴う社会の多元化、世界の普遍的価値の受容などをめぐる問題であった。中国では、著しい経済成長の下で格差問題や環境問題が深刻になったが、当時はこうした問題を重視する中国共産党の保守派が台頭しつつあった。富や生産手段の分配を重視する社会主義の観点にたてば、格差問題は極めて憂慮すべき問題だったのである。保守派は、経済発展のために対外協調路線をとる政府を批判し、中国自身の価値観を重視し、対外的にも強硬な姿勢をとるべきだと訴えた。この時期、対外政策の目的に「（経済）発展」だけでなく「主権」や「安全」が加えられ、また「韜光養晦・有所作為」に「堅持／積極」という言葉が加えられ、外交方針が「堅持韜光養晦・積極有所作為」に変化していったのにはそのような背景があった。尖閣諸島の領海に最初に中国の公船が入ったのも、二〇〇八年一二月八日であった。

しかし、このような政策の調整があったにもかかわらず、胡錦濤政権は二〇〇六年から日本との関係改善を進めようとした。二〇〇七年には温家宝総理が訪日、二〇〇八年には胡錦濤主席が訪日した。二〇〇八年は一年間で日中首脳会談が最も多く行われた年となった。二〇〇七年四月の温家宝総理の日本の国会での演説は日本の歴史認識問題への取り組みを高く評価するなど画期的であったし[8]、二〇〇八年の胡錦濤主席の来日に際しては第四の政治文書となる「(戦略的互恵関係の包括的推進のための)日中共同声明」が策定された。中国国内での政治的緊張の下で、歴史や領土問題のある日本との関係は敏感な論点になっていたと想像されるが、胡錦濤政権は日本との経済関係を重視するという姿勢を明確に示し、かつ歴史をめぐる問題についても、日本を一定程度評価するという姿勢を示した。

だが、中国側のそのような歩み寄りに、日本側が十分に応えられたわけではない。小泉政権の退陣後、日本政界は六年にわたり短命政権が続いた。自民党の三政権、第一次安倍晋三政権、福田康夫政権、麻生太郎政権は中国との関係改善には成功したが、中国国内の緊張を踏まえつつその良好な関係を継続させていくだけの長期政権にはならなかった。二〇〇九年に民主党の鳩山由起夫政権が誕生した時には、前述のように中国はすでに対外政策を強硬化させていた。その背景には、中国がオリンピックを成功させていたことや、リーマンショックによってアメリカや西側先進国の経済が大きな打撃を受け、中国が六〇兆円もの景気対策予算を組んで世界経済を支えていたこともあった。

すでに対外行動が強硬化していた中国に対して、鳩山政権は東シナ海を「友愛の海」とするなどとして歩み寄る姿勢を示した。中国も一定の期間をおいて鳩山政権の呼びかけに応じる姿勢を示したが、鳩山政権はすでに沖縄の普天間基地問題などで対米関係、また国内政治における難局に直面して、新たに菅直人政権が成立することになった。菅政権はアメリカとの信頼関係再構築を行い、国内政治の安定化を目指したが、二〇一一年の東日本大震災および福島第一原発の事故への対処で国民からの強い批判を受けることになった。中国は震災に対してレスキュー隊を日本に派遣し、また対外援助のスキームを利用して日本への援助を試みたが、日本の対中認識を変えるには至らなかった。

日本の対中認識は、二〇一〇年九月の漁船衝突事件によってすでに相当に悪化していたが、尖閣諸島の私有地を買い上げて灯台などを建設しようとする一部政治家や民間の動きがある中で、野田佳彦政権がその私有地を国有地化することを決断し、中国側ともやりとりをした上で、二〇一二年九月にそれを断行した。これは灯台建設などを防ぎ、現状を維持するための行為であった。だが、日本政府の行為をある程度理解したかに見えた中国側は、この時期が胡錦濤政権から習近平政権への政権移行期に当たっていたことも相まって、次第に「尖閣国有化」に疑義を呈するようになり、それでも日本側が九月にそれを断行したために、日中関係は大きく悪化することになった。

菅政権期に民主党政権はすでに国内からの支持を失っており、野田政権は民主党へのダメージを最小限に食い止めるべく、二〇一二年末に民主党の政権を維持できる四年の期限を待たずに解散総選挙へと踏み切り、結果として自民党が奪権して第二次安倍政権が誕生した。安倍政権の政策、とりわけ対外政策は基本的に野田政権のそれを継承していた。安倍政権は高い支持率と保守層からの支持の下に政権運営を展開した。安倍政権は保守層の支持を得つつ、まず台湾に対する積極政策を採用し、また二〇一三年一二月には靖国神社に参拝した。

制度的には、二〇一四年に内閣人事局が設置され、それによって官庁の幹部人事を官邸が掌握するようになった。予算編成権も含めて政策の中核を官邸が掌握することによって官邸の持つ指導力は絶大なものとなった。その安全保障政策は、二〇一三年から二〇一四年にかけてのNSC、NSSの設置、またインド太平洋戦略の構築に見られるように、保守支持層の期待に応えるような諸政策を展開していった。しかし他方で、二〇一五年の戦後七〇周年の「安倍談話」では基本的に村山談話、小泉談話を継承する姿勢を示し、同年末には慰安婦についての日本政府の責任を一定程度認めて韓国との間で慰安婦合意を成し遂げたように、一般的な保守政権とは異なる傾向も見せた。これらは保守層からの強い支持がある政権だからこそ成し遂げられたことだとも言えるだろう。

そして、安倍政権はアベノミクスを推進して日本経済を立て直そうとしたが、この経済面でも日本の最大の貿易相手である中国との関係改善が求められるようになっていった。日本社会の対中認識も、八割が中国に親しみを感じない中で、日中関係が重要だとする数値は六割を超えていた。その理由が経済関係にあった。こうした世論も対中関係改善を後押ししたと考えられる。安倍政権は、二〇一四年年頭には対中関係改善への意欲を見せ、外交ルートを通じて中国との四項目合意を策定して第三国での首脳会談を実現し、二〇一七年には中国の一帯一路について条件付きながら支持を与えるようになった。二〇一八年、アメリカが中国に厳しい姿勢をとり出す中で、五月に中国の国家主席と日本の総理とのはじめての電話会談が実現し、その上で李克強総理が訪日、一〇月には安倍総理自身が訪中して、日中関係改善を印象付けた。

他方、中国側でも二〇一二年秋に習近平政権が成立したが、その政権形成過程と「尖閣国有化」が重なったために、習政権も当初日本に対して厳しい姿勢を示した。また、政権発足後の一年、習近平総書記は地方軍区などをめぐって解放軍への管理統制を強めつつ、反腐敗運動などを起こして政敵を相次いで失脚させていった。二〇一四年三月に徐才厚、七月に周永康が摘発されたが、この周永康摘発によって政権基盤が安定し、日本との関係改善（四項目合意）に一定程度踏み出せたとの見方もあろう。その後も、二〇一四年一二月に令計画、二〇一五年四月に郭伯雄、二〇一七年四月に孫政才らが摘発されて、さらに二〇一七年秋の第一九回中国共産党全国代表大会（党大会）を経ると、中央政治局、中央軍事委員会の構成員の多くが習近平の地方時代の「子飼い」で固められていき、その傾向は以後も一層顕著になった。習近平政権が対日関係改善に大きく踏み出した二〇一八年は、人事の面でも、また政策の面でも第一九回党大会の演説で今後の方向性を定めることができた状況で、まさにその政権基盤が固まったタイミングであったとも言えるだろう。

このように二〇一八年の日中関係の改善は第二次安倍政権と習近平政権の双方がそれぞれ政権基盤を強固にしたために可能となったという側面がある。しかし、その関係性は良好ではなく、あくまでも二〇一二年以来の首脳の正式訪問がなされない事態を「元に戻した」、つまり関係改善というより、関係を正常化させたに過ぎなかったと言える。日中の政界の間に従前のようなパイプができたわけではないし、中国では国内政治の面で社会に対する管理統制が強化され、対日関係は台湾や領土問題、歴史問題と関わるために依然として敏感な問題であった。日本においても、新型肺炎の下で民族主義的論調が一定程度強まり、またウクライナ戦争が生じ、国際政治の変動に直面すると、選挙の争点に外交安保が挙げられるようになるなど、国内政治と外交や安保政策とが密接に関連付けられ、中国はロシアと一体視され、厳しい視線が向けられるようになっている。

この五〇年の間にそれぞれの国内政治が大きく変化していることに気づくだろう。だが、中国での中国共産党一党独裁であるとか日本の民主主義体制などに大きな変動はないとも言える。とはいえ、それぞれの政権の制度的基盤や保守／「革新」の勢力のバランスなどは大きく変化したのであった。

6　第五要因――日中双方の国民感情

民主主義国である日本はもちろんのこと、共産党の一党独裁下にある中国においても国民感情は対外政策に影響を与える重要な要素である。

一九七二年からの五〇年で、特に日本側の対中認識は大きく変化した。一九七〇年代、七割前後の日本人が中国に親しみを感じていたが、それが一九八九年の天安門時間で五割を割った。それ以後一五年近く、「感じる」と「感じない」が拮抗していたが、二〇〇五年前後の反日デモなどで対中認識はさらに悪化し、「親しみを感じない」が七割、八割へと増加していった[9]。しかし、逆に極めて悪化していたがために、新型肺炎の影響が拡大して世界の対中認識が悪化する中、日本の対中感情には大きな変化がなかった。

日本の対中感情がそこまで悪化していた背景には、日中間の領土問題や歴史認識問題、軍事行動を含む中国の対外行動などがある。だが、今世紀に入って中国が日本の最大の貿易相手となり、中国経済への依存度が高まる中で、日中関係が日本にとって大切であると答える比率は依然六割以上ある[10]。そのため、日本の諸政権は次第に中国に「親しみを感じない」という圧倒的多数の民意を踏まえつつも、最終的には日中関係が大切だとする声に応えていく、ということになる。ただ、五〇年を振り返ると、たとえば一九八九年の天安門事件で対中感情が悪化する中で、日本がG7の中でいち早く関係改善に動いたし、また二〇〇六年からの第一次安倍政権も、国内の対中感情が極めて悪い中で、対中関係を改善しようとし、以後の福田康夫政権もそれを継承したりした。これらは、世論とは異なる政策を政府が採用したということになろう。ただ日本国内では経済面での中国の重要性が今世紀に入って特に強まっており、とりわけ第一次安倍政権に対して経済界から対中関係の改善を求める声があったことも確かであり、世論に逆行したというより、経済界に配慮したとも言える。

他方、中国側には明確な世論調査結果などがなく判断は難しいが、一九七二年の国交正常化の際にも文化大革命中であったこともあり、侵略国日本との関係正常化に多くの疑義が発せられたと言われている。その後、一九八〇年代になると、日中友好運動や日本映画ブームなどもあって対日感情は一定程度好転したとも思われる。一九九〇年代に入って愛国主義教育運動が生じた。もともと中国では抗日教育が実践されてきたのだから、抗日というよりもナショナリズムが強化されたのがこの運動だが、それでも、日本に対してもいっそう厳しい姿勢が見られるようになったということだろう。二一世紀に入ると、小泉総理の靖国神社連続参拝や日本の国連安保理常任理事国入りをめぐる問題で対日感情が極めて悪化し、反日デモへと発展した。二〇〇六年以降、中国政府は反日デモを抑制する姿勢を示したが、北京オリンピックや上海万博、そしてリーマンショックなどで中国社会が自信を深め、二〇一〇年にGDPの規模で中国が日本を上回ると、中国の対日感情はさらに悪化、あるいは極めて悪化した状態であったと考えられる。だが、二〇〇六年から二〇〇八年の時期、おそらくは中国の対日感情が極めて悪化していた時期、胡錦濤政権は対日関係の改善を図っていた。ただ、その政策も二〜三年で頓挫し胡錦濤政権は次第に強硬な対外政策を展開していった。

二〇一〇年代、依然として日本国民の八割が中国に親しみを感じない状態が続いた。これは第二次安倍政権の下で関係改善がなされても変わらない。他方、中国側では対日感情が二〇一三年から次第に好転していったとされている。これは、日本観光の機会の拡大や中国社会の成熟などによるものとされるが、実際に中国のSNSでは日本に好感を抱く記事が少なからず見られるようになった。ただ、それも二〇二一年には悪化に転じた(11)。

日本の安倍政権は、中国に「親しみを感じない」という圧倒的多数の民意を踏まえつつも、最終的には日中関係が大切だとする声に応えていくという路線を推進した。習近平政権も、あくまでも日本側が関係改善を求めてきたというかたちをとりながらも、二〇一八年には対日関係改善に踏み切った。これらは相互に国民感情が決してよくない中での関係改善の一つの試みとして重要な事例だが、社会の支持を十分に得られているわけではないので、その政策には脆弱な面があり、新型肺炎などの外的要因によって頓挫することにもなった。

このように、国民感情の面から見ても、一九七二年からの五〇年で大きく変化した。その変化を見れば、もはやかつてのような「友好（の時代）」を再現することは極めて困難だと言えるだろう。しかし、「友好」の次に来る日中関係の基軸、関係性を支える理念はいまだに見出されていないようだ。

他方で目下、国民感情について新たな動きも見られている。

たとえば、二〇二一年の内閣府「外交に関する世論調査」やピューリサーチ[12]の調査結果を見れば明らかなように、日本の若者層の対中感情は次第に好転しており、四割が中国に「親しみを感じる」状態になっている。こうした若い世代の対中認識なども踏まえ、むしろ現状に即した、新たな日中関係の基軸を考える時が来ているとも考えられる。

おわりに――崩れゆく五要因と新しい日中関係

以上のように本稿では、(1)米中関係を中心とする国際環境、(2)台湾問題などの東アジアの国際関係、(3)日中間の経済関係、(4)日中双方の内政、(5)日中双方の国民感情、という五つの要因から日中関係の五〇年間を考察した。

結論的には、一九七二年からの五〇年で一定程度継続性はあるものの、ほとんど全ての領域で大きな変化が見られていることが確認できた。日中双方の経済規模の変化などといったことだけではなく、米中関係も大きく変化して世界の二大超大国間関係へと発展したが、そこにおいて台湾問題が以前よりも焦点化している。日中両国の内政も大きく変化した。政権基盤それ自体も一層強化されるようになっているし、昨今は外交や安全保障政策が内政の重要な領域、争点となってきている。国民の相互感情は極めて悪い状態だが、それでも特に日本では中国経済を重視して日中関係の重要性を主張する声もある。だが、経済安保が重視されている昨今、従前のように「政経分離」に基づいて政治的な緊張関係と緊密な経済関係とを弁別していくのは次第に難しくなるかもしれない。

現在のところ日中間には四つの基本文書がある。だが、最後の文書は二〇〇八年の「(戦略的互恵関係の包括的推進のための)日中共同声明」である。それ以後、一四年にわたって基本文書は策定されていない。一九七八年、一九九八年、二〇〇八年に文書が策定されてきたことに鑑みれば、二〇一八年は新たな関係性を模索する一つの機会だったのかもしれない。しかし、当時は関係の正常化の過程にあり、新たな関係性を措定するなど困難であった。その後も新型肺炎によって習近平主席の来日が延期になり、またウクライナ戦争や台湾問題で日中両国の緊張度はさらに高まっている。

「日本は中国とどう付き合うべきか」という問いに対しては、まず、この五〇年間の日中関係の変化を前提とし、また両国がこれまで築き上げてきた四つの重要文書などの蓄積を土台とすることが求められる。次に、現在の「現実」に即した関係を築くことが肝要だ。日本側の対中政策だけについて言えば、中国が隣国であり、極めて緊密な経済社会関係があるという「現実」を踏まえる必要がある。他方、同時に軍事安全保障面や経済安保、民主主義や自由などの価値観などでの緊張、そして台湾海峡問題などを視野に入れ、それぞれの領域での日本の国益にふさわしい政策を認識し、それらを総合する「日本の対中国政策」の基本的考え方を策定する必要があろう。そして、それに即して大きな方針を示しつつ、世代ごと、社会の領域ごとに柔軟に日中関係を構想していくことが必要となると考える。

（1）「外交に関する世論調査」（内閣府、二〇二一年九月調査）、https://survey.gov-online.go.jp/r03/r03-gaiko/index.html（二〇二二年七月二六日閲覧、以下同）。

（2）岸田文雄首相は、二〇二一年一二月の国会における所信表明演説で「中国には、主張すべきは主張し、責任ある行動を強く求めつつ、共通の課題には協力し、建設的かつ安定的な関係の構築を目指します」と述べた。「協力」という表現は菅義偉政権が使用しなかった語であった。「第二百七回国会における岸田内閣総理大臣所信表明演説」（二〇二一年一二月六日、首相官邸ウェブサイト、https://www.kantei.go.jp/jp/101_kishida/statement/2021/1206shoshinhyomei.html）。

（3）「日本国政府と中華人民共和国政府の共同声明」（一九七二年九月二九日、外務省ホームページ、https://www.mofa.go.jp/mofaj/area/china/nc_seimei.html）。

（4）「佐藤栄作総理大臣とリチャード・M・ニクソン大統領との間の共同声明」（一九六九年一一月二一日）、外務省「昭和四四年版わが外交の近況」（https://www.mofa.go.jp/mofaj/gaiko/bluebook/1970/s44-3-1-3.htm）。

（5）「対中経済協力の見直し（対中国経済協力計画の策定）（骨子）」（二〇〇〇年一〇月、日本外務省ウェブサイト、https://www.mofa.go.jp/mofaj/gaiko/oda/seisaku/enjyo/china_koshi.html）。

（6）「サプライチェーン対策のための国内投資促進事業費補助金」（二〇二二年度分、経済産業省ウェブサイト、https://www.meti.go.jp/covid-19/supplychain/index.html）。

（7）「戦後五〇周年の終戦記念日にあたって（いわゆる村山談話）」（一九九五年八月一五日、日本外務省ウェブサイト、https://www.mofa.go.jp/mofaj/press/danwa/07/dmu_0815.html）。

（8）「友情と協力のために――日本国国会における温家宝総理の演説」（二〇〇七年四月一二日、中華人民共和国駐日本国大使館ウェブサイト、https://www.mfa.gov.cn/ce/cejp/jpn/zt/wenjiabaozonglifangri_jp/t311936.htm）。

（9）「外交に関する世論調査」（内閣府、各年版、https://survey.gov-online.go.jp/index-gai.html）。

（10）「日中問題」（言論ＮＰＯウェブサイト、https://www.genron-npo.net/matome/japan-china.html）。

（11）前掲「日中問題」（言論ＮＰＯウェブサイト）。

（12）前掲「外交に関する世論調査」（内閣府、二〇二一年九月調査）および"Across 19 countries, more people see the U. S. than China favorably — but more see China's influence growing", Pew Research Center.（https://www.pewresearch.org/fact-tank/2022/06/29/across-19-countries-more-people-see-the-u-s-than-china-favorably-but-more-see-chinas-influence-growing/）

あとがき

一九七二年九月二九日に日中国交正常化がなされたが、この時に発せられた日中共同声明には、「日中両国間には社会制度の相違があるにもかかわらず、両国は、平和友好関係を樹立すべきであり、また、樹立することが可能である」という一節がある。冷戦下、社会主義陣営の中国と、資本主義（自由主義）陣営に属する日本との間の国交正常化は、そうした陣営を超えたところで平和関係を樹立できると信念の下に実行されたのである。

また、一九七八年八月の日中平和友好条約では、「すべての紛争を平和的手段により解決し及び武力又は武力による威嚇に訴えないことを確認する」と日中両国は述べたのである。

そして、一九九八年一一月の日中共同宣言では、歴史問題について、「日本側は、一九七二年の日中共同声明及び一九九五年八月一五日の内閣総理大臣談話を遵守し、過去の一時期の中国への侵略によって中国国民に多大な災難と損害を与えた責任を痛感し、これに対し深い反省を表明した」と記された。また、台湾問題については「日本側は、日本が日中共同声明の中で表明した台湾問題に関する立場を引き続き遵守し、改めて中国は一つであるとの認識を表明する。日本は、引き続き台湾と民間及び地域的な往来を維持する」とされている。

さらに、二〇〇八年五月の（「戦略的互恵関係」の包括的推進に関する）日中共同声明では、国連改革について、「双方は、国際連合改革問題について対話と意思疎通を強化し、共通認識を増やすべく努力することで一致した。中国側は、日本の国際連合における地位と役割を重視し、日本が国際社会で一層大きな建設的役割を果たすことを望んでいる」とされている。

日中国交正常化に際しては、確かに台湾問題、歴史問題、領土問題などについて、十分な解決が図られなかったが、その後も双方の政治家や各界の人々が知恵を出し合って、その不足を補い、日中関係のメンテナンスをしてきたと言っていい。しかし、二〇一〇年代以降、中国の経済力、そして軍事力は大きく日本を上回り、両国間のバランスが根本的に変化しただけでなく、習近平政権下で中国の立ち位置も大きく変化した。アメリカの安全保障ネットワークに反対し、西側の価値観も受け入れないと明言し、自らで国際秩序を構想するまでになった。そして米中間の「競争」が世界の基調となりつつある。これからの世界が米中の「競争」だけで理解できるわけではないが、中国の現在の世界におけるプレゼンスや中国自身の内外政策は今世紀初頭までとは大きく異なってきた。

それだけに中国といかに向き合うのかということが重要な課題となる。日本国内では、対中強硬論から日中友好論までさまざまな意見がある。中国経済についても崩壊論から中国経済重視論まで幅広い。だが、いずれにしても、習近平政権下の中国をしっかりと理解し、把握することが前提になろう。これは台湾を見る場合も同様だろう。こうしたことを踏まえ、本書では編者や筆者が講演などをする際にひんぱんに寄せられる疑問を念頭に「問い」を設定してみた。本書の提起する問いが読者にとって身近な疑問と共鳴し、習近平政権下の中国を理解する上での手がかりになるならば幸いである。たとえ議論が多様でも、基礎的理解を共有していれば議論や対話は十分可能だと考える。

川島　真

横浜の寓居にて

編者略歴
川島　真
東京大学大学院総合文化研究科教授
専門はアジア政治外交史
著書に『中国のフロンティア』(岩波書店)、『21世紀の「中華」』(中央公論新社)、『20世紀の東アジア史』(共編著、東京大学出版会)、『よくわかる現代中国政治』(共編著、ミネルヴァ書房)、『UP plus　ウクライナ戦争と世界のゆくえ』(共著、東京大学出版会）など多数。

小嶋華津子
慶應義塾大学法学部教授
専門は現代中国政治
著書に『中国の労働者組織と国民統合 ── 工会をめぐる中央ー地方間の政治力学』(慶應義塾大学出版会）などがある。

習近平の中国

2022年10月31日　初　版
2023年 6 月30日　第2刷

［検印廃止］

編　者　川島　真・小嶋華津子

発行所　一般財団法人　東京大学出版会
代表者　吉見俊哉
153-0041 東京都目黒区駒場 4-5-29
https://www.utp.or.jp/
電話 03-6407-1069　Fax 03-6407-1991
振替 00160-6-59964

印刷・製本　大日本法令印刷株式会社

ISBN 978-4-13-033306-1　Printed in Japan

UP plus 創刊にあたって

現代社会は、二〇世紀末の情報革命とグローバル資本主義の深化によって大きく変貌を遂げてきました。情報革命はライフスタイルに大きな変革を及ぼし、わたしたちの生活に多大な影響を与え続け、いまなお変化の途中にあります。また、グローバル資本主義の進展もワークスタイルに大きな変革を及ぼし、世界の一体化を促進させてきました。しかし、同時に様々な次元で格差を生じさせ、分断を深めています。

しかし、二〇二〇年の初頭に発生したＣＯＶＩＤ-19（新型コロナウイルス感染症）のパンデミックによって、より快適に、より便利に、より早く、ということを追求してきた現代社会は大きな影響を受けたのです。この出来事はわたしたちに大きな警鐘を与えるとともに、わたしたちが生きている社会のあり方、そして世界のあり方にも再考をうながしているのです。

このような状況下で、いま一度「知」というものを改めて考え直す時代が訪れているのではないでしょうか。いまの危機を乗り越え、格差や分断を乗り越えるには、人類が積み重ねてきた「知」の集積をたよりにして、あたらしい地平を開くことこそが求められているのではないかと考えられるのです。まだ見ぬ世界への道しるべとして、「知」はやはりかけがえのないものなのです。

このたび、東京大学出版会は、「UP plus」と題し、「知」の集積地である、大学からひろく社会と共有する「知」を目指して、複雑化する時代の見取り図としての「知」、そして、未来を開く道しるべとしての「知」をコンセプトとしたシリーズを刊行いたします。

「UP plus」の一冊一冊が、読者の皆様にとって、「知」への導きの書となり、また、これまでの世界への認識を揺さぶるものになるでしょう。そうした刺激的な書物を生み出し続けること、それが大学出版の役割だと考えています。

一般財団法人　東京大学出版会